PÓS-VERDADE E FAKE NEWS

MARCIO SERGIO CHRISTINO

PÓS-VERDADE E FAKE NEWS

COMO TÉCNICAS DE PSICOLOGIA E DE COMUNICAÇÃO
SÃO USADAS PARA MANIPULAR O MUNDO

© 2023 - Marcio Sergio Christino
Direitos em língua portuguesa para o Brasil:
Matrix Editora
www.matrixeditora.com.br
/MatrixEditora | @matrixeditora | /matrixeditora

Diretor editorial
Paulo Tadeu

Capa, projeto gráfico e diagramação
Patricia Delgado da Costa

Revisão
Cida Medeiros

Copidesque
Joaci Pereira Furtado

CIP-BRASIL - CATALOGAÇÃO NA PUBLICAÇÃO
SINDICATO NACIONAL DOS EDITORES DE LIVROS, RJ

Christino, Marcio Sergio
Pós-verdade e fake news / Marcio Sergio Christino. - 1. ed. - São Paulo: Matrix, 2023.
312 p.; 23 cm.

ISBN 978-65-5616-402-1

1. Notícias falsas. 2. Veracidade e falsidade. 3. Telecomunicações - Aspectos sociais. I. Título.

23-86563 CDD: 302.23
CDU: 070.16

Gabriela Faray Ferreira Lopes - Bibliotecária - CRB-7/6643

SUMÁRIO

APRESENTAÇÃO 9

INTRODUÇÃO
O AQUÁRIO 15

PARTE UM
O PAPA DA PROPAGANDA 21

PARTE DOIS
MAIS AMERICANO DO QUE O McDONALD'S 143

PARTE TRÊS
A CHINA VÊ SHERAZADE 159

CONCLUSÃO
O MUNDO DOS MENTIROSOS 309

Agradeço a ajuda de minha esposa Fabiana Mendes da Silva Christino, do meu irmão Maurício Sergio Christino e dos amigos Marcos Palhares, Gerson Peres e Raimundo Azevedo, além, é claro, do culto dr. Luís Roberto Cicogna Faggioni.

APRESENTAÇÃO

Pós-verdade já havia sido usada de modos variados anteriormente, mas se tornou conhecida em 2016, quando foi escolhida como a palavra do ano pelo Dicionário Oxford, que a definiu como "relativo a ou que denota circunstâncias nas quais fatos objetivos são menos influenciadores na formação da opinião pública do que apelos à emoção ou à crença pessoal".

O termo "pós" pode indicar várias coisas, como a continuidade de algo (como em "pós-graduação" – um curso seguido à formação graduada), ou, no que interessa a esta obra, o indicativo de uma ruptura, tal como o pós-liberalismo, que representa uma quebra de valores liberais tradicionais.

Na pós-verdade o termo é usado como uma forma de ruptura, algo além da verdade, que se sobrepõe à verdade e rompe com o conteúdo e aceitação. Neste caso, pós é o rompimento da barreira da verdade.

Mas é neste ponto que a questão se torna mais complexa. A ruptura se dá com relação a qual verdade? Existe apenas uma forma de verdade? E se há, quem teria o poder de dizê-lo?

Há diversas formas de se entender o conceito de verdade: existem as verdades filosóficas, fruto do pensamento individual e da reflexão; a verdade religiosa, fruto da fé; a verdade científica, fruto da experimentação; e existe até a verdade pessoal, derivada das observações percebidas por cada um.

E elas podem se completar ou divergir de acordo com infinitas possibilidades, e, mesmo assim, uma não necessariamente invalida a outra. O aspecto religioso é talvez o mais simples de apontar: para um muçulmano Alá é Deus único e suas palavras foram transmitidas através de Maomé. Para os cristãos o nome de Deus é Jeová, que teve em Jesus seu filho. Para os hinduístas a crença está em vários deuses, e existem também aqueles que não acreditam em deus nenhum.

Uma das maiores discussões do século XX sobre a verdade coube a Hannah Arendt, filósofa, cientista política, jornalista e escritora. Tudo por conta de um acontecimento histórico do qual ela participou: o julgamento de Adolf Eichman, o oficial nazista responsável pela organização e deportação de judeus para os campos de concentração. Era a primeira vez depois de Nuremberg que o nazismo era colocado no banco dos réus. O mundo inteiro parou para ver a revelação dos crimes mais hediondos da humanidade.

A revista *New Yorker*, até hoje uma das mais respeitadas do mundo, enviou Hannah Arendt como sua repórter especial para cobrir o julgamento. Hannah fez várias reportagens que ficaram famosas e publicou um livro que se tornou um dos marcos do jornalismo: *Eichman em Jerusalém*.

Entretanto, Hannah Arendt tomou uma posição surpreendente. Para ela, que teve acesso total ao julgamento, Eichman não se apresentava como um indivíduo demoníaco, um gênio do mal; na verdade ele era um burocrata que simplesmente não se importava com o que estava fazendo, seu pensamento era superficial e sua visão do indivíduo como simplesmente dispensável. Eichman agia como todos os demais oficiais nazistas agiam, era um mal contínuo, rotineiro, uma ação sem qualquer significado maior.

Esse é o perfeito significado do mal, talvez, até pior do que a própria ação odiosa.

Essa perspectiva teve grande impacto e gerou revolta em muitos setores da sociedade, principalmente em Israel. Hannah Arendt foi acusada de apoiar o nazista, de pretender beneficiá-lo, foi isolada e passou a ser malvista em lugares onde antes era admirada.

Foi então que ela produziu outra série de reportagens, também publicadas na revista *New Yorker*, mais tarde transformadas em um pequeno livro com o título *Verdade e política*, onde discute o que seria a verdade e por que politicamente esse conceito tinha tanta variação.

A verdade, apesar de ser uma palavra simples, tem significados múltiplos e já levou a guerras. Para Hannah Arendt é necessário apontar a qual verdade nos referimos, dentre todas, a predominante é simplesmente a verdade factual.

Verdade factual é, como o próprio nome nos diz, a verdade dos fatos, entendidos estes como uma ocorrência no mundo físico, mensurável, testemunhada, indiscutível a tal ponto que não possa ser negada.

Mas o fato não é autossuficiente. Apenas pela sua existência ele não garante sua preservação, e aqui entramos em uma nova dimensão, que é a dimensão humana.

O fato pode ser distorcido, apagado (mesmo que dele restem vestígios), modificado, sempre que houver um interesse humano. Estamos falando sobretudo de interesses ou fatos políticos, entendidos aqui aqueles vinculados às necessidades do convívio humano e, sobretudo, pelo exercício do poder.

Não podemos prosseguir sem uma referência a Nietzche, dos maiores filósofos contemporâneos, cujo famoso enunciado "Não existem fatos, apenas interpretações". Mas a referência é feita de modo equivocado. Nietzche não nega a existência de fatos, questiona apenas o modo pelo qual o conhecimento do fato é mediado. Ou seja, reconhece a existência do acontecimento fático, buscando sempre de modo crítico o significado da ocorrência.

Portanto, ao contrário do que se pensa, o pensamento filosófico pós-moderno baseado em Nietzche não cria uma verdade individual ou um modo individual de entender o fato, mas apenas a busca do indivíduo pelo sentido original do fato, o que é muito diferente da interpretação individualista. A interpretação de Nietzche exige conformidade com as circunstâncias de construção da interpretação.

Assim, a verdade factual luta sempre contra os efeitos políticos que buscam alterá-la conforme a necessidade do poder naquele momento.

E a relação entre o poder político ou simplesmente a política nunca foi das mais favoráveis, até porque existe uma condescendência com quem minta em favor da coletividade ou da sociedade.

Neste caso a verdade é reduzida a uma outra natureza: é tida apenas como opinião, ou seja, quando é posta em discussão se transforma em uma opinião e não em uma verdade fática. A opinião é um pensamento individual que é trazido a público, já a verdade de fato não diz respeito ao pensamento de uma pessoa, ela é sempre testemunhada e implica na participação de várias pessoas. É um conjunto de elementos convergentes.

É a verdade dos fatos que se tornam a matéria sobre a qual é construída a opinião, de forma que o fato antecede a opinião e dela é seu elemento constitutivo. Assim, se o fato é atacado, não existe opinião nos moldes de como deveria ser, e sim uma versão alterada e especulativa.

O contraponto da verdade é a mentira, mas qual o contraponto do fato? Não é a mentira, que está vinculada à verdade, mas, se formos observar o pensamento platônico original, o contraponto do fato é a opinião.

Isso porque o fato ocorre no mundo externo ao indivíduo, é físico, material, ao passo que a opinião é própria do pensamento introspectivo do indivíduo, é abstrata e mental, portanto, justamente o inverso do universo fático. A opinião se forma a partir dos fatos, mas não se confunde com eles.

Então, teremos sempre a questão de apontar até onde os fatos que nos chegam como evidências de realidade correspondem ao que efetivamente aconteceu.

Portanto, é necessário diferenciar opinião de fato: o fato é um dado de realidade física, a opinião é um dado de pensamento individual. A questão se coloca quando ambos são colocados em um mesmo nível ou, pior, quando uma opinião é considerada como fato, quando teremos então uma mentira factual, o que hoje também se conhece como *fake news*, uma opinião transformada em fato por meio de uma afirmação mentirosa e que ganha o espaço como se verdadeira fosse.

E havendo interesse humano, político, essa transformação opinativa pode atingir qualquer matéria, até mesmo Thomas Hobbes, no *Leviatã*, cogitou que se houvesse interesse político na desconstrução de enunciados matemáticos, estes seriam expurgados e denunciados sem qualquer titubeio, embora permanecessem válidos por si mesmos.

O maior exemplo é sem dúvida o controle stalinista da informação, que chegou até a apagar registros e manipular registros fotográficos, excluindo figuras históricas.

Assim, o total encobrimento da verdade factual dificilmente é alcançado. A própria lógica narrativa da História depõe contra essa

Pós-verdade e fake news

possibilidade que cria lapsos inevitáveis. O maior experimento já feito sobre a completa substituição da evolução histórica de uma nação foi o experimento stalinista, o qual, apesar de parcialmente bem-sucedido, acabou sendo derrotado em grande parte por seus sucessores, especialmente Kruchev e seu discurso secreto.

E a mentira é sempre mais atrativa, mais fácil de ser assimilada, criada ao gosto de quem busca convencer. Já a verdade é opaca, muitas vezes amarga e nem sempre conta com a boa vontade de seu espectador. Pior ainda: quando a verdade factual está de acordo com a opinião de outro, sofrerá o mesmo desgaste e será considerada apenas como uma opinião e nunca com um fato em si, de modo que a coincidência entre verdade factual e opinião individual faz por contaminar a primeira pela segunda.

Seja como for, a opinião *versus* a verdade factual continua sendo um conflito que agora traz um novo ator: a mentira organizada.

A diferença entre a mentira organizada e a mentira tradicional é devastadora. A mentira tradicional visava ocultar ou alterar algum fato, muitas vezes envolvia negociações diplomáticas ou comerciais e dificilmente enganava o próprio mentiroso, que sabia da disparidade entre o que dizia e o que de fato acontecia.

A mentira organizada foi muito além, ela não mais esconde, deturpa ou muda. Ela pode até fazer isso, mas sua intenção é outra: ela destrói a verdade factual, é montada com a intenção de se sobrepor a imagens, negando ou negligenciando fatos por mais verificáveis que sejam, se apresenta como um acontecimento público, moldado de forma a ser atrativa e de fácil entendimento, além de favorável, tudo o que a verdade factual na maioria das vezes não é.

Por outro lado, quem é atingido pela mentira organizada acaba por acreditar nela e, como veremos depois, deixa de ser apenas um enganado e passa a ser um convertido.

E nesse ponto vale absolutamente qualquer meio, inclusive a fabricação de testemunhas, fatos alternativos e, sobretudo, as proclamadas *fake news*. E isso porque a mentira organizada busca induzir à ação, o que a narração dos fatos não necessariamente acarreta. Um fato pode até gerar consequências, mas o fato por si dificilmente é gerado pela necessidade de se produzir uma consequência em condições normais. A mentira organizada que toma o lugar do fato é destrutiva e busca deliberadamente eliminar todos os registros e arquivos do que lhe for desfavorável. Como o livro mostrará, com o surgimento das redes sociais, as possibilidades de tentar o controle da verdade factual se tornou muito mais aguda do que jamais foi.

E foi assim que a mentira organizada se tornou a argamassa da pós-verdade, destruindo a possibilidade de reconhecimento dos fatos, reduzindo-os a simples opiniões, especulando sobre seu significado e construindo uma nova verdade passível de ser imposta no interesse e conveniência de quem interessar.

INTRODUÇÃO

O AQUÁRIO

O local é Moscou, capital da Rússia, região de Khodinka, rua Khoroshevskiy, conhecida por nela ter havido um aeroporto, local marcado por uma tragédia ocorrida quando da coroação do czar Nicolau II – aliás, uma das tantas que aconteceram durante o triste reinado do último dos czares, cujo destino sepultou a monarquia russa. Ali, ao lado das instalações centrais da agência aérea russa, a Aeroflot, e da Mikoyan-Gurevich, mais conhecida como a fabricante dos famosos aviões Mig, os maiores rivais do Ocidente, está o complexo de prédios mais modernos da Rússia, conhecido como Khoroshevskoye, tendo à frente uma instalação circular e atrás um conjunto de prédios com oito andares, um interligado ao outro, além de heliportos e instalações no topo. Ao lado, instalações esportivas conectadas à estrutura. O prédio tem faces lisas intercalando concreto e vidro, e na frente predomina o vidro, exceto na estrutura circular, toda fechada, de concreto. O acesso ao local é limitado, as vias são controladas, até porque a região é ocupada por estratégicas instalações militares e civis. O prédio dispõe de piscina e instalações para treinamento de tiro ou qualquer outra atividade militar. Considerado o prédio mais moderno e sofisticado da Rússia, foi inaugurado no final de 2006 pelo próprio presidente Vladimir Putin e passou a ser chamado de "O Aquário". Trata-se, na verdade, da moderníssima sede do Glavnoje Razvedyvatel'noje Upravlenije – Serviço Militar de Inteligência do Estado-Maior das Forças Armadas da Rússia, ou simplesmente Serviço de Inteligência Militar. É certo que a sigla foi atualizada para GRU, mas praticamente toda a referência feita inclui a nomenclatura antiga, inclusive nos textos russos. Internamente, o GRU é dividido por zona de interesse: 1ª Divisão – Europa, 2ª Divisão – Estados Unidos, 3ª Divisão – Ásia, 4ª Divisão – Oriente Médio e África, 5ª Divisão – Reconhecimento Estratégico, 6ª Divisão – Comunicações (SIGINT), 7ª Divisão – Setor de Análise de Informações, 8ª Divisão – Subversão, e Divisão 12B – Guerra de informação, eletrônica e cibernética. Existem ainda subdivisões e "institutos", que na verdade são unidades voltadas especialmente para ciberataques e desinformação.

O prédio, obviamente, possui todo tipo de salas para análise e estudo de quaisquer tipos, incluindo equipamentos como telas de TV de alta resolução, e as salas de aula possuem instalações para que cada aluno conecte um notebook, além de microfone e câmeras. A pitada de ironia fica por conta das fotografias da inauguração do local com a presença de Putin. Passando pelo *hall* de entrada, a foto mostra o líder russo olhando para um símbolo no chão, composto por granito em várias cores, representando o espírito do serviço militar de inteligência, a possibilidade de enxergar onde ninguém consegue ver. É a figura estilizada de um morcego, de asas abertas, com uma cabeça humana de perfil. Esse símbolo é conhecido em todo o Ocidente como pertencente a um herói de gibis e do cinema: Batman. Não é de surpreender que o *design* seja mera coincidência, afinal, os russos ainda demonizam o Ocidente e não há tanta penetração desse tipo de imagem no país. Não deixa, porém, de provocar um sorriso. Em defesa da tradição russa, há menção de que esse símbolo era usado na Rússia muito tempo antes de alguém sequer pensar em super-heróis. Mas, além disso, provoca mais um sorriso o fato de que Batman seja o único super-herói bilionário que usa sua fortuna para construir os equipamentos de combate ao crime. Quem diria: o símbolo da inteligência militar russa é igual ao do herói mais capitalista do mundo ocidental...

EU VIM ENSINAR COMO GANHAR UMA GUERRA

O pouco que se sabe sobre Sergei Rasturguyev é a menção feita pelo pesquisador Oscar Jonsson, especialista do Departamento de Política e Planejamento do Estado-Maior das Forças Armadas da Suécia. PhD do Departamento de Estudos de Guerra do King's College, em

Londres, e diretor do Fórum Mundo Livre de Estocolmo, em seu livro *The Russian understanding of war – blurring the lines between war and peace,* ele aponta Rasturguyev como um dos maiores teoristas em guerra da informação na Rússia, autor de *Informatsionaya Voina* [Guerra de informação] e membro do Conselho de Segurança da Rússia. Jonsson descreve parte da teoria que elevou a guerra da informação a um novo nível de compreensão e emprego.

Numa das tantas salas do Aquário, estava presente uma dúzia de oficiais da Divisão 12B e da 7ª e 8ª divisões do GRU. Todos escolhidos a dedo dentre os considerados mais capazes em suas áreas, os uniformes exibiam condecorações e assinalavam que os oficiais eram pessoas experientes, já com uma carreira militar apreciável. Quase todos se conheciam, mas, visto que eram a Rússia e o GRU e, mais ainda, estando no coração do Aquário, não havia nenhuma demonstração de amizade, apenas os cumprimentos formais que se dão entre militares. Sabiam que haviam sido selecionados para participar de alguma atividade, talvez dentro de algum dos institutos que, na verdade, eram apenas departamentos dentro do GRU. Seja como for, estavam todos ali com antecedência, já que atrasos não eram permitidos nesse tipo de ambiente e geralmente eram punidos de modo severo. No horário exato, entrou na sala um indivíduo desconhecido, que não aparentava ser militar, usava trajes civis e se dirigiu à mesa destinada a quem fosse dar aula ou conduzir os trabalhos. Os militares sentaram-se em seus lugares, sem que fosse necessária qualquer intervenção: era óbvio que se tratava do provável palestrante, afinal, dentro do Aquário, qualquer outra conclusão seria impossível. A sala era ampla, clara, e todos os lugares permitiam uma visão perfeita. "Sou Sergei Rasturguyev, do Conselho de Segurança Nacional." O palestrante concedeu um instante para que a informação fosse digerida e emendou: "Eu vim ensiná-los a ganhar uma guerra". Os militares ficaram surpresos. Teoria militar era o mínimo que se exigia para oficiais daquele calibre, e a afirmação parecia querer repetir um assunto explorado até a exaustão. Mas Rasturguyev esperou uma tela descer do teto embutido e começar a mostrar uma sequência de desenhos em preto e branco, bem simples, em que havia uma tartaruga e uma raposa. "Vejam", continuou Rasturguyev, "a raposa quer comer a tartaruga, mas, toda vez que avança, a tartaruga se esconde em seu casco, que a raposa não consegue quebrar". O desenho mostrava a raposa cercando a tartaruga, segura dentro do seu casco. A raposa desistiu e foi para um canto pensar. Então pareceu que ela teve uma ideia. Rasturguyev continuou: "A raposa levou uma televisão, colocou-a diante da tartaruga e a deixou ligada. Durante todo o tempo apareciam filmes em que tartarugas abandonavam seus cascos e aprendiam a voar. Eram livres pelo mundo, sem o peso da carapaça. Voavam para onde queriam, viam paisagens, encontravam outras tartarugas voadoras e voavam em bando. Tartarugas sem casco podem voar? A tartaruga nunca tinha saído de seu casco e não conhecia nada para além de sua limitação. O tempo passou e, por fim, a tartaruga resolveu tentar. Sairia do casco e, se voasse, iria embora, senão, voltaria conformada. E, de fato, a tartaruga abandonou o casco e saiu. Foi nesse momento que a raposa, que estava ao lado, comeu a tartaruga, sem ter que fazer força para quebrar a carapaça". O filme terminava com a raposa almoçando, sentada à mesa, com guardanapo e talheres, e a tartaruga esticada no prato. Nos termos de Jonsson, o conteúdo é claro, do mesmo modo como para Rasturguyev a finalidade última da guerra de informações é fazer o inimigo remover suas próprias defesas, acreditando que o faz por si mesmo, e não porque está sendo controlado por outra pessoa. Em termos militares, o Ocidente emprega o conceito de "controle reflexivo", praticamente idêntico, qual seja, o uso de desinformação para levar um parceiro ou adversário a agir da forma como se pretende. No caso russo, todavia, o conceito é mais específico: o controle pretendido é a remoção das defesas contra um avanço de forma deliberada, crendo o adversário que o faz por sua própria conta. Mais ainda, o objetivo da ação ao estilo russo pode se confundir com a própria finalidade, ou seja, o objetivo da ação ilusória é, em si mesmo, o objetivo da guerra ou do conflito. Há uma nova forma de guerra.

* * *

A pós-verdade, ou a prevalência, na opinião pública, das emoções e das crenças pessoais sobre os fatos objetivos, as *fake news*, ou, mais precisamente, a disseminação de informações falsas para desorientação ou má orientação e seu uso político, não surgiu com as redes sociais.

Neste século, um corpulento ruivo tomava posse como presidente dos Estados Unidos da América, e o Reino Unido, em um plebiscito, decidia sair da Comunidade Europeia. Enquanto isso, Itália, Hungria e Polônia eram tomadas por governos ultradireitistas e, no Brasil, Jair Bolsonaro assumia a Presidência da República. Em todas essas situações, a pós-verdade e as *fake news* invadiram o mundo político em uma *blitzkrieg* avassaladora.

As redes sociais construíram o que se pensava impossível: uma forma de comunicação que era ao mesmo tempo individual, comum e social, atingindo o indivíduo, sua comunidade imediata e, sobretudo, a sociedade como um todo. Ao mesmo tempo, permitiam uma comunicação de via dupla e uma interação cujo limite era a disponibilidade de cada um. Não tardou e esse novo ambiente foi conquistado por uma nova geração de armas, que nasceram da guerra, evoluíram para a economia e passaram a dominar a esfera política. Essas novas armas são usadas por meio das formas de comunicação social.

Neste livro, buscamos explicar como chegamos a esse nível de influência, quais são essas armas e como elas funcionam. Ao final, caberá a cada um, se quiser, estabelecer um nível de percepção quanto ao grau de exposição e influência dessas velhas armas de comunicação em sua nova dimensão. Não há indiferença possível.

PARTE UM

O PAPA DA PROPAGANDA

O papa andava rapidamente pelos corredores do palácio, em Roma. Estamos em 6 de janeiro de 1622, e o pontífice em questão é Gregório XV, nascido Alessandro Ludovisi, exercendo seu pontificado havia cerca de um ano. Apesar de seus 68 anos, longevo para a época, sua saúde estava piorando a cada dia, e o papa apressou o passo para o encontro que teria com os cardeais. A batina papal branca e o manto laranja por sobre os ombros não permitiam que sua figura passasse despercebida, com o tecido farfalhando sobre o piso de pedra. Era um homem culto, dos mais preparados da época, fluente em alemão, italiano (sua língua pátria) e latim. Já atuara em missões diplomáticas, formara-se em Direito Civil e Eclesiástico, fora vice-regente do papa Paulo V, que o antecedera, exercera as funções de juiz e depois fora nomeado cardeal de Bolonha. Magro, careca, usava bigode e cavanhaque e tinha olhos escuros e profundos. Era admirado pelos demais cardeais por sua cultura e inteligência, e, por causa disso, fora eleito em apenas um dia de conclave. Gregório XV não sabia, mas seu pontificado só duraria dois anos e meio, antes de sua morte, em 1623, mas nesse tempo provocou profundas modificações na estrutura política eclesiástica, as quais perduram até hoje, a exemplo das regras do conclave para a escolha do sumo pontífice. Naquele momento, porém, as preocupações do santo padre eram outras.

A Igreja continuava em guerra contra um inimigo que não poderia ser vencido em batalha, cujos exércitos não poderiam ser enfrentados e cujo campo de combate estava em todo lugar e, ao mesmo tempo, em lugar nenhum. "Maldito Lutero e suas pregações", deve ter pensado o papa. Pela primeira vez a Igreja fora desafiada em sua fé: a guerra era de ideias, de crenças. A disputa era espiritual, mas descia às vias de fato, com a execução dos reformistas pela Santa Inquisição, sempre de modo doloroso e público, e não garantia a reversão do desafio. A reação católica foi intensa – o Concílio de Trento, em 1545, trouxe consigo o Santo Tribunal da Inquisição e um sofrimento incalculável, livros foram proibidos e a Europa se partiu, para nunca mais se juntar.

Gregório sabia que seria necessário algo mais. Além da Europa, o papa preocupava-se com a expansão da Igreja. E se os reformistas tomassem a frente e espalhassem sua heresia pelas novas terras? Impensável. Gregório havia falado com o capuchinho Girolamo da Narni e com o carmelita Domingo de Jesús María e tomara sua decisão: comunicaria aos cardeais a criação de uma congregação especial, que teria o supremo controle sobre todas as missões estrangeiras, cuja tarefa seria difundir a fé cristã antes que os reformistas o fizessem, levar a palavra de Deus aonde não havia nenhuma. Para isso escreveu, pela primeira vez na história, a palavra "propaganda".

A bula papal *Inscrutabili Divinae* foi editada no dia 22 de junho de 1622, criando a *Congregatio de Propaganda Fide* (Congregação para Propagar a Fé). Propaganda virou uma palavra tão forte que ecoa até hoje. Essa congregação permanece até nossos dias e encontra-se instalada no Vaticano como Dicastério para a Evangelização. Com esse nome ou não, a propaganda sempre existiu, como demonstram as gravuras primitivas em cavernas, obras de grandes civilizações como as dos egípcios e romanos, com seu comércio "global" à época, e tantos outros exemplos, impossíveis de enumerar, inclusive de cunho religioso ou político. Mas a *Propaganda Fide* possuía uma diferença notável: foi cunhada como instrumento de difusão ou disputa de cunho ideológico, sem que a questão material ou patrimonial tivesse qualquer influência.

A Igreja, por outro lado, não tinha fronteiras físicas propriamente ditas e convivia naturalmente com o poder político secular, logo, tinha características particulares. Não que em algum momento a Igreja deixasse de ter seu exército pontifício, mas não era essa a sua característica principal. A propaganda, aqui, alcançou um papel completamente diferente. Primeiro, foi instituída como ferramenta autônoma. Ganhou um corpo próprio, uma divisão física dentro da Igreja, para que pudesse se estruturar. Depois, passou a contar com uma estratégia em que o alvo não eram invasões ou conquistas, e sim convencer e converter para a fé católica povos em lugares distantes.

Claro que a história conta outros desdobramentos. Embora Gregório fosse um homem além de seu tempo e visse nesse instrumento uma arma poderosa, a Inquisição e a conversão à força nunca deixaram de pautar a Igreja nesse período. Mas, ouso dizer, não era a ideia do sumo pontífice, naquela época. Tanto que, em seu curto pontificado, de pouco mais de dois anos, suavizou a perseguição à bruxaria, inclusive dificultando a aplicação das penas de morte. A propaganda surgiu então de modo independente, não com o viés e o conceito que conhecemos hoje, mas como um embrião que tinha, já naquele momento, todos os seus elementos diferenciadores desenvolvidos.

A ideia deu resultado? Sem dúvida, teve algum efeito. Grande parte do mundo alinhou-se à fé católica, embora ninguém possa afiançar que efetivamente tal acontecimento se deu em razão da atuação da *Propaganda Fide*. Por séculos, a ideia manteve-se dormente, prevaleceu o confronto militar e as guerras se sucederam umas às outras. Contribuiu muito para isso uma questão que era invencível: a tecnologia para permitir a transmissão das informações. Mesmo na época de Gregório, bem como nas subsequentes, o tempo entre a concepção de uma ideia ou "propaganda" e a sua difusão era enorme, e, mesmo assim, o alcance podia ser, com muito otimismo, minguado. Os conceitos de comunicação e transporte eram sinônimos: a comunicação dependia do transporte do mensageiro. Logo, o uso desse instrumento permaneceu circunscrito à ideia teológica: conceitos imutáveis revelados a partir de longos ensinamentos e preparos.

O impacto, como podemos concluir, não era decisivo. A imprensa já dava seus primeiros passos, mas também demorava a ser produzida e sua escala ainda era incipiente. Somente quando a mensagem se tornou mais rápida que o mensageiro houve alguma mudança. Na verdade, não apenas uma mudança, mas a grande mudança. Surgiu o telégrafo, já em 1837, que teve papel fundamental no tipo do evento que geralmente impulsiona a humanidade: a guerra.

TUDO COMEÇOU COM UM TELEGRAMA

Na Guerra Civil Norte-Americana, um dos mais sangrentos conflitos dos quais se tem notícia, o admirado presidente norte-americano Abraham Lincoln permanecia grande parte do tempo acompanhando as batalhas, recebendo e mandando informações em uma sala de telégrafos situada no prédio do Ministério da Defesa, anexo à Casa Branca. Esses momentos foram registrados e fotografados e fazem parte da memória da Guerra Civil Norte-Americana (1861-1865). O telégrafo tornar-se-ia, então, fundamental. A comunicação havia entrado em uma nova era. Somada à comunicação rápida em caráter mundial, com redes telegráficas entre Europa, Estados Unidos, Ásia, África, enfim, conectado o mundo, a imprensa emergiu, e a comunicação reduziu o mundo a uma aldeia: era possível receber notícias de lugares distantes rapidamente, sem que houvesse a necessidade de um mensageiro, pois a mensagem tornou-se independente de seu portador. Os jornais eram agora a grande fonte de informação, que passou a ter como público a massa de pessoas.

É claro que esse crescimento, essa inovação tecnológica revolucionária não foi um processo singular e próprio: os meios de transporte, as linhas férreas, o avião – na verdade, a ciência – evoluíam em razão geométrica. A humanidade crescia como um todo. Mas, em nosso âmbito, a informação – seu tráfego e a comunicação que nos interessam – e o golpe final, a maior de todas as formas revolucionárias de comunicação, que até hoje faz parte de nosso cotidiano, mostrou a que veio: o rádio. Creditada a Guglielmo Marconi ou a Nikola Tesla, a transmissão por rádio revolucionou o mundo, e suas primeiras transmissões datam de 1906, nos Estados Unidos. A comunicação instantânea e a distância chegou, mas seus reflexos seriam sentidos de modo espetacular depois. O mundo já não era o mesmo. Todo esse complexo meio de transmissão, que atuava em conjunto, rádio municiando jornais e veiculando tantas propagandas, gerava um efeito cumulativo sobre o indivíduo. Mas em breve haveria um novo salto para a propaganda: havia um novo impulso gestado, o avanço se daria em grande escala, porque um evento afetaria o mundo como nunca ocorrera antes. Na verdade, seria o primeiro acontecimento mundial, que colocaria no chinelo a Guerra Civil dos Estados Unidos. Veio a Primeira Guerra Mundial.

ELES DIRIGEM SUA MENTE ATÉ HOJE: OS MESTRES FUNDADORES

A Primeira Guerra Mundial foi um conflito cruento e bárbaro, tanto assim que, diante de tamanha violência, certas convenções, como a proibição do uso do gás mostarda – arma química –, por exemplo, permanecem até hoje. As feridas abertas nunca cicatrizaram e resultaram na Segunda Guerra Mundial, a qual, por sua vez, deu origem aos contornos do mundo atual. Da Primeira Guerra Mundial (e depois da Segunda também), os Estados Unidos foram protagonistas e saíram do conflito mais fortes do que quando entraram. Entretanto, no princípio de ambos os conflitos, e no que nos interessa a Primeira Guerra Mundial, a tendência isolacionista norte-americana era predominante. A economia ia bem, o oceano era um obstáculo físico que os deixava seguros contra uma invasão alemã, não havia motivos para preocupação. O presidente Woodrow Wilson, todavia, percebia que a expansão alemã não lhes era indiferente. Percebia ainda que a Alemanha poderia dominar não somente o mercado europeu, o grande parceiro norte-americano, mas também expandir-se pelo mundo afora, conquistando os mercados que lhe proporcionariam as colônias, alcançando os demais continentes, a ponto de, inclusive, isolar a América do comércio mundial. Havia, também, uma parcela dos norte-americanos que não achava que o domínio alemão fosse tão ruim assim.

Dessa forma, a busca de um conflito com a Alemanha, embora se mostrasse, a seu ver, uma necessidade, encontrava resistência, desde o Congresso até a opinião pública. Consciente de que teria de enfrentar uma oposição dessa grandeza, Wilson partiu para um caminho inovador: a propaganda. Já nesse momento existiam as grandes prensas e tiragens de jornais, o que permitia a produção de cartazes e folhetos em geral, bem como um instrumento usado até hoje pela facilidade e flexibilidade, o rádio, mesmo que ainda não em sua total potencialidade. Devemos lembrar, ainda, que, embora hoje ele se nos afigure como um meio secundário em relação à televisão e à internet, naquela época não se podia dizer o mesmo, pois tratava-se de uma das poucas fontes de informação que a população possuía.

A propaganda se desenvolvia nos Estados Unidos em razão do intenso comércio interno, daí o avanço nessa área. Decidido a criar um movimento nesse sentido, em 13 de abril de 1917 o presidente norte-americano criou o Comitê de Informação Pública, também conhecido como Comitê Creel, visto que era presidido pelo jornalista George Creel, que acompanhara a eleição de Wilson e gozava de sua confiança. Criado o comitê, que contava ainda com o secretário de Estado, o secretário da Guerra e o secretário da Marinha, o presidente decidiu propor a declaração de guerra. Auxiliando esse comitê, estavam aqueles que seriam conhecidos como as mentes mais brilhantes daquela era: Walter Lippmann e Edward Bernays.

LIPPMANN: O PAI DO TIO SAM

O nova-iorquino Lippmann nasceu em 1889 e morreu em 1974. Jornalista de formação, ganhou dois prêmios Pulitzer. É considerado também o pai das relações públicas. Combinou as suas ideias com as de outros teóricos, inclusive Gustave Le Bon. Afirmava que as pessoas eram irracionais e que podiam ser manipuladas. Foi listado pela revista *Times* como uma das cem pessoas mais importantes do século XX.

Se pudéssemos apontar um momento em que o marketing embrionário se tornou uma arma eficiente, poderíamos, sem hesitação, citar Lippmann e Le Bon como os fundadores teóricos dessa ciência. Brilhantes, coube a eles transformar o isolacionismo norte-americano na forma mais incisiva de atuação que se pode imaginar: o desejo de guerra. A máquina de informação construída por George Creel e seu comitê não tardou a funcionar. A criatividade e as teorias de Bernays e Lippmann eram excepcionais: criou-se, por exemplo, a figura dos "Homens de Quatro Minutos". Os *Minutemen* eram o sinônimo de milícia durante a Guerra da Independência dos Estados Unidos. Eram chamados de "Homens Minuto" porque podiam ser mobilizados rapidamente, o que hoje se chamaria de "pronta resposta". Uma unidade de infantaria ligeira, que se tornou mítica, formada por colonos fazendeiros e cidadãos comuns, altamente móvel, conhecedora profunda do terreno (onde viviam).

Aproveitando-se dessa imagem, Bernays e Lippmann criaram os "Homens de Quatro Minutos", usando primeiro cartazes nos quais eram representados por figuras com o uniforme dos soldados norte-americanos na Guerra da Independência, conseguindo o alistamento de 75 mil homens. Eles recriaram uma figura em que cada um dos alistados apresentava um discurso de quatro minutos a favor da guerra contra a Alemanha. Esses homens passaram então a percorrer os mais diversos locais onde havia aglomerações ou reuniões, bares, restaurantes, feiras, lojas, bazares, e então apresentavam-se e discursavam. Quatro minutos era o tempo de que dispunham para apresentar seus argumentos. De antemão, podemos enxergar aí raízes de uma comunicação rápida, facilmente consumível e próxima ao público.

Segundo o próprio Lippmann, na sua obra maior, *Opinião pública*, da qual estes dados são extraídos, foram feitos pelo menos 750 mil discursos, que atingiram 3 milhões de pessoas. Foram distribuídas cópias dos discursos do presidente Wilson, dirigidos aos pais de família norte-americanos, 600 mil periódicos foram distribuídos para professores e 200 mil kits foram enviados com palestras ilustrativas. Ainda segundo o próprio Lippmann, 1.438 cartazes, desenhos, selos e outros objetos imagéticos foram produzidos. Mas, observo, essas quantidades, mesmo que assombrosas para nossa época e quase inimagináveis para aquele momento, não teriam nenhum efeito se o conteúdo não causasse o resultado necessário. E causou.

Um desses cartazes, ao menos, foi quase incorporado à alma norte-americana, tornando-se um ícone, um símbolo do nacionalista e do espírito de sacrifício: o velho Tio Sam. Tornou-se para sempre marcante aquela figura de um homem de barba e bigode brancos, cartola na cabeça, usando as cores da bandeira norte-americana, apontando um dedo para quem o olhasse e a frase nunca mais esquecida: "Eu quero você para o Exército dos Estados Unidos". A visão que guiava Lippmann, ao criar essa peça de propaganda, foi expressa por ele depois.

Lippmann estava convencido de que o sentimento de uma pessoa em relação a um evento que não experimentou decorre da imagem mental que dele tem. E tal "pseudoambiente", como o denominou, tem efeitos concretos na exata medida em que o indivíduo atua no ambiente físico de acordo com a imagem que criou. Aqui, uma observação importante: o pseudoambiente não se confunde com um ambiente mentiroso.

É interessante um exemplo dado pelo próprio Lippmann, que denota, inclusive, como as imagens mentais são volúveis, e que nos dá bem conta da diferença. Lembremos que nas guerras mundiais havia os Aliados e o Eixo (liderado por Alemanha, Itália e Japão), logo, havia a ideia do bem contra o mal, e as imagens dos Aliados, liderados por Grã-Bretanha, União Soviética, França e Estados Unidos, mesclavam-se em uma só ideia. Finda a guerra, a aliança se desfez e a imagem dos Aliados deixou de ser representada por apenas um personagem ou título para se dissolver em uma variedade de nações. A Aliança não era uma mentira, mas sua representação como um ente se desfez e o pseudoambiente mudou.

Na verdade, cada indivíduo consegue perceber uma parte do ambiente, dada sua extensão e complexidade. A ninguém é dado absorver tudo o que acontece ao mesmo tempo, daí a necessidade de se reduzir o ambiente a uma representação passível de ser entendida. E aqui começa o que se convencionou chamar de "propaganda de guerra", que nada mais é do que a ocupação desse pseudoambiente. Isso começa com a censura de informações outras que não as oficialmente fornecidas e, a partir dessa ausência de confrontação, a criação de um universo moldado de acordo com a necessidade.

Mas, afora a questão da censura, Lippmann avisa que o número de neuróticos, de idiotizados e outras categorias similares é muito grande na sociedade e acrescenta que o ambiente vivido, que exaure o indivíduo no trabalho, rouba-lhe a capacidade de focar sua atenção e o tempo dedicado à absorção de um conteúdo, propagandístico ou não. Daí por que a imagem do Tio Sam, "I Want You", tornou-se icônica: é simples, direta, clara, evoca sentimentos patrióticos, a frase é curta, imperativa, determinante, as cores são nacionais – tudo em uma única imagem, que dispensa traduções, a ponto de supormos que a frase nem seria necessária. Puro Lippmann & Bernays.

Cartaz com o Tio Sam, ilustrado por James Flagg em 1917.

Lippmann, mais ainda, contribuiu decisivamente para o conceito de estereótipo, como algo preconcebido, uma imaginação que adquirimos ou desenvolvemos antes da experimentação. Tal conceito é fundamental em termos de pseudoambiente, pois o formaremos a partir dessas percepções prévias ou incluindo-as, e, ademais, tudo o que nos for comunicado será mais rapidamente assimilado quanto mais se moldar ao conhecimento que já possuímos. Esse conhecimento anterior forma um código, de modo que, quando nos defrontamos com um evento exterior, este será codificado para que possamos responder a ele, e é justamente a codificação que gera uma compreensão própria do ambiente.

GUERRA, CIGARROS E *BACON*: EDWARD BERNAYS

Edward Louis Bernays nasceu em 1891, na Áustria, e morreu em 1995, nos Estados Unidos. Sobrinho de Sigmund Freud (sua mãe era irmã do psicanalista e seu pai era irmão da esposa de Freud, Martha Bernays), com quem mantinha um relacionamento próximo. Foi uma caixa de charutos Havana que os aproximou mais e levou Bernays ao desenvolvimento de sua genialidade na propaganda. Em agradecimento aos charutos, Freud deu-lhe de presente um de seus livros, mais precisamente um intitulado, à época, *Leituras gerais introdutórias*. Bernays ficou fascinado pelas teorias do tio e logo percebeu que poderia empregá-las na área da propaganda. E foi o que fez, com grande sucesso.

Tempos depois, Freud teve problemas financeiros e buscou o auxílio do sobrinho, já milionário. Bernays perguntou se poderia vender os direitos autorais dos livros de Freud nos Estados Unidos e, com o consentimento do tio famoso, teve imediato sucesso, e os problemas financeiros de Freud acabaram. Bernays ainda tentou fazer com que Freud escrevesse para a revista *Cosmopolitan*, uma das mais prestigiadas dos Estados Unidos, o que o tornaria, segundo ele, uma pessoa rica. Mas nem ele conseguiu, desta vez, convencer o tio.

As ideias de Bernays são aplicadas ainda hoje. Ele afirmou, a partir da sua compreensão das teorias freudianas, que o pensamento coletivo poderia ser moldado. Na verdade, essa moldagem era necessária para que a própria sociedade, em sua concepção, pudesse evoluir, até porque, sem o consentimento geral, seria impossível que a sociedade como um todo evoluísse. Então era necessário que uma minoria tivesse condições de influenciar a maioria, para que esta ganhasse força na direção que se queria imprimir, daí por que Bernays conceituava propaganda como "um consistente esforço para criar ou moldar eventos para influenciar as relações do público com uma empresa, ideia ou grupo".

Uma vez que esse grupo fosse influenciado e arregimentado (segundo ele mesmo em seu livro *Propaganda*), criaria uma pressão à qual legisladores, editores e professores não poderiam resistir. Frisemos, agora, que a ideia, em *Propaganda*, foi publicada em 1928 – há quase um século, portanto. Bernays trabalhava, então, com as ideias de Lippmann com relação ao pseudoambiente, afirmando que a propaganda era o instrumento para modificar essa percepção e assim manipular o pensamento da massa. Esse meio teve, segundo ele, ainda de acordo com *Propaganda*, um resultado estonteante na Primeira Guerra Mundial, frisando: "Ao mesmo tempo, os manipuladores da opinião patriótica fazem uso de clichês mentais e hábitos emocionais do público para produzir reações em massa contra alegadas atrocidades, o terror e a tirania do inimigo". E mais adiante: "Toque um nervo em um ponto sensível e conseguirá uma resposta específica de membros específicos do organismo".

Bernays via a sociedade como um mundo manipulado por arquitetos invisíveis, que diziam o que o indivíduo pode comer, vestir ou comprar, manipulando o pensamento por meio da propaganda. O núcleo do pensamento de Bernays recaía sobre a massa, não sobre o indivíduo. Concluiu (não sem razão) que a massa, enquanto grupamento humano, possui características mentais completamente diversas da individualidade, de modo que não pode ser explicada dentro dos mesmos padrões e conceitos, e é motivada por impulsos e emoções que não podem ser interpretados a partir de uma análise psicológica individual. Daí veio a pergunta e a proposta: se a massa age sob impulsos e emoções próprias, caso pudessem controlar esses estímulos, não se poderia controlar a massa também? Ele provou, sem dúvidas, que sim.

Um dos caminhos apontados por ele foi a influência indireta, por meio do convencimento de líderes, os quais, por sua vez, influenciariam os seguidores. Citando Gustave Le Bon e Wilfred Trotter, que conheceremos melhor mais adiante, apontou que a massa de indivíduos não pensa propriamente: ela tem impulsos, hábitos e emoções, e sua primeira tendência é sempre seguir o líder. Mas, se o ideal do líder estiver ausente, a massa ficará por conta própria e agirá por clichês e modelos de

Pós-verdade e fake news

palavras ou imagens que houver experimentado. A massa seria irracional.

Outra lição que Bernays extraiu bem foi a da repressão ou supressão dos desejos. Segundo sua simplificação da teoria freudiana, o ser humano é dotado de desejos e pensamentos que não pode experimentar. Muitas vezes – na verdade, na maior parte das vezes –, ele tem vergonha de admitir até para si mesmo que possui tais desejos. Daí vem um impulso, muito humano, de substituir esses desejos ou pensamentos por ações compensatórias. A propaganda, para ter sucesso, deve entender as reais motivações pelas quais a pessoa atua, e não aceitar a justificativa que lhe é dada. Ainda em *Propaganda*, Bernays afirma que "Só entendendo os desejos humanos o propagandista pode controlar o vasto e mal-arrumado mecanismo que é a sociedade moderna". Vejamos como isso se traduziria na prática.

Em 1929, a marca de cigarros Lucky Strike pretendia ampliar suas vendas e buscava um meio de acessar o mercado feminino. Naquela época, mulheres que fumavam eram malvistas. O cigarro era considerado um produto exclusivamente masculino, e calculava-se que a indústria tabagista ganharia um grande impulso caso as mulheres se tornassem fumantes. Para contornar o obstáculo cultural, Bernays contratou modelos da revista *Vogue* para que andassem pela 5ª Avenida, em Nova York, fumando, em uma manifestação patrocinada pela Lucke Strike. O cigarro foi elevado não à posição de um produto de consumo, mas à de exemplo de libertação da mulher, de sua independência e de sua capacidade de cuidar de si mesma. Tornou-se, assim, um dos símbolos da luta da mulher pela igualdade. Patrocinar, ainda, o uso de cigarros por estrelas de cinema foi um clássico exemplo de influência através de lideranças. Nem é preciso dizer que a campanha foi um sucesso.

O caso do *bacon* não foi diferente. O objetivo era aumentar o consumo do produto, mas como fazê-lo? Os argumentos de propaganda relativos ao produto e seu sabor estavam praticamente esgotados; era necessária uma nova abordagem. Bernays intuiu que as pessoas se convenceriam de que o consumo do *bacon* faria bem, desde que orientadas a alimentar-se de modo mais "americano" e tornassem a primeira refeição do dia a principal. A resposta veio através de uma orientação médica, com a indicação feita por médicos de que a refeição da manhã, com *bacon*, ovos e café, seria favorável. Também deu certo.

Por fim, a campanha mais exótica: Bernays foi procurado para ampliar a venda de pianos. O instrumento musical é grande e pode ser algo incômodo em grande parte das residências. Como aumentar suas vendas? Tornando-o objeto de desejo. Bernays passou a patrocinar reuniões com atores, cantores, personalidades, em que era comum o uso do piano, e também fez com que projetos arquitetônicos incluíssem sala de piano, o que demonstraria a sofisticação e o *status* do comprador. Através desses estímulos indiretos, criou a imagem de que o piano era a representação de uma personalidade culta, sofisticada e de uma classe superior. O instrumento, então, tornou-se objeto de desejo. E as vendas aumentaram.

Mas o tempo deu a Bernays a oportunidade de executar uma obra--prima: a intervenção militar norte-americana na Guatemala. Em 1950, Jacobo Árbenz Guzmán fora eleito democraticamente como presidente da Guatemala. Naquela época, cerca de 40% do território agrícola do país pertencia à United Fruit Company, uma multinacional norte-americana especializada em frutas tropicais. Árbenz pretendia nacionalizar parte do território, redirecionando a atividade agrícola para produtos que atendessem às necessidades internas da Guatemala. Contratado pela empresa estadunidense, Bernays criou a falsa imagem de que Árbenz era "comunista" e de que seu governo era autoritário, manipulado pela União Soviética. Na época, a Guerra Fria estava no auge, e essa propaganda criou as precondições para uma intervenção norte-americana. É claro que Árbenz não tinha nenhuma relação com o comunismo e, além disso, ainda garantiu o monopólio da United Fruit na produção agrícola guatemalteca. Mas, mesmo assim, ele foi deposto, em 1954, por um golpe de Estado – patrocinado pelos Estados Unidos – que instaurou uma ditadura militar. Foi o primeiro de uma série de golpes similares, sempre apoiados pelos Estados Unidos, que marcariam a história da América Latina até os anos 1970.

Havia, é claro, discordâncias entre Bernays e Lippmann, principalmente quanto ao valor que este último dava ao efeito da censura ou do bloqueio de outros canais de comunicação para que o pseudoambiente fosse controlado. Para Bernays, porém, o próprio público-alvo faria o isolamento das informações, na medida em que fosse convencido. Mais ainda, aprofundava o conceito de que o entendimento do indivíduo se fundamentava em uma massa de decisões e julgamentos que afetavam sua vida diária, e que não eram baseados em lógica, mas sim em dogmas, geralmente ditados por lideranças pessoais, tais como pais e professores, acrescentando uma observação: quanto menor for o conhecimento de um indivíduo, mais intolerante ele será. Observação que acrescentou, também, ao coletivo.

Quando estamos diante de uma multidão, sob grande excitação, ocorre a mesma coisa, sobrelevando-se a intolerância entre aqueles que possuem opinião diversa. Ao final, Bernays sentencia, em seu livro *Cristalizando a opinião pública,* que se devem analisar as crenças para encontrar a verdadeira razão de sua existência e, depois, em vez de tentar desacreditá-las, o que não se demonstra eficaz, desacreditar as antigas autoridades que as estabeleceram ou, melhor ainda, criar uma crença, através de nova autoridade, formando nova opinião em massa contra a antiga. Isso porque a opinião pública é moldável, não é rígida ao ponto da imobilização.

Certo é que a uniformidade de pensamento tende a rejeitar a opinião contrária, mas esse mesmo pensamento sofre a influência dos meios de comunicação, de modo que se torna passível de influência e, portanto, de controle. Bernays ainda vai mais longe: o indivíduo, como animal gregário, tem pavor de se ver solitário. Seu desejo de identificação é latente e sua tendência natural é aderir ao pensamento da massa. Mesmo estando sozinho, se conduz da mesma forma. Esse comportamento primitivo, de atuação coletiva, tem origem nos primórdios da civilização, quando o ser humano percebeu que para sobreviver seria preciso agir em conjunto. Tudo se resume a um instinto de sobrevivência.

Bernays e Lippmann classificam as formas de obtenção de consenso em três classes: a) patrocínio recíproco, especialmente em sistemas legislativos, quando uma parte, ou comunidade, concorda em apoiar outra, tendo como contraprestação o apoio em outra questão: é o dia a dia da política; b) terror e obediência, contra os quais não há opção; e c) quando um sistema de informações e avaliação torna as circunstâncias evidentes para todos. Podemos resumir, de modo mais singelo, que a obtenção do consenso pode se dar por negociação, imposição ou concordância, claro que dentro das perspectivas teóricas que foram apresentadas. No caso do Comitê de Informação Pública, que tanto resultado teve, liderado por George Creel, a opção escolhida foi a última, a qual, aliás, se nos afigura mais efetiva – pois nela há um sistema de informações que influencia a todos.

Atuando no transbordamento das divisões entre os grupos sociais, na sua contínua mudança e na flexibilidade da própria natureza humana, tanto Bernays quanto Lippmann apontam que existe espaço para intervir na modificação das relações sociais. O que se pretende apontar, de maneira mais simples, é que a sociedade não se divide apenas em dois polos. Na verdade, trata-se de inúmeras divisões, cada qual com as suas próprias características, buscando justamente os elementos distintos dessa diversidade e alcançar um grau de interferência geral. Algumas vezes esses grupos são concorrentes, outras vezes não. Às vezes, até mesmo uma categoria tem suas divisões, de tal forma que, em se tratando de opinião pública, temos toda sorte de indivíduos, os quais classificam-se a si mesmos de uma maneira, são vistos de outra e ainda agem de uma terceira forma.

Tornemos a visão prática com o exemplo dado por Bernays: um judeu que faz parte de um grupo religioso, por um lado, e, ao mesmo tempo, faz parte de um grupo de caridade, de outro. Ele transborda os limites de ambos os grupos quando atua de modo independente em outro. É a isso que se referem. Ele pode ser influenciado tanto em um grupo quanto em outro, de modo a agregar-se a um tipo de consenso. Ou seja, as influências vão além dos recipientes em que foram depositadas, transbordando para um terceiro. Inúmeros são os grupos existentes dentro de uma sociedade. Esse tipo de análise é sempre feito, por exemplo, em candidaturas majoritárias.

Concluindo, tanto para Bernays quanto para Lippmann a captura das emoções e dos instintos leva ao recôndito da mente onde estão efetivamente os mecanismos que nos levam a decidir, e, uma vez compreendidas essas razões, é possível agir sobre elas de modo a modificar nossas decisões, para que sejam dirigidas para um sentido ou outro.

WILFRED TROTTER E A MANADA HUMANA

Tanto Lippmann quanto Bernays se baseiam, significativamente, na obra do britânico Wilfred Trotter (1872-1939), que é em grande parte transcrita e apontada nos escritos de ambos. Trotter era um neurocirurgião conhecido também por sua obra em psicologia social (que, lembremo-nos, era naquela época uma ciência em fase inicial), foi médico de Freud e era contemporâneo, embora mais velho, de Lippmann e de Bernays. Era tido pelo próprio Freud como um dos principais especialistas nas teorias freudianas. Sua principal obra, *Instintos da multidão*[1], o coloca entre os pioneiros dessa área. Seus conceitos são usados ainda hoje e tiveram grande influência, assim como as teorias de Lippmann e Bernays, que afetaram a história mundial, principalmente nas guerras mundiais. Pela ótica atual, Trotter é o precursor dos modernos neurocientistas, como veremos adiante. De qualquer forma, todo o seu trabalho foi voltado para o aspecto social da psicologia.

Suas publicações focam justamente o comportamento humano de massa ou, em suas palavras, o comportamento de manada. Como neurocirurgião, teve sua atenção despertada pela constatação de que o homem, enquanto animal, tinha instintos que não correspondiam aos de autopreservação, nutrição e reprodução – muito pelo contrário, parecia que o ser humano desenvolvera um alto grau de ações instintivas e um caráter diferenciado que escapava a essa classificação. Ao fazer comparações com outros seres vivos que tinham instintos igualmente diversos, Trotter conseguiu determinar que todos os seres que possuíam instintos mais complexos eram gregários, ou seja, viviam em coletividade. Reduzindo seu campo de estudo ao nível celular, constatou que a sobrevivência de seres unicelulares se dava de uma maneira mais difícil que a dos multicelulares. A ação em grupo facilitava a sobrevivência, porém, para que os seres multicelulares se constituíssem, era necessário que cada um, individualmente, cedesse uma parte de seus recursos em prol da coletividade. Então, se o ser humano é gregário e existem reflexos biológicos e, principalmente, psicológicos dessa característica, até que ponto o ser humano seria afetado e como ele reage a esse instinto?

O instinto gregário se dá, necessariamente, em favor do grupo. Nesse caso, a ética, a moral e o altruísmo seriam não fruto de uma nobreza de sentimentos, mas do puro instinto de preservação da coletividade. Dirigindo sua atenção para a coletividade, Trotter concluiu, então, que o instinto da manada ou da massa ou de um grupamento humano seria reduzido ao elemento comum a todos os seus membros, notadamente os instintos mais básicos e, no seu apontamento, mais brutais, tais como a crueldade, a irracionalidade, a covardia, em detrimento das qualidades individuais, especialmente o controle da vontade. Por consequência,

---

1 Instintics of the herd in peace & war.

ainda, o grupamento humano seria mais facilmente sugestionável, porque em grupo existiria certa desagregação da coletividade.

É importante assinalar que essas coletividades ou grupos não possuem todos a mesma natureza, alguns sendo ofensivos (como os lobos), defensivos (como as ovelhas) ou sociais (como as abelhas). As consequências são das mais interessantes. Para a sociedade lupina, a reação à presença do perigo é atacar ou fugir. Já ovelhas e abelhas, antes de mais nada, buscam avisar a manada (grupo). O cachorro segue esse mesmo padrão: quando percebe alguma coisa, se põe a latir, e o intuito não é outro senão avisar da presença do perigo.

Esses instintos são de origem primitiva e estão presentes na própria natureza. No homem, não é diferente. Claro que a eficácia do instinto, nesse caso, depende do fato de um membro da manada reconhecer o outro. Outro detalhe que se mostrará relevante é que, segundo Trotter, quanto mais homogêneo for o grupo, mais forte será o predomínio do instinto. E o instinto básico mais brutal é o gerado pela conexão da massa com uma liderança, que filtrará as opções possíveis para a condução do grupo. Esse líder, todavia, não poderia ir além nem ficar para trás do grupo, porquanto, nesse caso, perderia o contato e, portanto, a liderança – o que implica dizer que o líder da manada deve se manter sempre próximo do rebanho.

Algumas observações sobre o efeito do instinto gregário sobre o indivíduo devem ser acrescidas. Primeiro, que o indivíduo se sente aterrorizado pela solidão, não no sentido estrito, mas, na verdade, pelo fato de se sentir isolado de seu grupo. Mesmo sozinho, o indivíduo continua a nortear seu comportamento pelo instinto gregário, não se importando com a ausência momentânea ou duradoura do contato. Segundo, mesmo os indivíduos mais capacitados intelectualmente acabam por atender ao instinto gregário. Entretanto, racionalizam sua opção criando justificativas outras para o seu comportamento. São características gregárias do ser humano:

a) Ele é intolerante à solidão física ou mental. Seu parâmetro básico permanece integrado ao grupo (manada), o que traz impulsos, a nosso ver, surpreendentes. De fato, essa tendência de manter a todo custo a inserção na matilha e a necessidade de preservar esse coletivo causam uma tendência à falta de interesse na busca de quaisquer inovações e, especialmente, nítida inclinação ao conservadorismo, em que pese o privilegiado aparelho cerebral do qual os seres humanos são dotados. A tradição e o reconhecimento de precedentes são características do indivíduo gregário e deram origem a uma elite que rejeita mudanças e novas experiências, amplamente satisfeita com a situação posta. O instinto de participação coletiva, podemos reconhecer, será relevante igualmente na questão das mídias sociais, como veremos depois.

b) Ele é mais sensível à influência da horda do que a qualquer outra. Ele pode se submeter a punições, sacrificar-se e empobrecer, prevalecendo sempre o interesse coletivo sobre o particular ou próprio.

c) Ele é sujeito às paixões e à violência do grupo (manada) e adere ao pânico, como qualquer outra movimentação coletiva.

d) Ele é marcadamente suscetível à liderança. Ao contrário do que se pensa, a busca da liderança é instintiva. A ideia do líder racional, contudo, é ilusória. A identificação do líder é instintiva e seu valor depende muito mais de sua capacidade de atingir os instintos do grupo do que a qualquer outro elemento. Essa noção é agravada em tempos de guerra, quando os elementos instintivos básicos são elevados à consciência, buscando-se no líder as garantias de alguém que tenha condições de proteger a manada.

e) Ele deve ser reconhecido como um dos membros do grupo. É essencial que o indivíduo seja identificado como um dos membros do grupo (manada) em detrimento dos outros (estranhos). O discurso é um dos meios de inserção coletiva em um grupo.

Poderia o instinto ser sobrelevado pelo intelecto? Mais precisamente, e dentro desse item, o intelecto pode sobrepujar o instinto, livrando o ser humano de suas influências? A resposta é negativa. Para Trotter, mesmo que alguém reprima ao máximo seus impulsos, eles não desaparecerão, apenas teriam outra forma de expressão, mas continuariam no indivíduo, que carrega dentro de si toda a carga hereditária do ser humano. Não há como se tornar "sobre-humano". Da mesma forma, o grupo (manada) não consegue nem pode subtrair-se da sua qualidade como grupamento humano. Não são poucos os grupamentos humanos lupinos, em que a caça e as emoções brutas estão mais presentes, uma forma mais primitiva de integração, em detrimento das ovelhas (defensivas) ou das abelhas (integradas para uma atividade maior). O impulso de grupos dessa natureza é sempre ofensivo, mas, em atenção à racionalização de seus impulsos, o grupo lupino busca uma justificativa para sua ação predatória, o que, com frequência, se resume à luta pela preservação da raça ou por seu aperfeiçoamento. Sem atentar para o fato de que a destruição de um grupo (ou raça, convém dizer) não implica o desenvolvimento das capacidades do outro. Uma sociedade (ou grupo) defensiva ou construtiva são apenas obstáculos ao desenvolvimento de uma sociedade (ou grupo) ofensiva.

Trotter, ao final, faz algumas observações sobre o embate Alemanha--Inglaterra na Primeira Guerra Mundial. De plano classifica a sociedade alemã como lupina, em contraponto à sociedade inglesa, de caráter social (no sentido instintivo do termo – para evitar uma confusão de conceitos, passaremos a nos referir a ela como uma sociedade coletiva). O desenvolvimento dessa característica na sociedade alemã, mais uma vez na observação de Trotter, deriva primeiro de um passado bélico recente (à época, frise-se, da Primeira Guerra Mundial, quando o livro foi escrito), bem como regredindo a um passado remoto, quando da ação bárbara, quase nômade, em movimento na conquista de territórios ou riquezas. Portanto, uma natureza quase que predatória durante toda a gênese e desenvolvimento do grupo (manada), que incluía, por força da necessidade, uma agressividade latente.

Essa latência, em termos de grupo (manada), eclode com o instinto de expansão, e essa é uma das razões pelas quais a Alemanha optou por uma sociedade gregária em modelo ultrapassado. Real é que o sucesso desse modelo se deve muito ao fato de corresponder ao anseio do modelo gregário, ofensivo e instintivo. Assim, o indivíduo encarnava, no dizer de Trotter, "o lobo no homem contra a luta civilizatória". A glória das conquistas superava esses limites, e os alemães em nada resistiram ao encanto trazido. Por outro lado, a Inglaterra permanecia garantida em seu isolamento pelo Canal da Mancha, que sempre foi um obstáculo às invasões e que sempre favoreceu o desenvolvimento de uma sociedade introspectiva e de caráter eminentemente coletivo. Tanto assim que nunca teve uma ação predatória contra outros grupos humanos (manadas). Os ingleses deram mostras de seu coletivismo, sabiam que a guerra seria dura e longa, recebiam as más notícias com serenidade, sem queixas ou reprovações, resignavam-se e continuavam resistindo. As boas notícias, também, não eram recebidas com regozijo, nem os deixavam exultantes,

Pós-verdade e fake news

mas eles mantinham uma resoluta determinação. Nada demonstrou mais o poder moral de uma sociedade enquanto ente coletivo.

Trotter usa ainda uma alegoria: o da criança que se torna adulta sem ter passado pelas fases anteriores, que nunca foi livre e que precisa, portanto, de um Estado forte como guia, como o mentor ou pai que nunca teve. O próprio autor reconhece que essa análise se torna por demais frágil, mas a usa, exclusivamente, para fazer um contraponto com a sociedade inglesa. Os ingleses, por sua vez, mostram-se inclinados à coletividade, que não é ofensiva nem defensiva, dado que sua ação coletiva pode ser empregada em um ou outro modo, conforme a necessidade.

Não há notícia de uma sociedade lupina que tenha sobrevivido por muito tempo. Inteligentemente, Trotter, em 1915, observou que impor à Alemanha uma humilhação após a derrota na Primeira Guerra Mundial apenas faria com que se criasse enorme potencial para uma vingança, alimentada pela crença da sociedade alemã quanto à justiça de suas pretensões. Foi, sem dúvida, profético. A influência da moral na definição da Primeira Guerra Mundial foi decisiva, tanto que o fim do conflito foi decidido antes que houvesse uma derrota física propriamente dita. É fato que a transição entre a guerra e o pós-guerra se dá de modo abrupto, e de pronto a sociedade volta ao ponto pré-guerra, o emocional se esvai e os instintos mais primitivos se retraem. Não obstante, a vivência daqueles momentos extremos deixa cicatrizes que não se apagam facilmente, e a recomposição do *status quo ante* jamais será possível.

BORIS SIDIS: ACEITA UMA SUGESTÃO?

Nascido na Ucrânia em 1867, Boris Sidis faleceu nos Estados Unidos, na cidade de Portsmouth, New Hampshire, em 1923. Diferentemente dos demais, era um psicólogo e psiquiatra de carreira, seu interesse era evidentemente focado no indivíduo e construiu uma teoria segundo a qual afirmava que o ser humano era passível de ser sugestionado por um elemento externo. Lippmann, Bernays e Trotter foram influenciados pelo pensamento de Sidis, embora não se possa afirmar até que ponto. É inegável, porém, que a possibilidade do reconhecimento do ser humano como passível de sugestão é um ponto fulcral nos desdobramentos posteriores, desde a propaganda de massa até as sofisticadas técnicas de marketing desenvolvidas até hoje.

Em sua obra principal, *The psychology of suggestion* ("A psicologia da sugestão"), publicada em 1898, Sidis explica que a sugestionabilidade está localizada profundamente na alma humana e se liga à própria natureza do ser humano como animal social e racional, ou seja, dado a viver em grupo. A possibilidade de se sugestionar deriva dessa convivência e das influências sentidas a partir daí. A importância desse conceito, conforme Sidis mesmo admite, leva a consequências no âmbito sociológico, sendo sua compreensão um ponto-chave para a compreensão de fenômenos sociais e históricos.

O instrumento usado por Sidis para sua pesquisa foi o hipnotismo, muito em voga na época, empregado principalmente em tratamentos psiquiátricos. Ele estabeleceu, a partir desse método, alguns critérios para determinar o fator preponderante na sugestionabilidade:

a) Última impressão, constatando que a última imagem ou informação recebida pelo indivíduo é a que tende a permanecer em sua memória.

b) Frequência, o que não corresponde a repetição. Na repetição, temos uma sugestão reiterada massivamente, idêntica, igual, ao passo que na frequência a exposição não é óbvia, pode ser indireta ou reflexa e, ademais, sem uma cadência. A vantagem é que a repetição pura e simples pode levar o cérebro a criar uma antissugestão, uma resistência contra a ideia repetida. Ao final, contudo, Sidis estabeleceu uma sistematização, reconhecendo as condições para o sugestionamento de um indivíduo normal, a saber:

1) Fixação da atenção: obter a fixação da atenção em um ponto, isolando quaisquer outros fatores incidentes que possam fazer a atenção flutuar para outro foco.

2) Distração da atenção: uma vez obtido o foco de atenção em um ponto, o objeto a ser sugestionado é colocado fora desse campo de atenção, de modo que seja descartado ou considerado imperceptível ou irrelevante para a manutenção do foco.

3) Monotonia: manter o foco contra quaisquer outros fatores incidentes, de modo que um terceiro elemento não seja acrescido ao cenário.

4) Limitação dos movimentos voluntários: manter o foco do indivíduo o mais estável possível; a movimentação voluntária do indivíduo deve ser desestimulada.

Pós-verdade e fake news

5) Limitação do campo de consciência: o campo de consciência se contrai, fechando-se a outros estímulos.

6) Inibição: a mente se torna um painel em branco e, voluntariamente, devem-se inibir associações ou criá-las para que venham a emergir sem que tenham sido provocadas.

É claro que essa sequência seria ideal, mas nem sempre o resultado foi obtido. Lembremos que o objetivo, nesse caso, não é criar ou interferir no processo de pensamento, o que seria muito mais complexo. Através dessa proposição, Sidis confirma que o ser humano é sugestionável e, caso não possua uma natureza resistente acima da média, será passível de influência, nesses termos. Convém, a propósito, transcrever um trecho da obra de Sidis, por demais recomendável:

> A sugestionabilidade é um atributo fundamental da natureza do homem. Devemos, portanto, esperar que o homem, em sua capacidade social, exiba essa propriedade geral; e então, na realidade, veremos a hipótese como ela é. O que é necessário é apenas a condição de provocar uma desagregação na consciência social. Essa desagregação pode ser passageira, instável – então o tipo de sugestionamento é do tipo normal; ou pode se tornar estável – então a sugestionabilidade é do tipo anormal. *Um é a sugestionabilidade da multidão, o outro, da quadrilha.* Na primeira, a sugestionabilidade da multidão, na segunda, da quadrilha. O orador inteligente, o político, o pregador, fixam a atenção dos ouvintes em si mesmos, prendendo-os ao "assunto". Eles, como regra, distraem a atenção da multidão com suas histórias, frequentemente dando a sugestão de forma indireta e marcante, encerrando a longa narrativa com um clímax que exige a execução imediata do ato sugerido.[2]

Seguem-se os passos dados anteriormente quanto ao sugestionamento do homem normal, ou seja, o indivíduo concentra sua atenção no orador, foca aquilo que está à volta, a concentração se estende, permanece monótona, ou seja, não há outro elemento acrescido ou alguma distração, os movimentos voluntários do indivíduo se reduzem ao máximo, pois sua atenção está focada no orador, seu campo de foco se fecha no orador e, por fim, a mente recebe diretamente a mensagem, gravando-a profundamente,

---

2 SIDIS, Boris. *The psychology of suggestion: a research into the subconscious nature of man and society.* Whitefish: Kessinger Publishing, 1898. p. 297. (Destaque no original; tradução minha.)

e, depois, essa mensagem emergirá sem que tenha sido necessariamente provocada. O indivíduo levará consigo a mensagem ou o comando e este se manifestará independentemente de qualquer precondição. Nesse momento, o orador tem a multidão sob seu controle, o indivíduo se expande para o coletivo e a multidão passa a agir como apenas um corpo. A sugestão espalha-se como o vento, ganha força, se torna irresistível, a excitação aumenta a cada onda, a multidão responde como um só corpo até ao máximo. A última imagem permanecerá e a sugestão, antes individual, estará gravada também na consciência coletiva da multidão. Qualquer semelhança com os discursos programados de Mussolini ou de Hitler não é mera coincidência.

* * *

Como vimos, os Estados Unidos souberam utilizar esses meios de convencimento de massa para garantir o apoio necessário de seu próprio povo para entrar na Primeira Guerra Mundial. O então presidente Woodrow Wilson idealizou o grupo cujo sucesso se desdobraria mais de um século depois, embora, com certeza, não tivesse previsto tamanho impacto. Mais importante, porém, é verificar se essas técnicas de propaganda, abraçadas conjuntamente pelos ingleses no *front*, pela sociedade inglesa, em sua temperança sob aqueles tempos sombrios, tiveram efeitos concretos sobre o então inimigo alemão. Como vimos antes, a guerra seguia sendo uma guerra de atrito extremamente desgastante, e a capacidade de suportar esse sofrimento e assimilar derrotas e vitórias sem perder o equilíbrio seria decisiva no desfecho do conflito. Há como saber a avaliação desse grau de influência através do depoimento de um soldado do exército alemão da época que analisou justamente essas condições, tanto no campo de batalha propriamente dito quando na vertente estratégica do embate. Seria visto como um herói ou como um demônio.

O SUPREMO MILITAR: UMA QUESTÃO DE PROPAGANDA

Presídio militar de Landsberg am Lech, sul da Alemanha, abril de 1924. A cela tinha um ocupante ilustre, um ex-cabo do exército do *Kaiser*, sobrevivente da Primeira Guerra Mundial. O Tribunal de Munique o havia condenado sob a acusação de crime – o qual, no entender dele, seria

Pós-verdade e fake news

simplesmente uma ação política. Havia algumas particularidades em relação ao prisioneiro. Sua cela era guarnecida com uma escrivaninha, ele dispunha de material de escrita, os carcereiros mostravam-se respeitosos, ao ponto de pedirem permissão para entrar. Tudo porque reconheciam no prisioneiro a nova liderança política alemã. Tendo plena consciência de sua condição, o militar decidiu aproveitar o tempo para concretizar a doutrina política que pretendia implementar e passou a escrever o texto-base de suas convicções, aquele que seria o fundamento teórico e o exemplo para qualquer cidadão alemão. Em parte de sua obra, ele se dedicou a assinalar os fatores decisivos que levaram à derrocada do invencível exército alemão. Eis aqui algumas de suas observações:

> "Observador cuidadoso dos acontecimentos políticos, sempre me interessou vivamente a maneira com que se fazia a propaganda da guerra. Eu via nessa propaganda um instrumento manejado, com grande habilidade, justamente pelas organizações sociais comunistas. Compreendi, desde logo, que a aplicação adequada de uma propaganda é uma verdadeira arte.
>
> Examinando atentamente o resultado da propaganda de guerra alemã, chegava-se à conclusão de que ela era insuficiente na forma e psicologicamente errada, na essência. Começava-se por não se saber claramente se a propaganda era um meio ou um fim. Ela é um meio e, como tal, deve ser julgada do ponto de vista da sua finalidade. A forma a tomar deve consentir no meio mais prático de chegar ao fim que se colima.
>
> Quando, porém, os povos lutam neste planeta por sua existência, quando se trata de uma questão de ser ou não ser, caem por terra todas as considerações de humanidade ou de estética, pois todas essas ideias não estão no ambiente, mas originam-se na fantasia dos homens e a ela estão presas.
>
> O fim da propaganda não é a educação científica de cada um, e sim chamar a atenção da massa sobre determinados fatos, necessidades, etc., cuja importância só assim cai no círculo visual da massa. A arte está exclusivamente em fazer isso de uma maneira tão perfeita que provoque a convicção da realidade de um fato, da necessidade de um processo e da justeza de algo necessário, etc."

O ex-cabo se chamava Adolf Hitler.

PROPAGANDA DE TODOS OS LADOS

Os trechos anteriores, extraídos do livro *Mein Kampf (Minha luta)*, evidenciam o acerto e a influência que as técnicas de propaganda de Lippmann, Bernays, Trotter e Sidis tiveram sobre o desenvolvimento da guerra. Ao mesmo tempo que as tropas aliadas se mantinham coesas, esperançosas e lutavam bravamente, mesmo em face da adversidade, o desalento alemão crescia diante da resistência, apesar dos fortes ataques promovidos pelas forças nazifascistas. Ao mesmo tempo, esses instrumentos mentais causavam um dano extra, minando a autoconfiança das tropas alemãs, que percebiam, de repente, que não eram invencíveis e que seus limites estavam na trincheira à frente. Hitler tinha, sim, plena consciência desse efeito e de sua causa.

Mesmo desconhecendo a obra de Trotter, o *Führer* mostrou-se perfeitamente moldado dentro da teoria do neurocirurgião inglês, escrita, diga-se, décadas antes. Outros elementos saltam aos olhos na obra de Hitler, e todos dão razão a Trotter, uma vez que ele próprio admitiu que sua análise sobre a Primeira Guerra Mundial era limitada. Talvez mudasse de ideia ao ver o texto produzido tempos depois, na própria Alemanha. O patente uso das ideias de Sidis quanto à figura do orador e o contexto de Bernays e Lippmann, nada escapou da sua atenção, embora, provavelmente, não soubesse os fundamentos teóricos que haviam levado a propaganda aliada a agir da maneira como fora feito. Apesar de fascinante, não é, contudo, a temática que agora nos envolve.

A nós cabe assinalar que Hitler soube elevar a propaganda a um nível ainda mais alto do que aquele ao qual tinha sido lançada. Como bem disse o líder alemão, a propaganda não pode ser entregue a um asno, muito pelo contrário: o *Führer* escolheu alguém que pudesse vencer o time aliado, a quem, aliás, desprezava, em grande parte pela origem judaica. Desta vez a guerra se daria em todas as frentes, inclusive na manipulação da comunicação de massa, da sugestão, do controle da vontade. Desta vez a Alemanha tinha alguém da mesma estatura dos ingleses e dos norte-americanos, um gigante de pequena altura e grande intelecto que deixaria sua marca usada até hoje.

GOEBBELS, O MEFISTO ALEMÃO

Era um grande chalé ao estilo europeu, com um jardim gramado e plantas em uma grande área por detrás, onde se podia caminhar e, por vezes, antigamente, a família fazia piqueniques. Ele costumava convidar amigos e conhecidos para jantar. Seus jantares eram concorridos, e muitos se esforçavam para conseguir um convite. Sua popularidade era indiscutível. Eram cerca de oito horas da manhã, ele acordara um pouco mais cedo do que o costume e logo banhou-se e vestiu o uniforme. Ao calçar as botas, feitas sob medida, ele mais uma vez maldisse o defeito em seu pé direito, malformação congênita que, apesar de não ser incapacitante, dificultava-lhe o andar. Agora já superara o incômodo e claudicava levemente, mas a malformação o impedira de alistar-se e tornar-se o que sempre quis: um militar, um soldado, um oficial do Reich.

Sempre fora um católico fervoroso e, às vezes, perguntava o que teria feito para merecer tal castigo. Essa malformação o importunava desde a infância e na adolescência fora um tormento. Não podia participar das atividades atléticas, que eram extremamente valorizadas. Ficava ao largo, um espectador, um pária. Condição agravada por outro detalhe: era extremamente baixo para os padrões arianos. Parecia uma criança velha. Mas decidira que o que lhe faltasse em físico lhe sobraria em inteligência. Destacava-se, todavia, como o intelectual mais brilhante de sua turma. Seu auxílio era constantemente solicitado pelos colegas, e nunca se negara a ajudar quem quer que fosse. Logo, tinha a estima de muitos. Possuía, entretanto, um dom incomum, uma voz possante, de tom grave, que impressionava, o que lhe valia muito quando discursava ou falava no rádio. Quem o ouvia pelo rádio acreditava que era um gigante, alguém cujo físico corresponderia à voz potente e grave.

Seu nome era Paul Joseph Goebbels. Nascido em 29 de outubro de 1897, suicidou-se no dia 1º de maio de 1945, logo em seguida a Hitler, que se recusou a capitular diante das tropas aliadas, pondo fim à Segunda Guerra Mundial na Europa. Goebbels tornou-se doutor em Filosofia pela Universidade de Heidelberg em 1921 e estudou Literatura e História nas Universidades de Bonn, Würzburg, Freiburg e Munique. Conseguiu emprego num jornal e começou a publicar textos antissemitas. Com o tempo, uniu-se a Hitler e ao Partido Nazista.

Sua *performance* como orador era famosa, ele discursava em quase todas as reuniões do partido. Ao contrário do estilo exagerado, gestual, explosivo, quase cômico, com um tom agressivo, que era característico do *Führer*, o de Goebbels era resultado de seu tom de voz diferenciado, gestual calculado, com o uso das mãos como reforço de argumento. Ele sabia flexionar o modo de falar para expressar emoções, mostrava-se indignado, zangado, professoral ou como alguém próximo do espectador. Em resumo, era um virtuose, mas, mesmo assim, não conseguia arrebatar as multidões como Hitler tão bem fazia. Faltava-lhe o carisma do *Führer*, o magnetismo do líder que encarnava o ideal da raça ariana.

Existe certa discussão entre os biógrafos de Goebbels e analistas políticos que se debruçam sobre a teoria do nazismo. Essa discussão reside na dúvida de que as ações propagandísticas de Goebbels teriam sido inspiradas pelas teorias sobre a ação das massas, sua psicologia, ou se simplesmente foram executadas e concluídas de acordo com a necessidade que a ocasião apresentava. Porém, Goebbels, como já narrado, era um dos maiores intelectuais de sua época, de sólida formação filosófica e histórica. Parece-nos inconcebível que na época dita "de ouro" da psicologia, e sendo contemporâneo de Freud, Lippmann e Trotter, estando na Alemanha enquanto Gustav Le Bon obtinha seu maior sucesso, como veremos a seguir, Goebbels se mantivesse estranho ao seu ambiente. Pelo contrário: suas ações correspondem exatamente aos conceitos desses pensadores. Isso sem esquecer que o próprio Hitler, em *Mein Kampf*, cita explicitamente Le Bon, o que não passaria em branco para Goebbels, com certeza. Impossível continuar sem entender o pensamento desses personagens, que, depois, definiram o posicionamento de Goebbels.

"EU SOU LE BON"

Citar Charles-Marie Gustave Le Bon, nascido na França em 1841 e falecido em 1931, já é uma decisão, no mínimo, controversa. Originário do Vale do Loire, ele nunca teve uma educação de elite. No entanto, era sua ambição tornar-se um dos grandes pensadores de sua época. Justificava suas dificuldades afirmando-se "livre pensador", isentando-se da cobrança de uma participação clássica nos circuitos acadêmicos. Ao contrário do

Pós-verdade e fake news

que se afirma na maioria das vezes nas quais se descrevem seus dados biográficos, não se formou médico em Paris, tendo feito metade de um curso de práticas médicas e, por meios duvidosos, obteve um falso diploma de medicina. Não obstante, voluntariou-se para servir na Guerra Franco-Prussiana (1870-1871). Aqui surgem versões divergentes, ora apontando-o como "cirurgião-chefe", ora como administrador do setor de ambulâncias.

Nessa época, passou a adotar o título de "doutor", que colocava sempre à frente de seu nome. Seja como for, demonstrou coragem suficiente para receber do governo francês a alta condecoração honorífica da Legião de Honra. Tornou-se então escritor profissional, aprofundando-se nos mais diversos temas. Desde essa época, apresentou um pensamento de características nitidamente raciais. Para Le Bon, os fatores biopsicossociais seriam hereditários, os quais ora acelerariam, ora defasariam o ritmo de evolução. Ao longo do tempo, manteve sua posição como intelectual livre, baseando-se mais em vivências do que em formação acadêmica.

O final do século XIX foi dominado pelo surgimento do pensamento psicológico; foi a época do austríaco Sigmund Freud, do inglês Wilfred Trotter e de outros já citados. Le Bon ingressou nesse campo com grande fervor, foi o seu momento apoteótico. Escreveu uma série de artigos que tiveram ampla aceitação e prestígio. Em 1895, escreveu sua obra maior, *Psicologia das multidões*, um grande sucesso literário, obra de leitura obrigatória, muito discutida naquela época. Bem-relacionado com os principais intelectuais da época, costumava oferecer grandes almoços, que eram frequentados pela elite pensante. Entretanto, a propriedade intelectual de várias ideias foi reivindicada por ele e por outros pensadores – inclusive, cite-se, o jurista francês Gabriel Tarde, com quem disputou a autoria de artigos em 1892 e 1893. Para muitos, Le Bon era um visionário; para outros, apenas um "vulgarizador da ciência", ou simplesmente um curioso. Mas é fato que seu livro *Psicologia das multidões* teve um impacto muito grande no desenvolvimento da política no século XX, tanto que suas conclusões (ou as que subtraiu de outros) permanecem até hoje como objeto de discussão. Finalmente, somente outro pensador soube expressar uma teoria crítica sobre a psicologia das multidões e fez os reparos necessários: Sigmund Freud, conforme veremos mais adiante.

O raciocínio de Le Bon tinha como base a percepção de que a massa (multidão) teria um único papel: o de destruidora das civilizações. Ele partia do pressuposto de que o desgaste moral de uma sociedade a enfraquece, e de que, quando está em seu último estágio de desagregação, ela é tomada pela multidão representada pelos bárbaros. A civilização, para sobreviver, precisaria de uma pequena aristocracia intelectual (palavras de Le Bon), com cultura, regramentos, disciplina, o que não seria acessível à multidão, que possui justamente características antagônicas.

O fundamento do pensamento de Le Bon é a sua Lei Psicológica da Unidade Mental das Multidões, que podemos resumir para Lei da Unidade Mental. Segundo esse fundamento, a multidão se caracterizaria pela formação de uma "alma coletiva", transitória, com características diferentes daquelas presentes em seus componentes individuais. A esse conjunto ele denomina "multidão psicológica". Essa multidão passaria a ter uma influência no pensamento, em sua ação, de tal magnitude que faria seus componentes agirem, pensarem e sentirem de modo diferente do que fariam se limitados estivessem na sua condição individual. Mas existe um motivo para isso, e o fator determinante é o psicológico. Admitindo o conceito do inconsciente, Le Bon aponta para esse fator como o constituinte da alteração, aquele fator que escapa ao nosso consciente, um fator de influência hereditária (palavras de Le Bon), o resíduo de nossos ancestrais, aquilo que ele denominou como sendo "a alma de uma raça". Esse componente racial atingiria desde um sapateiro até o mais preparado dos cientistas; a diferença entre eles não é muita, mas, quando incorporados na multidão, tornam-se um só, em razão desse componente genético que os iguala.

Outras causas concorreriam para isso: primeiro, o contágio mental, depois, a sugestionabilidade. Quanto ao contágio mental, Le Bon afirma que todo sentimento ou ato da multidão seria transmitido de um indivíduo para outro, mas não saberia a que creditar tal transmissão. Bastaria perceber, todavia, que, embora declarasse sua evidente existência a ponto de, na multidão, o indivíduo sacrificar até mesmo seu interesse pessoal em detrimento da massa, não haveria uma explicação precisa para tal fato. Ele suspeita, então, de algum fator hipnótico. Além da alma coletiva e do contágio mental, Le Bon chega ao coração de sua teoria: a sugestionabilidade. De pronto, ressalta que seria possível ao indivíduo ser posto em um estado de sugestão em que perdesse sua personalidade e passasse a obedecer ao operador dessa perda. Algo como, interpretamos nós, uma sujeição hipnótica. Conclui então que, ao ser inserido em uma multidão, o indivíduo começa a sucumbir e entrar em um estado de sujeição, em que a atividade cerebral própria desapareceria e os sentimentos, a personalidade e a vontade do indivíduo perderiam a autonomia e passariam a ser dirigidos pelo operador. O indivíduo se reduziria a um autômato dirigido pelo líder da massa (multidão). Então ansiaria pela realização imediata das sugestões às quais se expôs, tornando-se um bárbaro, instintivo, violento, feroz, irracional, incensurável, entusiasmado, crédulo, exagerado, superlativo, simplório, conservador e até heroico, reduzido ao seu primitivismo latente. Características que se traduziriam na natureza da multidão, fundida ao indivíduo.

Le Bon atribui também um sentimento religioso à multidão, porém não no sentido estrito, o da religiosidade. Sob sua visão, esse sentimento consistiria na adoração de um ser superior, temido, dominante, que impõe a submissão de seus seguidores, adotando dogmas e tornando inimigos quem não os aceitar, afirmando para si um caráter miraculoso e mágico. Assim, qualquer pessoa com essas características (mesmo que apenas parcialmente, mas o suficiente para criar uma multidão) despontaria como sendo religiosa. O fanatismo, por consequência, seria quase uma derivação desse conceito.

Outros acréscimos seriam feitos a título de fatores contribuintes para a formação de uma multidão. Como sempre, a questão racial se sobrepõe, além de tradição, tempo, instituições políticas e sociais, instrução e educação. Um item especial do trabalho de Le Bon e que nos parece especialmente relevante está no capítulo II de seu Livro II, "Fatores imediatos das opiniões e multidões". Aí, o autor acentua que o uso de imagens seria extremamente eficiente na influência das multidões, assim como o das palavras que evoquem essas imagens. Palavras com significados vagos. E dá exemplos, tais como *democracia, socialismo, igualdade, liberdade*, que são das mais efetivas, porque se ligam a aspirações inconscientes e à esperança de que se concretizem. Frisa Le Bon que os argumentos e razões são impotentes diante de certas palavras e fórmulas (palavras do próprio texto). Claro, esclarece o autor, que o conjunto de palavras e o sentido a elas atribuído poderia variar durante a época, de forma que uma evocação hoje não teria o mesmo sentido e valor que teve em outra época.

Le Bon passa, então, a discutir a figura do líder da multidão, para ele uma necessidade básica, e traça aspectos pessoais que entende serem necessários para o exercício da liderança. Para ele, o líder, antes de assumir esse papel, geralmente seria absorvido pelas suas ideias e se tornaria um apóstolo como vários outros, partindo dessa condição para assumir a liderança. Sem dúvida, é uma forma bem interessante de descrever o mecanismo. Seja como for, assinalo que, quando descreve os meios pelos quais o líder age perante a multidão, de modo a influenciá-la, Le Bon coloca em primeiro lugar um recurso dos mais reconhecidos: a repetição. O valor da repetição no discurso é reconhecido ainda hoje. Trata-se de uma técnica de convencimento extremamente eficiente e usada inclusive no marketing comercial. Quanto mais simples for a repetição, maior será sua assimilação e, portanto, sua influência. Outra questão, embora menor: a afirmação, com a surpreendente observação de que, quanto mais simples, curta, isolada e sem provas, maior será sua autoridade. Juntas, afirmação e repetição, favoreceriam o contágio, dito como um poder intenso, capaz de gerar o pânico súbito. O contágio afetaria ideias, crenças e modo de sentir. Começaria nas classes mais baixas e atingiria as mais altas, que reciclariam essas ideias e as devolveriam ao próprio povo. O contágio acabaria transformando essas afirmações em vontade popular. Le Bon passa, então, à classificação das multidões e ao que nos interessa: apenas a questão das multidões heterodoxas, em que o foco está, novamente, na questão racial, destacando que "Quanto mais forte for a alma da raça, menos acentuadas serão as características das multidões". Essa é uma lei essencial.

Uma última colocação é a questão das multidões eleitorais, em que Le Bon passa a descrever a figura do líder ideal. Qual seja, alguém: a) que tenha prestígio, não bastando o próprio talento. Esse prestígio o coloca em posição de igualdade, em relação a uma classe social superior, para o enfrentamento; b) o candidato deve atender aos apelos dos "operários" (podemos traduzir por eleitores). Injuriar os patrões, esmagar o adversário, estabelecendo por afirmação, repetição e contágio, que é o "último dos canalhas" (palavras de Le Bon), afirmar que ninguém ignora o fato de ele ter cometido vários crimes, mesmo sem provas (idem). Estabelecer um programa vago, para que não haja cobranças posteriores, ao passo que, inversamente, o discurso é livre e pode ser exagerado. Isso produz um efeito imediato e depois se perde no tempo.

Essas ideias básicas tiveram profunda influência no desenvolvimento do pensamento do alemão Joseph Goebbels. O que não podemos deixar de notar é o momento histórico e que a influência de Le Bon se fez sentir: a humanidade vivia um período que ficou conhecido como a "Idade do Ouro da Psicologia", que se tornava, agora, uma ciência autônoma e vigorosa, que avançava como nenhuma outra. Também era uma época turbulenta no campo político: o momento que precedeu a Primeira Guerra Mundial e que levaria à Segunda, por muitos considerada uma continuação da outra. O ânimo da expansão alemã já era sentido, o discurso racista se acentuava e era dirigido aos judeus, aos ciganos e a outros povos. A defesa da eugenia tomava corpo. Do outro lado do Atlântico, todavia, a nação estadunidense prosperava, sem ter clara noção de que um conflito na Europa não tardaria a envolvê-la também. Logo, não somente percebendo todo esse quadro, mas também que a Teoria da Lei Universal da Mentalidade das Multidões incorria em erros que debilitavam o indivíduo e favoreciam um domínio que carecia de sentido científico, o impacto dessa (e de outras) publicação chegou àquele que viria a ser um dos maiores pensadores que a humanidade já teve.

"MAS EU SOU FREUD"

Acima de todos os teóricos e considerado até hoje um dos maiores, se não o maior, estudiosos da mente humana, Sigismund Schlomo Freud – judeu nascido no interior do antigo Império Austro-Húngaro em 1856 e falecido em Londres em 1939 –, ou Sigmund Freud, como é usualmente referido, é o pai da psicanálise, tendo criado os conceitos que até hoje constituem o fundamento da psicologia moderna. Existem dissidentes de suas teorias, tais como o suíço Carl Gustav Jung e o francês Jacques-Marie Émile Lacan, mas, seja como for, todos, indistintamente, têm como referência básica o próprio Freud. Não que seus conceitos e estudos sejam dogmas, mas, com evidência, são referências obrigatórias. Descabe nesta temática a discussão quanto à biografia do fundador da psicanálise; o que nos interessa é que, sendo contemporâneo de vários pensadores do tema e vendo a repercussão da análise de Gustave Le Bon, bem como das suas consequências na Alemanha, onde o nazismo já arregaçava as mangas, Freud voltou-se para os novos fenômenos de massa e, assim, publicou sua obra que é até hoje a referência do tema: *Psicologia das massas e análise do eu*. Escrita em 1921, espanta pela sua atualidade. É tão moderna que poderia ter sido escrita no século XXI, sem perder sua atração. Logo, se a temática é a propaganda e a manipulação da massa, é impossível prosseguir sem rever alguns desses conceitos, mesmo que de modo superficial.

Freud parte do princípio de que, mesmo sendo a psicanálise um instrumento de caráter individual, é fato que tal indivíduo se encontraria relacionado com outros em diferentes níveis. Já no que se consagrou chamar de psicologia de massa, o indivíduo é tratado como um membro de um ente coletivo ou, como ele mesmo diz, um povo, uma classe ou uma tribo. Mas o que manteria uma massa, como ela se torna capaz de influenciar um indivíduo e no que consistiria tal modificação é o que Freud se propôs a analisar. O texto de Freud transcreve longos conceitos de Le Bon antes de desconstituí-los, mas a primeira crítica é decisiva. Le Bon não identificou o vínculo que une a massa e a torna uma unidade, sendo que esse "aglutinante" (termo utilizado) seria exatamente a característica definidora da massa. Por outro lado, Le Bon também atribuiu à massa o surgimento de novas qualidades, o que Freud rebate ao afirmar que na massa o indivíduo não apresenta nada de novo e que nem mesmo a totalidade assim faz, mas apenas age livre dos recalques de suas moções de impulsos inconscientes (palavras de Freud). Le Bon citou, ainda, como fenômenos inerentes à massa o contágio e a sugestionabilidade, ao que Freud aponta que ambos, em verdade, seriam o desdobramento de um mesmo fenômeno, dado que o contágio nada mais é do que a manifestação da sugestionabilidade (Freud propõe uma interpretação menos literal).

Convém resumir as principais conclusões teóricas admitidas (até aquele momento), contando com os conceitos e qualidades elaborados por Le Bon e Trotter. Ambos reconheciam a massa como impulsiva, instável, irritável, guiada pelo inconsciente, obediente a impulsos positivos ou negativos de pequena durabilidade. Massa imprevisível, imediatista, onipotente, influenciável, crédula, sem sentido crítico, sem incertezas, extremada, que faz de um germe de antipatia um ódio selvagem (menções de Freud), sendo suscetível a estímulos fortes e grandiosos. Massa intensa, de extremos que devem ser repetidos seguidamente. Massa intolerante, mas que acredita na autoridade; por fim, é conservadora e rejeita inovações. Descartando as inibições do indivíduo, gerando o ressurgimento dos instintos mais primitivos, cruéis, não obstante poder ser capaz de atos os mais nobres, o que redunda dizer que, não obstante o rebaixamento intelectual, o aspecto moral pode oscilar em qualquer direção. Preferindo a fantasia em detrimento da verdade, entre as quais não parece fazer qualquer distinção, a massa busca naturalmente um líder, um chefe, um condutor, que deve ser imbuído das qualidades necessárias para exercer o seu papel. Mas, apesar desse longo rol de características da massa, em que o indivíduo limita a sua própria capacidade intelectual em detrimento do emotivo (afeto) para adaptar-se aos demais indivíduos que compõem o corpo da massa, Freud ainda propõe o núcleo de seu pensamento: qual a explicação psicológica para que o indivíduo haja dessa maneira? O que o faz deixar de ser um indivíduo para se transformar em mais um componente da massa? Essa é a pergunta que não foi respondida e é o núcleo de todo o raciocínio. Quem dominar esse conceito terá a chave do domínio das massas.

É fato que para agir assim o indivíduo afastou a inibição que lhe é própria e renunciou às suas características mais diferenciadoras. Então, por qual razão? Qual o mecanismo? Nesse momento, Freud apresenta um conceito fundamental: a libido. Longe de pretender teorizar um conceito freudiano, mas apenas para fundamentar a necessária continuidade do entendimento, podemos considerar a libido como a energia gerada pelo impulso amoroso. O termo amoroso, ou amor, não se refere apenas ao conteúdo sexual, embora também o englobe, mas, sim, a todo tipo de amor, como o amor a uma causa, ao país, ao trabalho, a um amigo e, inclusive, a si mesmo e à religião. Esse amor, abrangente, cheio de significados, possui uma intensidade, uma grandeza, uma força, e a esta Freud deu o nome de libido. Foi então que ele propôs uma divisão necessária, para que o papel da libido fosse compreendido: as massas com líder e sem líder. E, para ilustrar seu pensamento, escolheu dois tipos de massa, das mais complexas que se conhecem: a Igreja e o Exército. Isso porque, segundo Freud, essas massas são organizadas, duradouras e artificiais, mantendo-se indissolúveis por coerção. Essas massas têm em comum uma miragem, uma ilusão, uma ideia, que se concretiza na pessoa de um chefe: no Exército, a figura do general, e na religião, a figura do Cristo. Ambos amam os membros da massa, que por tal razão se reconhecem como irmãos ou camaradas com forte vínculo emocional. Embora no Exército haja um escalonamento mais marcado que na Igreja, essa subdivisão em nada modifica a essência das massas, apontando-se que, nessas subdivisões – destacamento, pelotão, cúria, paróquia etc. –, cada superior exerce o mesmo papel em relação aos inferiores. Aos que argumentam que a pátria, a glória nacional e outros elementos simbólicos se opõem a esse conceito de libido, Freud responde que esses símbolos não são essenciais à formação de um exército, os quais, historicamente, se vincularam a grandes figuras antes de qualquer noção cívica, a exemplo de César e Napoleão. Por tal razão, pela natureza libidinosa das ligações entre os membros das massas militares e religiosas, Freud aponta que, caso essas ligações se enfraqueçam, instala-se o pânico e a massa se desagrega, cada um se dissociando do conjunto e buscando apenas o interesse próprio. Seria isso fruto do medo? Não parece, porque em situações diversas e extremas existem exemplos dos mais heroicos. Leônidas e os espartanos e a guerra de trincheiras da Segunda Guerra Mundial são exemplos básicos. Em ambas as situações, o medo foi elevado ao máximo e, ao mesmo tempo, a massa manteve-se coesa. Na guerra de trincheiras, entre o gás e a metralhadora, nenhum dos contendores se esfacelou pelo medo. Sigamos a tese do mestre austríaco: a dissolução da ligação libidinosa pode ser vista quando o elemento que a unia desaparece. A morte do general no campo de batalha – exércitos já se desfizeram com a morte do líder. Suponhamos que, na Igreja Católica, descubra-se que Cristo, na verdade, não tivesse ressuscitado e que seu corpo tivesse sido retirado e sepultado em outro lugar. O fundamento devocional se extinguiria e nada restaria para manter o vínculo entre os fiéis. É interessante que, nesse conceito, a liderança é abstrata, mas individualizada, sendo possível, entretanto, que o fator de união, positivo em relação a uma ideia (tal como o socialismo) ou negativo (tal como o racismo), possa se tornar substituto desse personagem individual, acrescido por uma liderança secundária como condutora, sem que tenha o papel unificador que já se mencionou.

Mesmo em uma relação duradoura, em que sempre remanescem parcelas de conflitos, os quais, em diversas intensidades, implicam pequenas rejeições muitas vezes reprimidas ou recalcadas, a liderança desaparece quando o indivíduo se insere na massa e perde sua individualidade. Ora, se essas características individuais são libidinosas e desaparecem na massa, sua natureza não pode ser outra. Freud usa um argumento dos mais convincentes: se o amor-próprio encontra seus limites apenas no amor a outrem (alheio), a ligação libidinosa encontraria seus limites apenas na ligação libidinosa a outras pessoas. Em se tratando de massa, os impulsos amorosos (ou libidinais) estão fora de sua abrangência, de forma que esse impulso é transferido de sua meta sexual para outro objeto. Esse desvio se dá, aqui, através de um caminho: a identificação. Apenas a título ilustrativo, e longe de ingressarmos em uma análise profunda que o tema merece, é essencial, para o desdobramento do raciocínio, que haja uma definição, ainda que breve. A identificação é uma ligação emocional que une duas pessoas. Ela tem suas origens remotas no próprio complexo de Édipo e nas relações entre a criança, o pai e a mãe. Fácil é verificar que desempenha um papel fundamental na psique humana. A identificação do filho com o pai, ou da filha com a mãe, varia de modo que em um momento o filho deseja ser como o pai e, em outro, deseja aquilo que ele possui, hipótese na qual essa identificação se diz objetal. As variações dessa identificação estão profundamente fincadas no inconsciente (outro conceito freudiano) e geram consequências que atingem a própria essência humana. Não obstante, essa identificação é limitada a algum ou a poucos sintomas do objeto copiado. Freud teoriza as fontes da identificação e assinala que ela pode surgir a partir de uma característica em comum entre o indivíduo e outro, em que esse outro não seja objeto de impulsos sexuais. É nesse ponto que a ligação da massa com o líder se dá através da identificação libidinosa (em seu aspecto amplo e não sexual) incorporada pelo indivíduo. Essa ligação é controlada por um vigilante, chamado de "Ideal do Eu", que nada mais é que uma consciência moral, auto-observadora e censora, uma sentinela a nos dizer que comportamento ideal deveríamos ter ou que de nós seria esperado.

Uma observação é necessária: no estudo psicanalítico percebeu-se que o objeto da libido é superestimado, o que significa, simplesmente, que o objeto amado se engrandece para o indivíduo e torna-se, além de objeto da libido, o ser dotado de qualidades não relacionadas com a própria transferência libidinosa. Torna-se, assim, superdimensionado em relação à sua própria capacidade. Mudamos de posição agora: além da identificação, sobreleva a idealização, e o objeto da relação libidinal agora é elevado à condição de ídolo (assim entendido como dotado de todas as qualidades que se quer ter). Ora, se temos em nossa psique o "Ideal do Eu", que nada mais é do que a autocrítica da diferença entre o que somos e o que deveríamos ser sob nossa própria ótica, então reconheçamos que a idealização, o conceito de pessoa perfeita, na verdade corresponde ao "Ideal do Eu". Isso leva a um efeito nominado fascinação. Apenas menciono que, dentro dessa narrativa, Freud aborda a questão do enamoramento, o qual, para nossos fins, não guarda maior relevância, mas cujo resultado é exatamente o mesmo, nominado "Obediência Enamorada". Cito, apenas, que a "Obediência Enamorada" tem o mesmo efeito da fascinação, e que o objeto do enamoramento possui, da mesma forma, essa superestimação do objeto.

Por fim, Freud define: "Tal massa primária consiste em certo número de indivíduos que colocaram um único e mesmo objeto no lugar de seus ideais do eu e que, por conseguinte, se identificaram uns com os outros em seus eus". Incidente na criação da massa está a liderança e a afirmação do ser humano como um animal gregário. Longe de ser gregário, o homem é um animal "de horda", governada por um macho forte (palavras literais de Freud). Voltando ao modo como descrevemos os sintomas da massa, como distinta do indivíduo, passional, tudo indica um regresso à horda original, em que a personalidade individual consciente se dissolve, os pensamentos e orientações vão em uma mesma direção e prevalece a tendência ao imediatismo. A massa se remete à horda primordial, a revive, dá-lhe continuidade. Mas há uma diferença. O líder da horda e o líder da massa são diferentes. O líder da horda pouco se importa com seus liderados, ele pensa em si, possui o domínio sexual, sua liderança não depende da confirmação de ninguém, é mais próxima do sentido animal do conceito. A morte do líder da horda leva à sua sucessão pelo descendente que se impuser, alguém que é membro da horda e um fator qualquer altera sua condição de parte do rebanho e o torna líder. O mesmo, contudo, não ocorre com a massa: os membros dela querem ser amados, para eles é importante a parcela de afeição que lhes é destinada, em grau muito maior do que na horda, que, em parte, também é assim. Nesse momento vemos que o indivíduo renuncia ao "Ideal do Eu", transpondo-o para o líder e, assim, dissolvendo-se na massa (Freud). Tentemos simplificar.

O indivíduo enxerga no líder todas as qualidades que ele gostaria de ter e não obteve, assim, ele se torna o líder idealizado representando o próprio indivíduo, o qual, desse modo, se funde nessa imagem. Os demais indivíduos também se fundem nessa imagem, com base no mesmo mecanismo, e, nesse exato momento, a massa toma sua verdadeira natureza. Isso porque o conjunto coletivo "massa" é derivado e herdeiro da horda original, que está encravada em nossa mente desde os primórdios da humanidade. Claro, ainda que esse mecanismo não seja absoluto e tenha gradação, tendo essa impressão graus maiores e menores, essas qualidades, quando nítidas (Freud), geram uma ligação libidinosa mais acentuada, direcionando o indivíduo da massa para um chefe forte, enérgico, em quem o indivíduo se dissolve, tornando-se algo ou alguém que de outro modo nunca poderia ser. Aqueles que ainda têm uma dissidência remanescente, a identificação já descrita enquanto fenômeno psíquico se incumbe de alcançar. Por consequência, quando uma ação do "Eu" corresponde a uma pertencente ao "Ideal do Eu", o sentimento é de triunfo, na medida em que a ação correspondeu ao que se idealizava fazer. O indivíduo, nesse momento, é o homem idealizado por ele mesmo. No final das contas, a massa concentra sua libido no líder, que se torna, então, contraditoriamente, a expressão máxima do próprio "Eu".

Freud se contrapôs à teoria de Le Bon, desconstruindo seus aspectos fundamentais. A questão racial foi sepultada, o gregarismo afastado e, ao final, tudo se resume no próprio indivíduo. Na discussão entre ambos, Goebbels preferiu Le Bon – e teve seus motivos. De primeiro porque favorecia a tese racial ariana; depois, porque seria injustificável a adoção de uma teoria proposta, justamente, por um judeu, como Freud. Passado o século e o milênio, aponto que a tese de Freud continua sendo a explicação mais profunda e, até hoje, não contrariada de modo convincente em seus aspectos principais. Nenhuma nova teorização foi proposta. Fora do tempo em que essa visão se tornou o assunto em voga e tendo a Segunda Guerra Mundial se encerrado (apesar de seus ecos ainda serem ouvidos em certos momentos), podemos acrescentar algumas observações em favor de Freud.

Elias Canetti (nascido em Ruschuk, Bulgária, em 1905, e falecido em Zurique, Alemanha, em 1994; Prêmio Nobel de Literatura em 1981), que conheceu a guerra de perto e dedicou-se a tentar entendê-la, também percebeu a importância da massa e escreveu *Massa e poder*, na década de 1960. Na extensa obra, cita quatro propriedades inerentes à massa: a) ela quer crescer sempre, ou seja, tem sua natureza ligada à sua expansão, buscando engrandecer-se a qualquer custo; b) no interior da massa reina a igualdade (já nos estenderemos sobre isso); c) a massa ama a densidade, o que nos parece consequência da propriedade anterior. A proximidade dá e consolida o sentido de unidade; e d) a massa necessita de uma direção, também em harmonia com o que já dissemos. Canetti introduz ainda inúmeros conceitos, tais como a "Massa de Proibição", em que predomina o aspecto negativo, apontando a greve como exemplo. Também teorizou sobre a "Massa Dupla", qual seja a existente na guerra, em que uma massa tenta impedir o crescimento de outra na disputa de espaço. É interessante aqui a noção de que, na guerra, uma das massas pretende o domínio da outra, refletindo-se, insanamente, no extermínio do maior número de inimigos, para, assim, destruir a natureza e a massa do inimigo.

Menciono essas noções apenas porque, em nosso entendimento, apesar do seu aspecto classificatório, em nada elas se contrapõem aos conceitos freudianos propriamente ditos. Theodor Ludwig Wiesengrund--Adorno (nascido em Frankfurt, Alemanha, em 11 de setembro de 1903, e falecido na Suíça, na cidade de Visp, em 6 de agosto de 1969) é conhecido como um dos maiores filósofos e sociólogos alemães, um dos maiores expoentes da Escola de Frankfurt. No artigo "Antissemitismo e propaganda nazista", contribui tremendamente para a compreensão da retórica nazista de Goebbels, ainda em harmonia com as ideias de Freud, porém com mais especificidade, voltando-se para a teorização nazista em si mesma. Adorno compreendeu que o material de propaganda nazista fora estruturado em termos mais psicológicos do que objetivos. E que o objetivo é a manipulação do inconsciente, ao contrário do que a discussão lógica propõe. Nesse sentido, podemos afirmar que argumentar racionalmente contra o inconsciente é mera perda de tempo. Tanto assim que o discurso nazista (referido como fascista por Adorno) não se compõe de metas concretas ou factíveis, dado que seus argumentos são unicamente emocionais. E a razão é simples: a racionalidade, seja qual for o ângulo explorado, implicará o reconhecimento de limites, precisamente aquilo que o pensamento fascista não pretende, dado seu caráter naturalmente totalitário. Apenas uma ressalva deve ser feita: a de que essa irracionalidade, contudo, é planejada, criada. Uma técnica aplicada com o intuito de obter determinado efeito. Adorno acentua que o papel do líder, com conduta às vezes bizarra, histérica ou histriônica, serve, em verdade, como um

Pós-verdade e fake news

espelhamento da própria massa, dos indivíduos que são inibidos e não podem se expressar dessa maneira, embora anseiem por fazê-lo. E que têm no líder a satisfação da vontade de fazer o que gostariam de ter feito, numa pura adesão à teoria freudiana.

Em "A teoria freudiana e o modelo fascista de propaganda", de 1951, Adorno vincula espécies diferentes de agentes de propaganda fascistas, os agitadores, aos quais atribui, em resumo, as mesmas características reconhecidas por Freud. Adorno reconhece a propaganda como forma de satisfação das massas, tal como o mestre austríaco entendia. E reafirma as características libidinosas como padrão fascista. Replicando esses conceitos, Adorno declara aquilo que Freud não pôde fazer, mas que era óbvio em sua obra: a comunidade fascista (nazista) corresponde exatamente à descrição elaborada por Freud em sua obra, assim como a muitas outras. Reafirma as características narcisísticas predominantes na massa e faz uma observação das mais pertinentes e atuais: o líder da massa precisa apresentar sintomas de inferioridade, por uma razão simples. Precisa manter-se identificado com os indivíduos que compõem a massa. Seriam, no dizer de Adorno, líderes "canastrões", mais precisamente, porque precisam ampliar a imagem do próprio indivíduo. É o que se chama de ambivalência, isto é, a presença de sentimentos contraditórios simultaneamente. Resumindo, é a representação da própria irracionalidade. Sentindo que o nazismo alemão não favorecia um judeu como ele, Freud refugiou-se na Inglaterra, onde faleceu, no dia 23 de setembro de 1939, antes que a guerra tomasse corpo novamente. Seu trabalho, todavia, deixou marcas tão profundas na humanidade que até hoje permanecem atuais, e a reverência à sua genialidade permanece incólume. Poucos se lembram de Le Bon – a maioria, em parte, por causa do livro do próprio Freud.

A questão dos chamados "agitadores", aos quais Adorno atribui as mesmas características reconhecidas por Freud, foi discutida por seu amigo Leo Löwenthal (1900-1993), um sociólogo alemão companheiro de Adorno. Löwenthal, que fugiu da Alemanha e radicou-se nos Estados Unidos, lecionando nas universidades de Berkeley e Stanford, publicou em 1949 um dos seus mais conhecidos trabalhos, *False prophets – a study of the techniques of the American agitator*, juntamente com Norbert Guterman. Löwenthal tinha uma preocupação com o discurso antissemita que caracterizava parte da direita norte-americana. Essa preocupação era justificada e o levou a fazer um estudo sobre as técnicas de convencimento e manipulação usadas, que eram em tudo semelhantes àquelas usadas pelo nazismo na guerra recém-terminada. O trabalho é de grande atualidade e foi republicado em 2017. Passados mais de setenta anos, essa dialética aparenta um reviver cada vez mais intenso, e recentemente retornou com as mesmas características. É um trabalho de importância que merece um estudo próprio, ao qual não podemos deixar de fazer referência previamente à descrição mais pormenorizada sobre a ação de Goebbels, até para compreendermos melhor a ação das tropas SA (veremos no desenrolar deste texto).

O AGITADOR é a figura central do estudo, embora, diz o autor, o termo mais bem empregado seria "sedutor". Isso porque a orientação é sempre buscar uma ideia que já esteja na mente de seu público, algo que já esteja entremeado nos pensamentos, mesmo que não explicitado ou externado ou até admitido publicamente. Dessa forma, trabalha com elementos já simpáticos a seus ouvintes, cuja tendência, então, é recepcionar seus conceitos. Nos termos de Löwenthal, o agitador pode ser definido como "um advogado da mudança social". E assim ele se transmuda em quatro tipos de postura, ora como simplesmente um descontente, ora como um oponente, ora como um modificador, ora como um líder. Seja como for e independentemente da posição que assumir, seu discurso não é racional, é puramente emocional, não tenta definir o descontentamento da massa, mas tão somente incrementá-lo, tornando, assim, o raciocínio uma forma ineficiente de contra-argumentação. Ele reclama a iniciativa não porque seja melhor ou porque entenda melhor a situação, mas porque se apresenta como alguém que sofreu mais do que qualquer um. O objetivo imediato não é começar uma revolução, mas tornar o público receptivo à sua influência. É fazer com que o público dê vazão ao seu descontentamento, desfazendo suas inibições, alimentando fantasias e estimulando a vazão desses sentimentos contra aqueles que diz serem seus inimigos.

Seguindo na trilha de Löwenthal, o agitador busca sempre identificar um motivo de desconforto ou descontentamento social em quatro áreas: 1) economia: dando exemplos de desempregados, explorados, empobrecidos, mas sempre sob uma ótica emocional, e não econômica. Exemplo de Löwenthal: "Americanos estão cometendo suicídio por não terem o que comer, enquanto imigrantes tomam seus empregos". A narrativa não é exatamente de cunho teórico-econômico, não discute as condições econômicas que desaguaram no desemprego, apenas busca dentro do argumento um fato específico, o qual nega a possibilidade de um contra-argumento de cunho puramente racional. A partir daí, pode levar o raciocínio ao absurdo, criando imagens com as quais o público se identifique; 2) política: buscando responsáveis por uma desestabilização que pode ter ou não ter existido. Embora Löwenthal não cite diretamente, setenta anos depois vemos uma aversão generalizada ao universo político, sem que um fato específico seja apontado, ao contrário do que ocorre no discurso econômico. "Os políticos são todos criminosos", "A democracia é fraudulenta": note-se, novamente, que a possibilidade de réplica por meios racionais é praticamente inviável; 3) cultural: basicamente atribuindo a supostos líderes o controle dos meios de comunicação e difusão, como nesse outro exemplo de Löwenthal: "A imprensa americana nunca será livre até que seja libertada dos grupos de pressão raciais, religiosos e econômicos". Novamente, o argumento difuso e sem fundamentação impede uma contestação baseada em elementos concretos; 4) moral: fundamentalmente apontando um relaxamento moral, notoriamente de cunho sexual, afirmando-se como uma degradação dos valores tradicionais. Essas narrativas têm como objeto certos estímulos emocionais que correspondem a: a) desconfiança: criando a dúvida sobre qualquer fenômeno social, afetando a todos de maneira que dificilmente entendam ou entenderiam. O vocabulário usado, segundo Löwenthal, envolve principalmente as palavras: corrupto, mentiroso, manipulador e enganador; b) dependência: o agitador assume que o público não tem poder de reação e que necessita de proteção, por meio de uma organização ou liderança forte; c) exclusão: o público é excluído da fatia nacional que se desenvolve e colocado à margem do crescimento social, quer pela exploração do governo, quer por sua ineficiência; d) ansiedade: criando a expectativa de uma tragédia, de um desastre iminente ou qualquer outro fator que represente uma queda na hierarquia de classe social (empobrecimento e/ou perda de privilégios e distinções). A classe média é especialmente suscetível a esse tipo de argumento; e) desilusão: parte da descaracterização do político como instrumento legítimo de representação, atribuindo-lhe toda espécie de vícios e defeitos, bem como a suposição paranoica de que existem instituições de espectro internacional, dominantes de todo o sistema político. Isso tem um objetivo determinado: se toda representação é viciada ou extinta, somente a propalada pelo agitador tem legitimidade para a ação política. Seja por que motivo for, dada a imperfeição da sociedade, sempre existirão aqueles que, justificadamente ou não, colocam-se ou são colocados em situação tal que faz surgir esses sentimentos, mesmo que de modo indesejado. Löwenthal, de modo brilhante, descreve sucessivamente os argumentos mais utilizados pelos agitadores e que, lidos hoje, parecem uma descrição precisa de tudo quanto se apresenta como argumento em debates políticos – o que demonstra de modo irrevogável que o diálogo político hoje retrocedeu quase setenta anos, talvez porque, como vimos anteriormente, esteja calcado não exatamente em termos de convicção política, mas de aspectos psicológicos, especialmente emocionais, que permanecem tão idênticos quanto os próprios seres humanos.

Parece-nos claro, portanto, que Goebbels abraçou os pensamentos de Le Bon e os empregou no planejamento de sua estratégia propagandística, assim como colheu de Lippmann e Bernays técnicas que não teve o menor pudor de copiar. Como já dissemos, Lippmann defendia o controle total dos meios de comunicação, e isso se apresentava como medida possível naquele momento.

GOEBBELS?

. Em 28 de fevereiro de 1933, os nazistas atacaram o Reichstag, ateando-lhe fogo e culpando os comunistas (contra os quais, aliás, já se movia agressiva propaganda). No dia seguinte, o chanceler Adolf Hitler promulgou um decreto de emergência com restrições às liberdades individuais, inclusive à liberdade de opinião e imprensa, e nomeou seus ministros, entre eles, Goebbels, ministro da Propaganda e Educação.

Na solenidade de posse, Goebbels discursou: "Nós estamos pensando em um Ministério da Educação Pública no qual filmes, rádio, arte, cultura e propaganda seriam combinados. Tal organização revolucionária estará sob um controle central e firmemente ligada à ideia do Reich. Esse é realmente um grande projeto, o maior que o mundo terá visto. Eu estou começando desde já, trabalhando fora da estrutura do ministério". E em outro trecho: "Nós estabelecemos um Ministério do Esclarecimento Popular e Propaganda. Esses dois títulos não significam a mesma coisa.

Esclarecimento popular é essencialmente algo passivo; propaganda, por outro lado, é algo ativo. Nós não podemos estar satisfeitos dizendo às pessoas que queremos esclarecê-las nem como faremos isso. Nós temos de substituir esse esclarecimento por uma propaganda ativa, que conquiste as pessoas. Não basta conciliar as pessoas com nosso regime, movendo-as para uma posição de neutralidade em relação a nós; preferimos trabalhar as pessoas até que elas sejam viciadas". Prosseguindo: "Se nós formos olhar o trabalho que já fizemos e os incomparáveis sucessos que alcançamos nessas últimas semanas, devemos atribuir isso principalmente ao fato de que, sendo um movimento revolucionário jovem, ganhamos um domínio virtuoso de todos os meios de influência de massa da sociedade moderna, e que, em vez de direcionarmos a propaganda de longe, nós, como verdadeiros líderes, viemos do povo e nunca perderemos o contato íntimo com o povo. Penso que uma das vantagens mais importantes da nova propaganda governamental consiste no fato de que a atividade dos homens até então responsáveis pela propaganda nacional-socialista pode agora ser feita para dar frutos para o novo Estado. Um governo que deseja realizar propaganda deve reunir em torno dele o cérebro mais capaz em influência pública em massa e recorrer aos métodos mais modernos para alcançar essa influência".

Assim, tão logo o Reich tomou o poder na Alemanha em 1933 e expandiu-se para Polônia, França, Holanda e demais países europeus, os quais caíam como cartas sob o peso dos Panzers, todos os jornais, rádios, cinemas ou qualquer forma de comunicação eram absorvidos pelo Ministério da Propaganda de Goebbels e rigidamente controlados, passando a publicar somente o que lhes era permitido e, sobretudo, determinado. A ideia, evidente, era sempre trazer uma versão única e unilateral da narrativa sociopolítico-militar. Nesse momento, havia uma trágica intensificação do antissemitismo, criando uma imagem maléfica e odiosa da figura judaica. Tanto nos cartazes, com a figura do judeu possuindo todas as características que pudessem ser consideradas desprezíveis, quanto nos filmes, em que o judeu era representado sempre como o mal, o vilão, o inimigo, o imoral, o desprezível, o cruel, etc. Um dos exemplos clássicos do cinema alemão da época é o filme *O judeu eterno*, um clássico do pensamento nazista. O filme, narrado como um documentário, começa com a invasão da Polônia e segue em uma construção da imagem judaica, primeiro apontando características físicas, concluindo que até mesmo as almas dos judeus são diferentes. É claro que as imagens são as mais disformes possíveis, já com o intuito declarado de criar uma rejeição. Moralmente também se cria uma figura indolente, preguiçosa, malandra, que vive do comércio e da exploração alheia. Mostra-se o que seriam as casas judaicas, miseráveis, recobertas de baratas, enquanto o narrador informa que ali viviam judeus ricos, os quais, por mesquinhez, preferiam viver na sujeira. Há uma clara depreciação do trabalho comercial e do trabalho braçal. Assim, enquanto o operário produzia e criava, o comerciante apenas explorava o trabalho alheio. Ao longo do filme, mapeia-se a imigração judaica, desde a Palestina até os Estados Unidos, passando pela Europa. Na sequência, usando o mesmo mapa, se apresenta a disseminação de ratazanas, que trilham um caminho semelhante. Descreve-se então o papel dos ratos no imaginário alemão, não como um animal, mas como uma peste, que destrói tudo em seu caminho, age às escondidas e em bando. Sobrepõe-se a imagem à de judeus e, assim, define-se uma analogia entre a condição de ambos. Colocam-se cenas em que a figura da família Rothschild, de famosos milionários, ocupam um lugar de destaque. A parte final do filme começa com a apresentação do trabalhador alemão como um exemplo da perfeição física, seres de uma beleza natural que se contrapõe aos ratos semitas, exaltando as mulheres alemãs como mais um exemplo de encanto e perfeição. O contraponto se fecha com uma imagem do Reichstag, o parlamento alemão, onde Hitler encerra um discurso afirmando que, desta vez, ao final da guerra, a raça judaica seria exterminada na Europa. Os aplausos eram intensos ao final do filme.

A imprensa também foi rigidamente controlada; Goebbels dizia que a imprensa era um plano pelo qual o governo influenciava o público na direção que quisesse. Até 1942, antes de as derrotas começarem, era feita uma comparação direta entre as lideranças aliadas, principalmente Churchill e Hitler, com manifesta vantagem do espírito alemão. Porém, era manifesto o equívoco na análise da situação política interna, especialmente a inglesa. Para Goebbels, Churchill parecia sempre cansado, seus discursos, pouco inspiradores, e sua situação interna no parlamento, escassamente acolhedora. Em 25 de fevereiro de 1942, Goebbels escreveu em seu diário: "Os ingleses dão-nos às vezes a impressão de que são completamente desmemoriados... O último discurso de Churchill é o tema de todas as discussões. É um discurso de profundo pessimismo. Poucas vezes Churchill pintou a situação com cores tão sombrias. O infortúnio o está empolgando pouco a pouco". O que vemos, todavia, não corresponde às conclusões do Reich Minister. Churchill proferiu um longo discurso, no qual fez a seguinte menção: "Se considerarmos o longo período de castigo que deveremos atravessar como consequência do assalto repentino do Japão, se olharmos através desse prisma para um aspecto mais amplo da guerra, poderemos ver claramente que nossa situação melhorou enormemente, não só durante os últimos anos, como também nos últimos meses. Essa melhora é devida à potência maravilhosa da Rússia e à chegada dos Estados Unidos, com seus recursos incomensuráveis para a causa comum. Nossa situação melhorou, com certeza, muito além do que teria podido prever a pessoa mais otimista". Existe um descompasso entre o teor do discurso do primeiro-ministro inglês e as conclusões que Goebbels tirou em seu diário. É fato que os espiões alemães na Inglaterra haviam sido identificados e controlados, em grande parte tornando-se agentes duplos em favor dos britânicos. Assim, as informações transmitidas por esse meio estariam seriamente comprometidas. Não obstante, o discurso foi ouvido e a interpretação foi literal. Passado quase um século da Segunda Guerra Mundial, a análise da atuação de Churchill vai no sentido contrário ao das conclusões de Goebbels. O primeiro-ministro inglês era carismático, seus discursos ressoam pela história e foram dos mais belos da época, superiores em conteúdo e dialética a tudo o que se produziu. Tanto assim que até hoje os discursos de Hitler são pouco ou nada lembrados, mas as frases cunhadas por Churchill permanecem vivas na memória não só da Inglaterra, mas de toda a humanidade.

A que poderíamos classificar tamanho equívoco? Goebbels não teria condições de compreender o sentido do discurso britânico? Não nos parece, aliás, muito pelo contrário: Goebbels deu mostras mais do que consistentes de sua capacidade e percepção. Parece-nos, sim, que Goebbels tentou menosprezar ao máximo o discurso de Churchill para que o papel deste não fosse reconhecido internamente, de maneira a evitar a construção de um obstáculo à vontade do Führer e do Reich. Goebbels desenvolveu uma forma de defesa consistente e funcional, o que poderíamos chamar de defesa-não-defesa. Resumindo, ele nunca se defendia – estudava a geopolítica do adversário, buscando fragilidades. Como a crítica feita à Alemanha era basicamente moral, era essencial a base ética da própria sociedade adversária. Como os campos de concentração não podiam ser negados nem a perseguição aos judeus podia ser refutada, Goebbels nem tentou fazê-lo. Ao contrário, atacou o inimigo diretamente, em seus pontos mais vulneráveis no edifício moral que haviam construído. Como a Inglaterra era um império, possuía todas as iniquidades de um império em sua história, e cada erro cometido em seu longo caminho poderia ser mobilizado contra a retórica britânica. A máxima de Goebbels era nunca se defender, só atacar. A defesa era inútil, trabalhosa, complexa, envolvia raciocínios e valores subjetivos, ao passo que defender é ser posto contra a parede e não ter espaço para manobra. Os ingleses diziam que os alemães massacravam judeus? Mas quantos indianos foram mortos na Índia ou pelas forças imperiais britânicas? E na África? E na Ásia? Se os alemães eram julgados por um massacre, mesmo assim de discutível existência, o que se dirá dos massacres promovidos pelos próprios ingleses? E Goebbels não deixou passar o apoio das tropas alemãs pelo povo lituano – o qual via os alemães como libertadores da tirania soviética –, filmando a população local saudando os soldados alemães. Outra técnica, bem usada, foi apresentar a imagem dos líderes aliados de modo invertido, sendo exibidos da mesma maneira que eles viam Hitler, mostrando-os como ambiciosos e agressivos contra a Alemanha. Aliás, a imagem dada aos aliados era completamente mentirosa: os alemães foram convencidos de que o objetivo inglês não era libertar a França, a Polônia anexada ou derrotar o exército alemão. A imagem criada, a informação concedida, dava conta de que os ingleses queriam, em verdade, o extermínio do povo alemão, sua destruição definitiva, algo semelhante ao que os alemães faziam com os judeus, numa completa exposição invertida.

Mentiras dessa grandeza só podem ser promovidas para pessoas que desejam acreditar nelas. Evidências de sua falsidade podem ser sempre encontradas, e sua origem lógica, analisada. Entretanto, uma das lógicas da propaganda é facilitar a autopersuasão, provendo-a de uma capa de pseudorracionalidade. Criavam ainda a imagem das vítimas agradecidas pela libertação e pelo trabalho escravo (apresentado como modelo, com bons salários e ótimas condições). Viam as conquistas na Europa como uma libertação da burocracia inglesa, que lançava sua sombra sobre todo o continente. Goebbels manipulava todos os fatos, ora produzia fatos diversos, que nunca aconteceram, ora apenas modificava sua natureza, como vimos. Enfim, a propaganda tem só um objetivo: a extinção da independência do pensamento por meio de imagens que, a partir de agora, pensarão por você.

E tudo isso iria mudar quando, pouco mais de meio século depois do final da Segunda Guerra Mundial, uma nova revolução mudaria a concepção de comunicação em escala global.

SURGE A MATRIX

In principio erat Verbum. No princípio era o verbo, e ele disse:
– Lo.
E depois disso surgiu todo um universo, em que todos falavam com todos e tudo se transmitia.

Antes que se faça qualquer crítica de cunho religioso ou qualquer outro tipo de comparação, lembremos que se trata apenas de uma alegoria. A palavra "Lo", que deveria ser na verdade "Login", foi a primeira transmissão feita por aquilo que se convencionaria chamar de "internet". A transmissão ocorreu em 29 de outubro de 1969, os emissores foram Leonard Kleinrock e Charley Kline, e o receptor foi Bill Duval, da Universidade de Stanford. Na verdade, a transmissão não foi completamente bem-sucedida, dado que a palavra completa não chegou a alcançar o destinatário, em razão de uma falha no sistema. Não obstante, daí em diante, o aumento das transmissões se deu em ritmo geométrico. O sistema da internet foi criado por meio de um projeto militar que consumiu gigantescos recursos. O nome inicial, Arpanet (Advanced Research Projects Agency Network, ou Rede da Agência de Pesquisas em Projetos Avançados), acabou sendo completamente absorvido pela rede civil em pouco tempo. Para termos ideia do que realmente é a transmissão pela internet e por que foi idealizada, é necessário entendermos o contexto militar de sua concepção. O que se pretendia (e se conseguiu) era um modo pelo qual as comunicações não fossem centralizadas nem descentralizadas. Seriam, mais especificamente, fragmentadas. Uma comunicação centralizada em determinado ponto é vulnerável, pois, uma vez atingida e destruída, paralisaria completamente a comunicação entre os centros militares. A descentralizada torna essa paralisação mais difícil, porque os centros dispersos são mais difíceis de ser danificados. Mas, mesmo assim, poderiam ser localizados e atingidos. O que, então, se entenderia como uma comunicação fragmentada?

Para ilustrar, imaginemos uma mesa de *pinball*, em que as bolinhas seriam a mensagem dividida. Se jogássemos as bolinhas ao mesmo tempo, elas seguiriam trajetórias completamente diferentes pela mesa, batendo em obstáculos e alterando sua trajetória de modo completamente aleatório para, ao final, em algum momento, ultrapassar tudo e cair. O emissor é quem joga as bolinhas, a rede é a mesa e a queda final, o receptor. Seja qual for a trajetória, mesmo que se mudem os obstáculos a cada partida, e seja qual for a velocidade, no final, as bolinhas se juntarão na máquina e formarão a mensagem. Isto é, a internet é um modo de enviar a mensagem em partes que se deslocam dentro de um plano de modo caótico, mas que ao final se juntam em uma mensagem para o receptor. O atrativo maior se dá porque, em meio ao caos da trajetória, é quase impossível captar todas as bolinhas ou interceptar todos os obstáculos contra os quais elas colidirem, fazendo-as mudar de direção, de forma que não adianta nada destruir um ou vários obstáculos. O sistema projetado assim inviabiliza sua destruição, exceto se todo o conjunto da mesa for destruído. Nesse caso, todavia, o sistema de comunicação não seria necessário, até porque não sobraria ninguém para comunicar.

A sigla TCP/IP, várias vezes citada em artigos técnicos, significa exatamente isto: TCP – Transmission Control Protocol, e IP – Internet Protocol. São exatamente os protocolos de transmissão (fragmentação da mensagem) e recebimento (reconstituição) que possibilitam que uma mensagem seja enviada de um ponto a outro. E isso havia tido um efeito imprevisível até aquele momento. Naquela época, computadores eram máquinas complexas, enormes, cujo objeto era a elaboração de cálculos em grande escala ou de grande dificuldade. Logo, o diálogo entre máquinas, ainda primário, se dava nesse sentido. Mas em pouco tempo os computadores saltaram para o uso industrial, comercial e, finalmente, transformaram-se nos computadores de uso pessoal e, num passo além, em *smartphones* e *tablets*. A proliferação e a evolução tiveram como motivo e base o reconhecimento do computador não como mera máquina de fazer cálculos ou do qual se podem extrair vantagens comerciais ou industriais. Com o advento da internet, o computador passou a ter outra natureza: transformou-se em um meio de comunicação. A partir do momento em que podia transmitir e receber qualquer coisa, não só voz, mas arquivos de qualquer gênero, tipo ou extensão, tornou-se a única máquina de comunicação completa, dominando todo tipo de informação.

O computador tornou-se o instrumento pessoal indispensável do final do século XX e do corrente século XXI. Dependendo do *smartphone* ou do PC, ou ainda do *notebook*, qualquer pessoa tem em casa hoje mais capacidade de processamento do que a Nasa tinha na época em que mandou os primeiros astronautas para a Lua. Isso mudou tudo, como McLuhan e Castells, entre outros, bem anteviram e caracterizaram. Foi assim que surgiu um novo universo, uma nova realidade, uma dimensão que se diria cibernética. A par dessa introdução, resta claro que essa nova dimensão se encontrava completamente aberta, vazia, um espaço a ser ocupado por aqueles que primeiro se conectassem e de que poderiam fazer uso como lhes aprouvesse. Seria um reflexo da própria humanidade em seus valores positivos? Ou a expressão inversa, uma dimensão em que se poderia dar vazão ao que existe de mais perverso no ser humano? Ou ambos? Quem disputaria o predomínio do espaço virtual? Haveria conflitos? Disputas sobre quem conseguiria mais visibilidade?

Em matéria de disputa de territórios (ou dimensões), é na Antiguidade que nos deparamos com os mestres da estratégia, entre eles, Sun Tzu, pensador e general chinês que escreveu *A arte da guerra*. Teria vivido entre 544 e 496 a. C., e sua obra foi um dos poucos escritos que sobreviveram à unificação da China, no século II a. C., e tem se mantido desde então como uma das mais brilhantes obras de estratégia da história. Hoje em dia é tema básico em administração e política, além, é claro, da própria guerra. Foram seus princípios que nortearam, inclusive, a ação vitoriosa dos vietnamitas contra os Estados Unidos. No capítulo 9 de seu livro, Sun Tzu descreve como aberto o terreno em que a liberdade de movimentos é ampla e desesperadora, onde somente uma luta contínua pode evitar nossa destruição. O espaço virtual percorreu esse caminho. Embora de início fosse aberto e acessível, logo se tornou superpovoado e tomado de conflitos contínuos, cada pessoa buscando ser a mais preponderante possível, ou melhor, cada um querendo chamar mais atenção para si e ao mesmo tempo obscurecer a imagem do outro. Ao mencionarmos a obra de McLuhan, dissemos que a web exerce uma atração narcísica. A rede funciona como o lago onde Narciso se detém ao apreciar o reflexo da própria imagem e, de tão atraído, acaba morrendo de inanição: a morte pela beleza. Narciso Narcosis. Freud aponta como o narcisismo pode ser direcionado para um "eu" ideal, ou seja, sobre uma idealização, uma imagem do "eu" que se cria como uma comparação entre o que somos e o que desejamos ser. Amamos também o que desejamos ser, projetando uma imagem de nós mesmos ao mesmo tempo que a transformamos em nosso ideal de amor. Não é por outro motivo que as redes sociais se transformam em discurso de exaltação própria, exibindo uma imagem de felicidade e realização, seja por qual perspectiva for. É uma imagem a ser amada, não só por aqueles que a veem, mas, antes de tudo, por quem a publica, que escolhe exibir o melhor de si, esculpindo aquilo que entende deva ser amado em sua própria perspectiva. E a marca de sucesso dessa ânsia amorosa nada mais é do que o reconhecimento dos demais, que "curtem" e mostram quanto sucesso se fez.

Hoje, o poder é a visibilidade, são os seguidores, os curtidores, quem tem mais seguidores, mais curtidas, mais "likes". E o amor não é infinito. A rede se tornou um terreno aberto porque pode ser ocupada por qualquer um, vindo de qualquer lugar. É desesperador, porque, para sobreviver, é preciso lutar continuamente para manter sua posição visível e passível de amor (no sentido de popularidade), caso contrário, outro ocupará esse espaço, outro poderá ser mais amado, outro poderá ser mais visível e, uma vez ultrapassado, o limite entre a visibilidade e o esquecimento não dura mais do que alguns momentos.

É claro que o amor aqui referido não guarda relação com o amor romântico ou sexual. Nesse caso, ele engloba um sentido amplo, cuja teorização escapa ao objeto do texto e pertence ao ramo da psicologia, em que pode ser pesquisado. Claro que, visto em perspectiva, é muito fácil fazer essa avaliação, mas naquele momento era imprevisível. A identificação narcísica do indivíduo com o espaço cibernético marcou a explosão que impulsionou o espaço virtual e tem seu ápice nas redes sociais, o ambiente cibernético por excelência, que explora os narcisos existentes em todos os seres humanos. Andrew Keen foi um dos pioneiros no desenvolvimento da internet. Narrando como a rede se iniciou, relembra que a expectativa, inclusive a de Zuckerberg, o tão afamado criador do Facebook, era de que o convívio virtual seria integrativo, tornando o ser humano mais tolerante e sociável. Não foi assim. Segundo Keen, num espaço caótico, o virtual começou a ser ocupado em primeiro lugar pelos sites de busca, ou buscadores, liderados pelo hoje dominante Google, simplificando o universo virtual, permitindo que nos localizemos e direcionemos a busca, da mesma forma que a bússola e os mapas dos antigos navegadores serviam para guiá-los até seu destino, com a diferença de que as bússolas não mostravam imagens nem sons. Segundo bem observa Keen, esses buscadores criam uma espécie de sabedoria coletiva, fruto das pesquisas mais procuradas e mais recentes, que se fixam no topo das notícias ou de buscas sobre diversos assuntos. Dessa forma, buscando os topos de listas de buscadores como, por exemplo, o YouTube, o usuário encontrará o que os próprios usuários entenderam ser o mais relevante. Na maior parte das vezes, encontrará vídeos absurdos ou escatológicos. É o espelho da sociedade. E pior será, veremos, com o desenvolvimento dos algoritmos. Envolvido por uma "sabedoria popular", termo usado por Keen, o pesquisador mergulhará num universo informacional cada vez mais longe da vida factual, restrito a essas poucas escolhas. A autoridade e o *status*, nesse universo, como já observamos, se traduzirão na visibilidade. Assim, quem conquistar mais espaço, mais autoridade terá (o que está em conformidade com a ideia de Freud sobre o narcisismo), daí a multiplicação exponencial dos *blogs*, cujo conteúdo, no mais das vezes, se reduz a uma opinião pessoal sem qualquer fundamento que não o próprio subjetivismo do comentarista. Daí porque cada um terá a sua própria versão de verdade, válida para si, que será o que importa naquele momento. Essa é a "opinião narcísica", ela é sua e, por ser sua, é a melhor e mais amada e, provavelmente, não será descartada, até porque esse descarte implicará uma dupla perda: a da verdade em si e a do amor que se tem por ela. E a cada momento deixamos de perceber a fronteira entre a realidade e a irrealidade, ela se rompe na rede e cria a "hiper-realidade", a diferença é apagada e o totalmente falso se identifica com o totalmente verdadeiro. E Keen conclui: quando anúncios de relações públicas são disfarçados de notícias, a linha entre o fato e a ficção perde a realidade.

O resultado foi que, ao contrário da ampliação de uma convivência harmônica, os grupos afins solidificaram-se em blocos e acentuaram as divergências, gerando o atrito e o confronto em escala coletiva, no que antes se restringia a nichos particulares. Resta saber se, depois da internet,

Deus conseguirá descansar no sétimo – ou em algum – dia. "Big Bang" é o termo mais aceito e utilizado hoje para justificar a origem do universo. Não foi diferente com a internet. A rede espalhou-se na velocidade da luz, mais a transferência do eixo militar para o eixo civil motivou uma expansão de funcionalidades imprevisível. O uso ampliado e contínuo aperfeiçoou ainda mais o sistema, surgiu a chamada Web 2.0, com uma capacidade de transmissão muito maior, permitindo o trânsito rápido e eficiente de informações digitais, imagens, som, texto, tudo em alta velocidade. Não posso deixar de assinalar que novas redes estão sendo instaladas com capacidades incomparavelmente maiores e mais rápidas, as quais, por sua vez, serão em algum momento substituídas por outras ainda maiores e ainda mais rápidas, sem um final previsível ou calculável. A tudo se somou uma nova funcionalidade que transformou de vez a sociedade em uma sociedade informacional: o surgimento dos *smartphones*, que trouxeram para a esfera pessoal uma forma de comunicação impensável até pouco tempo atrás. Um detalhe, todavia, muda completamente a ótica do sistema industrial típico para o sistema informacional.

No sistema industrial clássico, a produção não gera informação, não há transmissão, tráfego de dados. No sistema informacional é diferente: a máquina monitora sua atividade, calcula sua produção e pode até se ajustar, transmitindo todos os dados para seu controlador. No primeiro sistema, dados de produção serão gerados apenas em função de uma atividade de pesquisa direcionada para tal coleta. No sistema informacional, isso é um valor agregado essencial. Da mesma forma, diga-se em relação a qualquer atividade exercida através da rede, seja lá o que ou como for feito, a que tempo e em qualquer quantidade, toda a atividade via rede virtual deixará registro. Shoshana Zuboff, uma entre os principais pensadores do que se denominou "Capitalismo de Vigilância"[3], professora da Harvard Business School, chamou esses registros esquecidos de "resíduos". Esses resíduos permanecem na rede e identificam quem ingressou nesse universo e quando, por onde transitou e como, o que fez e porquê. De todos os usuários. Não porque o sistema tenha sido projetado para isso, mas é consequência de sua própria estrutura, que, lembremos, tem em seu DNA uma origem militar. Imaginemos, por conclusão, que nesse ponto a

---

3 ZUBOFF, Shoshana. *A era do capitalismo de vigilância – a luta por um futuro humano na nova fronteira do poder*. Rio de Janeiro: Intrínseca, 2021.

rede virtual é um universo em expansão, com um número de pontos (que chamamos "nós") que cresce exponencial e ilimitadamente. E que todos esses nós deixam os resíduos de sua trajetória. Esse é o retrato do universo virtual naquele exato momento.

A evolução que acompanhamos nos levou a um momento em que os meios de comunicação passaram a exercer papel cada vez mais importante na sociedade. O crescimento vem não somente da evolução dos instrumentos de comunicação, mas, na mesma proporção, do fato de serem elementos de transformação e controle ou influência sociopolítica e econômica. A criação de uma realidade ficcional como instrumento de manipulação está, portanto, solidificada.

A criação artificial da dúvida e seu impulsionamento foram instrumentos que se prestaram ao papel malévolo com que foram criados; a política, por outro lado, usava esses instrumentos da maneira clássica, o que não significa outra coisa senão o reconhecimento de sua eficiência. Mas ninguém estava preparado para a nova impulsão que mais uma vez retiraria completamente o equilíbrio da situação e lançaria a humanidade em novo salto. Enfim, o planeta unificou-se através de uma nova forma de comunicação. Nosso propósito não é historiar a internet, nem mesmo analisá-la, mas, sim, compreender como a chamada "pós-verdade" e suas equivalentes, as *fake news*, foram criadas, e qual o papel que exercem ou podem exercer. Para isso, entretanto, há necessidade de explorar o surgimento e o alcance desse novo mundo cibernético.

OS PROFETAS

McLuhan foi o grande visionário, pois conseguiu antecipar em mais de meio século um cenário para todos imprevisível. Sua compreensão do fenômeno excedeu sua época e projetou-se para um futuro que ele nunca chegaria a ver. Décadas depois, quando o fenômeno já era claro, mas ainda incompreendido em sua inteireza, coube a outro cientista estabelecer os parâmetros fundamentais da natureza dessa nova época e de uma nova civilização que se anunciava. Estudioso do que viria a se denominar Mundo em Rede (MR), o espanhol Manuel Castells é professor nas universidades de Berkeley e Southern California, além de ter lecionado na Universidade de Paris. Desde 2020 é ministro de

Universidades da Espanha e tem um conjunto de obras que definiram os conceitos fundamentais da nova sociedade informacional. Qualquer análise que seja feita sobre esse novo universo será incompleta sem a menção a Castells. Ele é o grande arauto e o principal teórico do que se denomina "informacionalismo", cabendo-lhe o gênio de levar adiante a visão de McLuhan.

A ideia de McLuhan é central dentro do conceito de redes. Segundo ele, o meio é a mensagem, ao menos em sentido figurado, isto é, o meio usado para transmitir uma mensagem contém os limites que essa mensagem pode alcançar. O exemplo mais simples é a diferença entre o rádio e a televisão: o rádio pode transmitir determinado conteúdo descrevendo uma situação, tal como um jogo de futebol, o que entrega ao ouvinte uma ideia do que está acontecendo, mas a televisão, por outro lado, entrega a imagem que supre a descrição feita pelo rádio, que jamais poderá se igualar à da TV. O meio usado pela mensagem radiofônica limita seu conteúdo, e o mesmo se pode dizer com relação à televisão, cuja mensagem se esgota na imagem, e que não poderá transmitir um odor, embora possa descrevê-lo. Assim, o meio limita a mensagem, porque estabelece os conteúdos que podem ser transmitidos através daquele veículo.

Ambos, de certa forma, possuem controvérsias, o que é natural da humanidade. Castells discorda do conceito de meio como mensagem. Para ele, o conteúdo se dirige do emissor para o receptor, e o papel do meio é reduzido, justamente o reverso do que o canadense McLuhan defende. Mas, ouso dizer, a controvérsia talvez não seja tão radical ou não tenha a mesma profundidade. Isso porque, enquanto a visão de McLuhan era voltada ao indivíduo como comunicador (ou mensageiro, até), a atenção de Castells volta-se principalmente para o coletivo, em que o meio já está determinado de antemão como sendo uma forma de comunicação de caráter individual e de natureza coletiva.

Dessa forma, a percepção individual e coletiva nem sempre possuem a mesma dinâmica. Claro que a comunicação de massa (ou autocomunicação de massa) atinge cada um individualmente e cria um sentimento coletivo. Mas, subjetivamente, as influências derivadas do meio empregado são inúmeras e talvez incontroláveis. Há quem diga que o processo histórico se dá em saltos, que, ao contrário do que se supõe, os processos em continuidade levam à estagnação – e é justamente na quebra, no imprevisível, no improvável, no novo, no revolucionário que a civilização dá o grande salto e a mudança evolutiva, para o bem ou para o mal, acontece. O grande salto aconteceu, McLuhan o antecipou e Castells o dissecou em seus limites, os quais ultrapassaram até mesmo o que o canadense havia antecipado.

VÁRIOS TIPOS DE NÓS

Imaginemos que todo o planeta Terra fosse repentinamente coberto por uma rede, que em cada ponto de intersecção houvesse um nó e que esse nó pudesse ligar-se a qualquer outro, e não somente aos seus vizinhos. Esse é o Mundo em Rede. Imaginemos, ainda, que existam vários tipos de nós, alguns bem maiores, tais como sites de jornais, de empresas, de órgãos governamentais; outros médios, como comunidades, sociedades civis, artistas; outros, ainda, puramente individuais. Na verdade, existem inúmeros tamanhos e formas de nós, cada um com suas características próprias, mas todos com a mesma natureza, que é a de se comunicar entre si, enviando e recebendo informações de toda natureza, imagens, sons, vídeos, tudo o que possa ser convertido em dados digitais (como já referimos antes).

Esse é o Mundo em Rede. A sociedade que nele existe é a Sociedade em Rede. Antes de mais nada, constatamos que existem "zonas negras", bolsões não de miséria, mas de obstrução das conexões, o que pode ocorrer por diversos fatores, desde econômicos até políticos, geográficos ou culturais, por exemplo. Esses são os novos excluídos, aqueles que estão fora do sistema, à margem da integração e, portanto, fora do processo evolucionário. Isso seria vantajoso ou desvantajoso?

Depende. O mundo conectado avança a uma velocidade incalculável, seus avanços em todas as esferas são evidentes. Os excluídos estarão aos poucos se distanciando e sua tecnologia, fadada à obsolescência. Mas, se o objetivo é manter-se dessa forma, de uma maneira ou de outra, teremos a opção de cada um. Existem países que se esmeram no controle do conteúdo das redes, e o mais bem-sucedido é a China. A Coreia do Norte também, porém, nesse caso excepcional, o único avanço científico é no campo do armamentismo nuclear ou comum, no resto permanecendo quase numa fase medieval. De outra banda, apesar das restrições, a China aos poucos vai se abrindo, as conexões vão se estabelecendo e o tempo dirá quando o "Dragão" acordará de seu sono. O fato é que os chineses buscam uma integração controlada. Se isso for possível (algo de que duvidamos), o futuro dirá. Mas a grande consequência dessa rede é o fato de que suas conexões não estão presas a nenhuma fronteira. Uma vez inserido no Mundo em Rede, a questão geográfica está superada, não há "local" na rede, o nó pode se comunicar com qualquer um em qualquer lugar e de qualquer forma.

INTERESSES E CONVENIÊNCIAS

É nesse momento que enfrentamos a primeira grande pergunta: de onde ou quem é o "cidadão internet"? Melhor ainda: existiria um "cidadão internet"? Voltemos à nossa imagem da rede cobrindo o planeta e os nós que ela contém em suas intersecções. Se cada nó pode se conectar com quaisquer outros, seja lá de que grandeza ou qualidade forem essas conexões, temos como certo que as fronteiras territoriais são simplesmente inexistentes nessa rede. A dimensão espacial possui uma característica única, como se todos estivessem num só lugar, um ao lado de todos os outros ao mesmo tempo. Inimaginável, é claro. Mas é certo que, em termos de limite, todas as demais barreiras perdem completamente o sentido.

Quando isso aconteceu, as consequências imprevisíveis começaram a acontecer. Os indivíduos passaram a se aglomerar por seus interesses ou conveniências. Assim, alguém que estivesse no Brasil e se interessasse pela preservação das baleias poderia conectar-se com um grupo que tivesse o mesmo interesse, com australianos, japoneses, franceses, nigerianos e egípcios, sem que a distância entre eles tivesse qualquer significado. Esse interesse preservacionista pode criar um grupo internacional com sede puramente virtual, articular ações, propagandas ou qualquer forma de participação política. Sua ação, então, transcenderia os limites fronteiriços de todos esses países. Aliás, tais divisões seriam quase irrelevantes. A ação, que denominarei nacional apenas por conveniência, limitada a um único Estado, tornou-se obsoleta.

Instituições como o Fundo Monetário Internacional (FMI), o Banco Interamericano de Desenvolvimento (BID) e a Organização Mundial do Comércio (OMC) passaram a ter uma preponderância nas relações internacionais, maior que a da maioria dos países. Nenhuma, porém, é representante de um único Estado nacional. O Greenpeace, outro exemplo, mas de natureza diferente, também atua como uma entidade internacional sem legitimidade nacional de nenhum país. Todas essas instituições foram afetadas em sua natureza íntima pela criação da rede que envolveu todo o planeta.

ENTREGA AO PREDOMÍNIO DO MERCADO

Sintomaticamente, emergiu um novo modelo, o globalismo – qual seja a integração total, econômica, política, social e cultural, no máximo possível. Isso levaria ao fim do Estado-nação tal como o concebido historicamente? Antes de qualquer coisa, devemos anotar que o globalismo é essencialmente um fenômeno capitalista, tanto que já foi chamado de capitalismo globalizado (em *A era do globalismo*, de Octavio Ianni). A revolução tecnológica foi esculpida pela lógica e pelos interesses do capitalismo dito avançado. Mas, de qualquer forma, não se limitou apenas a estes e, de certa, forma, pela improvisação ou simplesmente pela imprevisibilidade de seu crescimento evolutivo, não se limitou à livre circulação de bens ou serviços ou aos fluxos financeiros continentais, muito menos às questões comerciais. O capitalismo converteu-se no neoliberalismo, com seus dogmas de proteção às grandes corporações, ao mercado livre de restrições políticas, sociais e culturais, prioridade tecnológica em relação ao trabalho e à produtividade e, obviamente, ao lucro.

O reconhecimento é a prevalência do mercado sem restrições, em detrimento de qualquer forma de planejamento. Nem sempre as consequências são as melhores – não se leva em consideração a desproporção entre os sujeitos sociais, em que, por exemplo, o complexo que detém o capital, o mais beneficiado, se sobrepondo ao mais fraco, o descarte das necessidades sociais de saúde, educação e saneamento, por exemplo, direcionando o Estado para o desenvolvimento do capital empresarial etc. A questão, veja-se, é a da entrega ao predomínio do mercado. Por outro lado, a rede também permitiu o avanço do neossocialismo, formado por movimentos sociais ou civis baseados em interesses comuns, como já mencionamos, a exemplo do ambientalismo, do feminismo, dos direitos humanos, do trabalhismo e de temas ligados à cidadania em geral.

A ERA DO INFORMACIONALISMO

Tudo se configura, entretanto, sem conotação política, no sentido clássico do termo. O velho conflito entre capitalismo e comunismo (ou socialismo) tornou-se obsoleto. Agora é o "informacionalismo" que domina todo esse cenário. Nesta era do informacionalismo, a grande diferença é que o valor a ser comerciado, o bem apreciável, a mercadoria, é a informação. Informação não é só poder, agora é valor também – precioso, desejado e disputado. Logo, a ideia difundida de que o globalismo esconde um movimento político esquerdista de conotação cultural é, antes de tudo, uma completa e arrematada falta de conhecimento quanto à sua natureza. Basta verificarmos que o processo de inserção na rede ocorre "de cima para baixo", sendo que primeiro as classes econômicas mais favorecidas ingressam no sistema, o qual, depois, vai se popularizando e se expandindo.

As "zonas negras", em que a penetração é pouca ou nenhuma, como já dissemos, não são limitadas a países, mas a regiões de porte grande, médio ou pequeno, que podem existir dentro de países em que o acesso em outra região é amplo e difundido – ou até em cidades onde bairros considerados bolsões de pobreza têm pouco ou nenhum acesso. Seja como for, entretanto, é certo que o Estado-nação continuará a existir, não desaparecerá com a Sociedade em Rede. Mas o que será do Estado-nação?

Esses países não desaparecerão, eles ainda têm sua autoridade, que afeta todas essas facetas que citamos, e ainda possuem o instrumental diplomático, orgânico-administrativo, jurídico e militar. O resultado é um só: a Sociedade em Rede e os Estados-nação coexistirão, muito embora estes últimos sofram com a competição das organizações ou instituições internacionais, com as grandes companhias e as novas forças políticas internacionais. Não que estas não existissem antes, mas, agora, estão amplamente fortalecidas. Essa coexistência possui uma característica interessante: essas entidades influenciam umas às outras. O Estado-nação tem interesses econômicos que sofrem influências de multinacionais, especialmente quando busca recursos econômicos ou vantagens políticas.

A "AUTOCOMUNICAÇÃO DE MASSA"

Convenhamos, então, que esse espaço ocupado pelos Estados-nação abriga as mesmas amplitudes que possui fora e dentro da Sociedade em Rede. Assim, teremos uma hierarquia de Estados-nação aptos a influenciar a Sociedade em Rede de acordo com sua capacidade ou, até mesmo, capazes de, sozinhos, influenciar toda a rede mundial, assim como fizeram os Estados Unidos. Enfim, seguindo ainda a linha de Castells, os Estados-nação serão, eles mesmos, nós dentro da Sociedade em Rede. Não podemos deixar de lembrar, todavia, que mesmo dentro de si esses Estados-nação estão em rede. O resultado, veremos em um futuro bem distante. Sintomas, entretanto, podemos ver agora.

Castells definiu essa nova forma de comunicação como sendo "autocomunicação de massa" e apontou suas características: a) trata-se de comunicação de massa, porquanto tem uma audiência potencialmente global; b) é multimodal, dado que o conteúdo digitalizado pode ser reformatado ou reconstituído em qualquer outra configuração; c) o conteúdo é autogerado e definido pelo próprio emissor; d) a emissão é autodirigida, podendo ser direcionada pelo próprio emissor; e e) a recepção é autosselecionada, pois o recebedor pode vincular-se a qualquer emitente.

Essas características formam a principal diferença entre as anteriores formas de comunicação e a Rede. Nessa nova sociedade, a informação não é somente comunicada, ela é recebida, reelaborada e remetida novamente, replicando-se mais e mais, além da previsibilidade do próprio emitente. Poderíamos dizer que a informação está "viva" e que, após emitida, adquire autonomia. Uma comunicação é feita, depois vista. O recebedor emite suas considerações, que são repassadas não somente para o emissor, mas também para outros recebedores, os quais podem fazer suas observações, que são repassadas da mesma maneira, atingindo todos os demais. E assim sucessivamente. E nesse diálogo é possível inserir não somente comentários escritos, mas tudo o que possa ser digitalizado, o que implica praticamente tudo o que puder ser percebido via imagem ou áudio. Isso muda a própria essência ou a construção da comunicação.

POSSIBILIDADES PRATICAMENTE ILIMITADAS

John Durham Peters, em *Speaking into the air: a history of the idea of comunication*, estabelece parâmetros surpreendentes. O processo comunicativo de Jesus, o Cristo, por exemplo, era a disseminação, feita através de suas pregações e milagres. Sócrates, por outro lado, fazia do diálogo e da lógica a essência de sua comunicação, assim como Aristóteles. Ou seja, a forma sobre a qual é construída a informação importa em como o conhecimento é gerado. Teoricamente, na nova comunicação, estaríamos mais próximos da construção socrática – isso se o processo de construção da comunicação não findasse em um conflito que destruísse a própria possibilidade de dialogar, o que é exatamente o que estamos vendo hoje.

Na medida em que é fruto do diálogo, como se pode supor, o controle sobre esse espaço é inviável, exceto se for controlado de tal maneira a perder a própria natureza. Esse espaço "informacional" afeta a tudo na sociedade, mudando a própria noção de tempo, espaço e forma de viver. O cotidiano é atingido de tal maneira que, quando percebemos, já estamos dentro desse universo. É o que acontece quando simplesmente se aciona um Uber, enviamos um "zap", mandamos um e-mail, consultamos a *Wikipedia*, reservamos uma passagem ou compramos um ingresso de cinema em um site. Cada vez que isso é feito, a rede mostra as suas possibilidades praticamente ilimitadas. Em pouco tempo, o usuário já está acostumado e, por que não dizer, dependente desse mundo informacional.

VOLUME DE INFORMAÇÕES IMPOSSÍVEL DE ASSIMILAR

Mas isso não significa a morte dos meios mais antigos de comunicação. Em seu livro sobre o impacto das mídias eletrônicas no comportamento social, Joshua Meyrowitz lembra que, quando o rádio surgiu, previu-se a decadência dos jornais e, quando surgiu a televisão, "apareceu" o prognóstico de que os jornais estavam fadados à extinção. Nada disso aconteceu. A tendência é que todos os meios de comunicação convivam num mesmo espaço informacional, cada qual com suas caraterísticas. Talvez ainda mais acentuadas, diferenciando-se uns dos outros.

Os jornais possuem sites próprios e estão entre os mais acessados, por exemplo. Mas o exemplo pode ser outro. A comunicação "informacional" tende a ser superficial ou, mais precisamente, limitada ou curta. A razão não é a capacidade do recebedor, mas o volume de dados e informações que o indivíduo recebe, que aumentou de tal maneira que se tornou impossível assimilar. Por isso, logo após uma verificação, a informação é descartada e substituída por outra.

Assim, o recebedor dispõe de pouco tempo para examinar, avaliar e decidir o valor da informação.

CONSUMIDORES COMO PATROCINADORES

Posto isso, se o indivíduo precisar de uma análise maior em tempo limitado, buscará um jornal televisivo. Se quiser algo mais profundo, buscará no jornal ou, em último caso, poderá dedicar-se ao tema e, nesse caso, tenderá a ler um livro sobre o assunto. Sim, porque para aquele que já foi considerado um defunto ou espécie em extinção, o livro vai bem, obrigado, continuando como um mercado em expansão.

É interessante observar um comentário de Joshua Meyrowitz sobre a mídia[4]. Em verdade, costuma-se dizer que os usuários seriam consumidores de informação, ou seja, os espectadores de um programa ou os seguidores de alguma personalidade ativa na rede social. O padrão de relacionamento nem sempre é assim; muito pelo contrário. Os espectadores de um programa estão ligados ao seu conteúdo, não aos anunciantes que veicularão suas imagens naquele momento. Da mesma forma, as ditas personalidades da mídia, os "blogueiros", *influencers,* etc., na maior parte das vezes não deixam de comerciar seus espaços cibernéticos.

Nesse ponto, parece-nos muito mais seguro dizer que os consumidores são os próprios patrocinadores, que "compram" a atenção dos seguidores que lhes é vendida pelo comunicador ocupante daquele espaço. Esse aspecto será relevante ao concluirmos pela definição da pós-verdade e das *fake news.*

---

4 *Sense of place: the impact of electronic media on social behavior.*

RECRUDESCIMENTO DE VALORES CONSERVADORES

Estabelecido que a "onda" é incontrolável e que já desabou sobre nós, seria otimista supor que a difusão do conhecimento levasse à harmonização da sociedade e gerasse um contexto pacífico e avesso ao conflito. Não poderíamos estar mais enganados nessa suposição. A Sociedade em Rede conseguiu agregar grupos e interesses, difundiu conhecimento e afinidades e permitiu que forças sociais, mesmo minoritárias, ocupassem espaços que verdadeiramente lhes pertenciam e aos quais não tinham acesso, posto que limitados por outras forças sociais predominantes.

Quando, por outro lado, essas forças predominantes viram o crescimento dessas minorias que se mantinham (ao menos parcialmente) sob controle, o resultado foi um recrudescimento de valores conservadores arcaicos que temem sua dissolução. Esse retorno a valores pré-informacionais se dá com movimentos abruptos e não raro se expressa com violência em casos individuais ou coletivos, sendo frequentes, por exemplo, notícias de espancamento e homicídio de homossexuais ou, como ocorre largamente em outros países, inclusive nos Estados Unidos, assassinatos por motivo racial cometidos por supremacistas brancos.

Outros ataques, de natureza diversa, são perpetrados contra ambientalistas ou, ainda, contra defensores dos direitos humanos. Apesar de tudo, nenhuma instituição social sofreu maiores influências do que a chamada "família patriarcal", como bem resume Castells, que comentamos a seguir.

A EVOLUÇÃO DO "COMUNALISMO"

A família fundada no patriarcalismo é historicamente uma constante, caracterizada pela prevalência do homem sobre o restante da unidade familiar. Uma das reações históricas e clássicas contra esse sistema é o feminismo, o qual já tem se mostrado ao combate abertamente há longo tempo. Ligada a esse conjunto está a questão da sexualidade. A questão da diversidade sexual é historicamente variável, interessando-nos, hoje, sua contraposição ao padrão heterossexual dominante. Como já referimos brevemente, o "informacionalismo" permite a evolução do "comunalismo", entendido como a criação e o desenvolvimento de comunidades com interesses idênticos de quaisquer naturezas. Destarte, as grandes comunidades ou interesses coletivos obtêm uma dimensão cuja amplitude se situa além dos meios convencionais de "mão única" anteriormente existentes. As comunidades assim articuladas atingem níveis nacionais e internacionais, inclusive organizando manifestações, exigindo o reconhecimento de direitos e o fim das discriminações. Os efeitos são evidentes nas esferas política e econômica.

Castells descreve em um de seus livros uma entrevista com o líder político *gay* de São Francisco Harry Britt, que diz: "Quando os *gays* estão dispersos, não são gays, porque são invisíveis". A tendência da comunidade *gay* de se agrupar em determinados locais, tais como bares, restaurantes ou outros tipos de ponto de encontro já era uma característica, para se proteger de ações violentas. Mas, quando se criou uma identidade coletiva e cultural, esses limites foram quebrados e os gays passaram a não mais se esconder e, sim, a mostrar explicitamente sua orientação.

O CASO DA MENINA PAQUISTANESA MALALA YOUSAFZAI

Em conclusão, a orientação sexual avançou sobre o patriarcalismo tradicional, que se enfraqueceu e ainda sofre as influências de outro fenômeno social: o feminismo. O movimento feminista teve seu início e cresceu muito antes que pudesse ser suposta a existência de uma Sociedade em Rede, um histórico que foi entremeado inclusive por violência. Assim sendo, não é surpresa que, da mesma forma que a homossexualidade, houvesse uma expansão acelerando uma evolução que já se prenunciava. Na hipótese do feminismo, todavia, o fenômeno cultural do patriarcado é diferenciado, porquanto variante de acordo com cada sociedade, numa graduação que vai das mais liberais às mais conservadoras.

O efeito da Sociedade em Rede, nesse caso, foi especialmente forte na difusão global das reivindicações e na comparação das diferentes formas de exploração decorrentes do patriarcalismo. O choque comparativo produziu sintomas. Acelerou a inserção da mulher no mercado de trabalho, especialmente porque ao sistema informacional em rede é indiferente a orientação sexual, ao mesmo tempo que flexibilizou a jornada de trabalho. Cresceram, como já se estava constatando, os casos de divórcio e as unidades familiares formadas fora do modelo tradicional. O poder do patriarcalismo passou a ser mais e mais desafiado e as limitações decorrentes do gênero, enfrentadas.

Nenhum caso é mais esclarecedor que o de Malala Yousafzai. Malala, como ficou mundialmente conhecida, nasceu em 12 de julho de 1997, filha de Ziauddin Yousafzai, dono e professor de uma escola na cidade de Mingora, no Vale do Swat, no Paquistão. A região era dominada pelo Talibã, um movimento islâmico que adota as posturas mais radicais da religião, entre as quais uma severa discriminação da mulher, obrigada a sair de casa somente acompanhada, a cobrir-se inteiramente e impedida de exercer qualquer tipo de atividade ou receber educação que não seja aquela estritamente voltada aos papéis de filha, esposa e mãe.

Corria o ano de 2008 quando o líder local do Talibã exigiu que as escolas deixassem de ensinar meninas, inicialmente por um prazo de trinta dias. Malala continuou a frequentar a escola; costumava esconder o uniforme em uma mochila e só o vestia quando chegava, para não ser espancada no caminho, ao ser vista como estudante. Foi depois dessa proibição que Malala usou a arma que podia: criou um *blog* na internet, em que contava suas dificuldades e defendia o direito das mulheres ao estudo. O *blog* chamou a atenção e rapidamente se difundiu.

De início, o *blog* era anônimo, mas a sua identificação não pôde ser ocultada por muito tempo. Em breve a autora do *blog* tonou-se publicamente conhecida. O sucesso a fez frequentar outros meios de comunicação, inclusive dando entrevistas. A essa altura, em 2012, o Talibã já havia sido expulso de Mingora, mas o ódio ao desafio dos costumes remanescia. Em outubro daquele ano, quando ia de ônibus ao colégio, Malala foi atingida por três tiros na cabeça, e os executores a deram como morta. No entanto, Malala sobreviveu.

Foi levada à Inglaterra para tratamento e lá permaneceu exilada, na cidade de Birmingham, junto com a família. Recuperou-se e voltou ao ativismo. Em outubro de 2014, Malala recebeu o Prêmio Nobel da Paz, a mais jovem premiada da história. Em 2018, voltou ao Paquistão, sendo recebida pelo primeiro-ministro e afirmando que, por sua vontade, jamais teria saído do Paquistão. Segue ativista até hoje. Um simples *blog* levou a uma situação-limite, e a repercussão se tornou global, mesmo fora do espaço virtual.

PERDA DE REFERÊNCIAS E MOVIMENTO DE CONTRAFLUXO

Assim, tanto na questão da diversidade sexual quanto em razão da nova posição social da mulher, a Sociedade em Rede assume agora um papel fundamental. Primeiro, pela emergência dos grupos homossexuais, anteriormente ignorados e que agora são reconhecidos e ativos, inclusive com manifestações e celebrações coletivas reconhecidas por toda a coletividade, tais como as populares "paradas gays", que contam, inclusive, com a participação e o apoio de heterossexuais. Segundo, pela difusão da questão feminina, principalmente em países refratários ao papel independente da mulher (por exemplo, na Arábia Saudita, onde recentemente as mulheres conseguiram o direito de dirigir carros), mas também em países onde essa luta é travada há tempos. Em ambos os casos, o papel da comunicação em rede mostrou-se um fator decisivo e modificador da realidade.

Os exemplos dados agora, no entanto, se prestam essencialmente a demonstrar uma evidência que já comentamos, mas que merece mais um olhar: a reação a esse tipo de desenvolvimento. A princípio, previa-se que a troca de informações e experiências, o contato e a ação conjunta permitiriam um avanço da sociedade. Isso ocorreu, em parte.

A emergência de minorias, as questões ambientais, especialmente o aquecimento global, a criação ou o fortalecimento dos organismos internacionais, o fluxo comercial, as influências culturais das mais diversas, tudo isso desequilibrou a sociedade. A perda de referências e o reconhecimento de parâmetros desconhecidos criaram um movimento de contrafluxo, em que a sociedade busca reverter essas inovações para os conceitos clássicos, rejeitando a evolução, apontada como responsável por todas as agruras ou dificuldades pelas quais passa a humanidade. Assim, ocasiona a busca de redução do papel dos organismos internacionais, notadamente aqueles voltados para o meio ambiente, a economia, a imigração, a cultura e os direitos humanos. Examinemos esse aspecto.

O COMPARTILHAMENTO DA SOBERANIA

Neste ponto, devemos frisar que a Sociedade em Rede não significa, necessariamente, uma sociedade sob controle ou controlada. O temor de George Orwell – encenado no romance distópico *1984* – não se concretizou, muito pelo contrário. Quando muito, a Sociedade em Rede maximizou as tendências da própria sociedade, de modo que as sociedades controladoras se tornam ainda mais controladoras e as mais democráticas cada vez mais democráticas. Não obstante essa tendência natural do uso da tecnologia, é inegável que a exploração virtual cria muito mais portas a serem abertas do que, efetivamente, se torna possível controlar. O que apontamos, todavia, é a tendência para o uso dos recursos tecnológicos.

Destarte, é possível apontar que a reação do Estado e do conservadorismo em oposição à evolução fruto da Sociedade em Rede é potencializada justamente pelas mesmas ferramentas que permitiram a expansão informacional. O resultado dessa complexa rede de conexões é um novo retrato do que se convencionou chamar de Estado.

Ou, mais precisamente, o reconhecimento de que o Estado se descentralizou, surgindo uma rede de movimentos sociais, políticos e até religiosos que vão além das simples fronteiras físicas, movimentos de opinião pública e outros (que incluem até mesmo as organizações criminosas), extrapolando o espaço unidimensional e criando, enfim, o compartilhamento da soberania, muito diferente do antigo Estado nacional.

Observo, sem querer adiantar o tema, que mesmo o desenvolvimento de grupos nacionalistas reflete justamente a possibilidade de fratura do Estado tradicional, na medida em que permite a articulação dessa forma de movimento como uma das tantas organizações que nascem desse caótico universo multipolarizado. O que não impede, entretanto, a criação de alianças por aspectos comuns a determinados grupamentos, modificando a balança de poder dentro do novo Estado descentralizado.

Começamos então a adentrar o aspecto que mais diretamente se liga ao conceito de *fake news* e da pós-verdade – e isso com os impactos políticos derivados da era da informação.

Pós-verdade e fake news

O PODER POLÍTICO DA INFLUÊNCIA

Já antes da era da informação, a mídia exercia um papel preponderante na formação da opinião política. Já nos referimos a isso, especialmente quando da menção ao Terceiro Reich como o primeiro Estado em que a propaganda se posicionou como sua principal força política. Depois da Segunda Guerra Mundial, a propaganda radiofônica acabou cedendo grande parte de sua força para a televisão e, agora, o movimento se dirigiu para as redes digitais. A relação entre mídias e política tornou-se simbiótica, dificultando cada vez mais constatar se a mídia se sobrepõe à política para conquistar seus eleitores ou se, ao contrário, é a mídia que reflete o poder político que se lhe impõe a pauta favorável.

Em breve análise, Castells faz observações decisivas. A mídia somente se torna lucrativa quando atinge a audiência que pretende, quer seja segmentada, quer não. Para lucrar, por consequência, é preciso atingir a audiência e, para subir esse degrau, obter audiência e ser atraente para a publicidade, que compõe a remuneração dessa atividade, no campo das notícias. O que atrai e permite que seja atrativa é apenas um item: credibilidade.

A experiência pode ser percebida por qualquer um. Determinada notícia é admitida como verdadeira tanto mais quanto maior for a respeitabilidade do veículo que a publica. Um jornal sensacionalista de bairro dificilmente receberá crédito quanto a previsões eleitorais nacionais, por mais acertadas que sejam. Sua circulação provavelmente não irá aumentar, muito menos obterá maiores anunciantes. No máximo, atrairá a atenção de outros veículos de comunicação e verá emigrarem seus profissionais mais bem-sucedidos.

Não se pode dizer o mesmo quando as mesmas previsões forem publicadas em veículo de grande credibilidade: o impacto será maior e a grade de anunciantes, no mínimo, se manterá, ou crescerá durante o circo eleitoral. A notícia com credibilidade traz consigo o poder político da influência. Logo, a respeitabilidade é um aspecto intrínseco da imprensa como elemento de influência política. Ao contrário, quando se afasta da credibilidade, sofre prejuízos que, muitas vezes, a coloca em uma situação dificilmente recuperável.

Se a credibilidade é uma das faces de uma moeda, a outra é a independência. A razão é simples: se a mídia está comprometida com algum grupo ou corrente, perdendo a isenção ou tendo-a em baixo grau, torna-se menos crível e, por consequência, menos valiosa. Não é por outra razão que grupos de ativistas de mídia comprometidos com grupos políticos extremistas geralmente criticam a grande mídia, retirando qualquer referência ao que é publicado em razão da falta de credibilidade, omitindo qualquer referência sob essa justificativa. É simplesmente uma forma de atacar e reduzir a influência desse tipo de organismo – o qual, entendem os extremistas, está completamente comprometido.

Seja como for, para a própria sobrevivência da mídia, é necessário que, pelo menos até determinado ponto, ela permaneça independente e possa proporcionar um grau de credibilidade superior à média. É por esses e outros motivos que existem jornais e revistas em Estados autoritários ou totalitários que refletem unicamente o ponto de vista governamental – situações nas quais perdem completamente a credibilidade como meio de comunicação.

É certo que a mídia, em geral, exerce grande poder de influência e, às vezes, tem papel decisivo na arena eleitoral ou simplesmente política. Forma a base de apoio e estrutura a ideia a ser divulgada e debatida. Torna-se o debate por excelência. Mas sempre como um dos elementos que constituem um grande universo político, em que tantos outros exercem também o seu papel. As novas mídias sociais, contudo, trouxeram novos elementos a esse universo, congregando indivíduos anteriormente dispersos e canalizando a vontade política como nunca antes havia ocorrido.

O VÍDEO DE BOUAZIZI E A PRIMAVERA ÁRABE

Sidi Bouzid é o nome de uma pequena cidade (tem pouco mais de 40 mil habitantes) no centro da Tunísia, norte da África, à beira do Mediterrâneo, mais próximo da Itália. É um antigo protetorado francês, onde se fala um dialeto árabe próprio, sendo o francês a segunda língua mais falada. País de economia precária, que explora o turismo, atraindo principalmente europeus, com clima seco e quente. Sidi Bouzid é uma capital regional, longe do mar, sem grandes atrativos turísticos.

Mohamed Bouazizi era um jovem vendedor de frutas e legumes que possuía uma banca na rua. Sua maior ambição era conseguir dinheiro suficiente para comprar uma perua e assim poder vender frutas pelos bairros. Ganhava cerca de US$ 150 por mês pela venda de seus produtos.

Em 17 de dezembro de 2010, pela manhã, Bouazizi saiu para o trabalho com seu carrinho de mão, com a balança e as frutas, em direção ao mercado, como fazia diuturnamente. Chegou ao local, instalou-se e, nesse momento, foi interpelado por três fiscais da administração local, que exigiam que ele pagasse propina para continuar vendendo, caso contrário, apreenderiam suas frutas, o carrinho e a balança. Bouazizi recusou-se a pagar o suborno.

Suas frutas foram então apreendidas. Quando se recusou a entregar a balança, os fiscais o espancaram até que não pudesse mais resistir. Tudo foi levado. Há informações de que junto a ele estava sua irmã Samya, a qual também teria sido ofendida. Inconformado, ainda pela manhã, ele se dirigiu até a sede do governo regional a fim de pedir a devolução da sua mercadoria e da balança. O governador recusou-se a atendê-lo.

Bouazizi então tomou uma atitude surpreendente, que viria a marcar a história da Tunísia e teria repercussão mundial. Ele comprou um litro de gasolina, postou-se diante da sede do governo e despejou o líquido sobre o corpo. Em seguida, com um fósforo, incendiou-se. A Tunísia era governada com mãos de ferro pelo ditador Ben Ali, que dispunha de grande rede de controle interno e tinha a crença de que seu papel como garantia do avanço do movimento islâmico o colocava em confortável situação internacional.

Até aquele momento, o regime tunisiano não apresentava fissuras em seu poder. É certo que a corrupção quase oficial do governo e a exploração eram comuns, havia grande ressentimento disseminado na sociedade, a tensão era visível. Entretanto, não havia nenhuma liderança capaz de desencadear – ou ao menos reunir, mesmo que desarticuladamente – uma oposição política. A economia encontrava-se estagnada, o desemprego, alto, mas havia a larga disseminação das redes sociais da época, principalmente Facebook, YouTube e Twitter, que alcançavam grande parte da população.

No dia da autoimolação, houve um protesto de populares no mesmo local. Um primo de Bouazizi gravou o protesto e postou-o no YouTube. A gravação espalhou-se rapidamente, ou viralizou, como diríamos hoje, igualmente no Twitter. Como consequência, criaram-se mais protestos, que se disseminaram não somente em Sidi Bouzid, mas em toda a Tunísia. Repentinamente, todo o rancor e a dor que os tunisianos sentiam emergiram com enorme intensidade, estimulados e reestimulados pelas redes. Todo protesto era postado, e, quando isso ocorria, outros tantos eram criados, numa escala para a qual o regime de Ben Ali estava despreparado.

A reação foi a que se espera dos ditadores em situações desse tipo. Usando do aparato de repressão de que dispunham, as autoridades atacaram os manifestantes, matando 147 pessoas. Isso de nada adiantou. Os movimentos cresceram e as notícias das ações repressoras resultaram em mais movimentos e maiores manifestações. Ben Ali foi visitar Bouazizi no hospital, gesto que não teve nenhum resultado.

Em 5 de janeiro de 2011, apesar de todo o esforço, Mohamed Bouazizi morreu em razão das queimaduras, que haviam atingido 90% do seu corpo. Foi a gota d'água. Os protestos se intensificaram, a Tunísia estava tomada por manifestações. A repressão exigia, agora, como último recurso, que o exército disparasse contra a multidão e reconquistasse o país à força. Rachid Ammar, líder das forças armadas, percebeu o que acontecia e recusou-se a dar as ordens para que seus comandados avançassem sobre a população, causando um massacre. Ben Ali estava sozinho.

Mandou demitir Rachid Ammar, mas pouco adiantou. Percebendo que perdera completamente o controle do país e pressentindo o amotinamento das forças armadas, Ben Ali embarcou com a família num avião com destino à França. Uma ditadura de 23 anos havia sido demolida em pouco mais de 30 dias. Não havia líderes no movimento que o depôs, não havia uma oposição política minimamente coordenada, não havia partidos políticos, sindicatos, sociedade civil organizada com capacidade de articulação. Havia, sim, um descontentamento e uma revolta latentes, mas nada que canalizasse esse sentimento numa ação organizada – e esta nem passou a existir depois das manifestações. A queda de Ben Ali na Tunísia teve efeitos bem mais amplos e que extrapolaram as fronteiras do país, atingindo a Líbia, o Egito, a Síria, o Bahrein e o Iêmen. Foi a chamada Primavera Árabe. Quanto a Ben Ali, seus antigos aliados franceses negaram autorização de pouso ao seu avião e somente a Arábia Saudita lhe garantiu asilo.

A CRISE IMOBILIÁRIA DE 2008 NOS ESTADOS UNIDOS

Porém, se esse tipo de fenômeno se restringisse aos países árabes que se espelhassem em situações semelhantes, seria possível afirmar simplesmente que estaríamos diante de um fenômeno localizado e limitados a situações análogas. O que seria mais diferente, todavia, do que um país reconhecidamente democrático, onde não pairam dúvidas quanto à liberdade política e à liberdade de manifestação de seus cidadãos? Nesse caso, teremos o necessário contraponto. Este nos foi fornecido pelo movimento conhecido como Occupy Wall Street. Nada mais diferente de Sidi Bouzid ou Cairo do que Nova York, a Big Apple, centro financeiro mundial, lugar de acontecimentos históricos como o 11 de Setembro, engendrado por um dos piores terroristas do mundo, cujo nome me recuso a citar. Mas, nesse caso, a data fatídica não foi 11 de setembro, mas 8 de setembro de 2008, quando, para espanto da comunidade financeira, um banco com tradição secular, o Lehman Brothers, com 158 anos de atividades e reputação de solidez, simplesmente fechou as portas. Não era um fato qualquer, era um sintoma, o início de uma febre que quase mataria o sistema financeiro mundial. Na verdade, a tal crise financeira nada mais foi do que o insucesso na realização de um negócio que parecia ser bom para todos.

Aproveitando-se de um momento de crescimento, os bancos passaram a financiar imóveis a juros baixos, confiando que, em caso de inadimplência, retomariam os imóveis. A economia estável fazia com que os imóveis valorizassem dia a dia, razão pela qual, havendo a retomada, os bancos manteriam uma alta taxa de lucros. Com crédito sobrando, garantido pelos imóveis, os bancos passaram a vender os créditos desse financiamento para investidores com deságio, recebendo lucros de imediato. Faziam ainda grandes blocos de imóveis, ou seja, incluíam em uma mesma transação inúmeros imóveis em condições diversas, cujo crédito formava valores altíssimos, dando desconto e, ainda assim, sendo atraentes para investidores de todos os tipos. O sistema funcionava da seguinte forma: o banco vendia um financiamento em que o comprador comprometia-se a pagar uma quantia X; o banco vendia, então, essa possibilidade de receber X por X - 2; recebia X - 2 e o comprador lucraria com a diferença. Os imóveis valorizavam-se, era um bom negócio.

Para ampliar o limite de lucro, os bancos passaram a conceder financiamentos de risco para clientes com poucas chances de pagar. Fizeram mais: passaram a criar blocos de imóveis (e dívidas), vendendo-os com um alto deságio a investidores. Estes esperavam lucrar com os pagamentos das hipotecas ou, melhor, com a recuperação de imóveis de valor maior que o investido. Agora o negócio, que era bom, havia se tornado irresistível, e os financiamentos passaram a ser concedidos cada vez mais, sem qualquer cautela.

Isso durou até que os clientes de alto risco deixaram de efetuar o pagamento das hipotecas. E pior: sem ninguém para comprar os imóveis supervalorizados, os preços começaram a cair, para que, pelo menos em parte, os valores fossem recuperados. E quanto mais os valores dos imóveis caíam, mais as hipotecas eram executadas e mais gente deixava de pagar, criando uma bola de neve que atingiu os grandes blocos que haviam sido vendidos.

Mas o que é ruim sempre pode piorar. Os bancos haviam transacionado os grandes blocos de imóveis entre si, e a inadimplência – e o prejuízo – atingia a todos os bancos como uma fileira de peças de dominó. O Lehman Brothers caiu assim e, pior ainda, possuía grandes blocos de financiamento de outros bancos, os quais ameaçavam cair também. A intervenção governamental veio em seguida, esmagando a afirmação de que o Estado não deve intervir na economia, um dogma costumeiro quando o assunto são regulações ou limites. E a intervenção custou caro, bilhões de dólares foram injetados no mercado, e a montadora Chrysler foi praticamente estatizada. Claro que as empresas desvinculadas do mercado imobiliário não ficaram imunes. O fato é que a bolsa de valores teve uma queda e grandes prejuízos envolvendo ações de todo o tipo de empresas, aquelas que estavam enfrentando dificuldades foram afetadas bruscamente e acabaram fechando.

Mesmo três anos após a crise de 2008, ainda com cicatrizes à mostra, os Estados Unidos finalmente foram alcançados pela onda de protestos arquitetada a partir das redes sociais. Mas a onda não se iniciou em território norte-americano. O primeiro sintoma veio de Vancouver, Canadá. E a faísca, da mesma forma que no Egito, partiu de um *blog*, como o vídeo publicado por Asmaa Mahfouz. Porém, em vez de uma jovem blogueira, desta vez foi um homem nascido em 1942, na Estônia, que se tornou um ativista. Com cabelos ralos e brancos na nuca, magro e decidido, Kalle Lasn foi um dos fundadores da revista *Adbusters*.

Na verdade, a Adbusters Media Foundation é uma organização não governamental cujo foco é o consumo. Descrevem-se como "uma rede global de artistas, ativistas, escritores, estudantes, educadores e empresários que querem desenvolver um novo movimento ativista social da era da informação". Foi fundada em 1989 por Lasn e Bil Schmalz, em Vancouver, onde ainda mantém a sua sede. Fazem anúncios parodiando grandes empresas e questionam a própria indução ao consumo. Conforme afirma Kalle Lasn, "nossas emoções, personalidades e valores afetivos estão sob influência da mídia e de forças culturais muito complexas". São contestadores e críticos. Nada, contudo, indicava que uma postagem no *blog* da revista fosse a fagulha de um movimento que abalou os Estados Unidos. Dizia a publicação: "*#occupywallstreet*. Você está pronto para um momento Tahrir? No dia 17 de setembro, invada Lower Manhattan, monte barracas, cozinhas, barricadas pacíficas e ocupe Wall Street".

Seguia-se um texto provocativo bem ao estilo Adbuster: "No dia 17 de setembro, queremos ver 20 mil pessoas fluindo para Lower Manhattan, montando barracas, cozinhas, barricadas pacíficas e ocupando Wall Street por alguns meses. Uma vez lá, vamos repetir incessantemente uma só demanda numa pluralidade de vozes... o *establishment* político americano é atualmente indigno de ser chamado de democracia: exigimos que Barack Obama nomeie uma comissão presidencial com a tarefa de pôr fim à influência do dinheiro sobre nossos representantes em Washington. É hora de DEMOCRACIA E NÃO DE EMPRESARIOCRACIA. Sem isso, estaremos condenados". Naquele dia, mil pessoas protestaram em Wall Street e ocuparam uma praça ao lado do Zuccotti Park.

A polícia, de início, agiu com descrédito. Dezenas ou talvez centenas de pessoas foram presas por motivos os mais diversos. As prisões e as intervenções policiais eram filmadas e publicadas nas redes. A resposta, em vez de diminuir o protesto, expandiu-o. O dobro de pessoas passou a fazer parte da ocupação, que depois se tornaram cinco mil, na sequência 15 mil, e a manifestação então transbordou Nova York. Pelo menos 600 das maiores cidades norte-americanas foram objeto de manifestações "Occupy", de Washington a Houston, pelo interior afora.

As ocupações tornaram-se sofisticados microcosmos de uma sociedade comunal, tornaram-se comunidades, com todas as consequências que se pode extrair desse tipo de convívio, inclusive com um precário sistema de saúde e abastecimento, além de tesouraria para o recebimento de doações. E, excepcionalmente, até mesmo uma "Universidade Occupy" foi criada. Mas o ápice dessas atividades eram as assembleias, sempre temáticas, sempre políticas, em que todos podiam se manifestar e que eram organizadas não por lideranças, mas por mediadores.

O movimento perdurou até o inverno, quando as temperaturas enregelantes e o desgaste produzido pelas ações policiais terminaram por fragilizar e, por fim, extinguir as manifestações. Tudo em razão da publicação de um *blog*. Não foram essas as únicas manifestações envolvendo as redes e esses novos mecanismos de comunicação social. Antes mesmo do "Occupy", a Espanha, mais fortemente, e a Inglaterra também viveram momentos semelhantes. Sem sombra de dúvida, em todos os casos, os movimentos espelhavam a realidade virtual, uma dimensão em que a expressão da vontade se dá livremente, ou mais livremente, do que fora da virtualidade.

AS MANIFESTAÇÕES DE 2013 NO BRASIL

Quando a virtualidade transborda, sua dimensão atinge a esfera política real, causa efeitos inesperados e imprevisíveis. No ano de 2013, no Brasil, fenômeno semelhante ocorreu, primeiramente em razão do aumento de passagens de ônibus na maior cidade do país, São Paulo, depois espalhando-se por todo lugar. Alguns pontos merecem atenção. Em primeiro lugar, o surgimento de uma nova forma de comunicação midiática com múltiplas vias de emissão e recebimento. Cada pessoa se tornava um "protagonista coletivo". Esse papel não era exercido pelas mídias existentes até então; nem a televisão, nem o rádio poderiam causar esse efeito – o que não significa, entretanto, que estejam superados. Em verdade, surgiu um novo campo a ser ainda ocupado, como veremos.

Precisamos apontar, igualmente, que esse tipo de manifestação não criou nenhuma liderança. Muito pelo contrário, tornou-se crítica de qualquer tipo de liderança pessoal, rechaçando a ideia de pessoalidade, uma espécie de coletividade realizada através de assembleias em que havia um revezamento em discursos. Mas nunca um representante ou coordenador.

Não havia também nenhuma base ideológica no sentido usual. Não havia polarização ideológica, exceto a reprovação do Estado, tido como distante e ilegítimo, representando apenas elites havia muito desconectadas da sociedade e vivendo exclusivamente por si e para si mesmas. Justamente por isso os movimentos não produziram o surgimento de nenhuma liderança representativa.

Em tese, o experimento poderia derivar para o primeiro vislumbre de uma democracia direta, mas o que pode dar resultado em uma comunidade ou em várias comunidades, limitadas social e fisicamente, nem sempre pode ser reproduzido em uma escala muito mais abrangente. Todos esses movimentos refletiram um vácuo de representação que se expressou através das redes sociais e trouxe consequências, quer políticas, com a mudança de regime e troca de líderes, quer sociais e representativas, como no caso do "Occupy".

É notável, todavia, que nenhum deles resultou no nascimento de um agrupamento político, nem deu nascimento, como já dissemos, a nenhuma liderança, razões pelas quais, apesar de seu caráter revolucionário, não se converteram em forças políticas por si apenas. Uma observação mais acurada diria, então, que nem era essa a intenção.

Em um artigo publicado no livro *Occupy – movimentos de protesto que tomaram as ruas*, Giovani Alves, autor de artigo publicado na revista *Carta Maior*, intitulado "Ocupar Wall Street... e depois?", notou curiosamente que esses movimentos representaram "uma verdadeira globalização de baixo, que hoje se contrapõe à globalização de cima". E seguiu apontando algumas características comuns desses movimentos: 1) seus membros representam uma diversidade social inédita, desde jovens empregados e desempregados a estudantes, sindicalistas, profissionais liberais, anarquistas, sem-teto e tantas outras qualificações urbanas possíveis – criou-se o "precariado", termo dos mais adequados e interessantes –, e cada uma dessas faces reflete um tipo de reivindicação, tal como médicos e enfermeiras em relação ao sistema de saúde, etc.; 2) os movimentos foram totalmente pacíficos; 3) todos utilizam as redes sociais como sua estrutura básica; 4) são inovadores e criativos; 5) criticam a concentração de riqueza e a precariedade do trabalho, bem como desmitificam a democracia ocidental; e 6) reivindicam uma democracia radical. O próprio autor, contudo, reconhece que faltou densidade a esses movimentos, que não deixaram como herança um fator político capaz de influenciar o sistema político.

A DESCONEXÃO ENTRE A SOCIEDADE E O MUNDO POLÍTICO

Não posso deixar de assinalar, contudo, que o espírito de McLuhan parece pairar sobre essas manifestações de modo zombeteiro. Diria o cientista, filósofo e quase adivinho que "o meio é a mensagem", o mote que tanto martelou em seus ensinamentos. A mensagem foi dada pelo meio, as manifestações existiram por si, pelo espelhamento da realidade *virtual* em que o "precariado" (perdoe-me se uso o termo de Giovani Alves, pois sem dúvida é o mais adequado) somente espelhou na realidade o que sentia, porquanto no universo virtual podia fazê-lo livremente.

Inaugurou-se uma nova era: o vínculo íntimo entre o universo político-social e a vida *virtual*. As redes ganharam as ruas: não eram partidos, não eram movimentos sindicais nem qualquer outra espécie de organização civil, social ou política, eram simplesmente pessoas, expressando aquilo que eram, conectadas umas às outras pela própria vontade e pela estrada da internet. A mensagem não era o conteúdo das reivindicações, mas o fato de ser um movimento livre de amarras político-sociais. Nesse caso, a questão desloca-se para outro eixo: o da falta de uma conexão política entre os cidadãos e seus representantes.

É óbvio que se a representação popular fosse corretamente obedecida, os conflitos não existiriam, simplesmente pelo fato de que a expressão que se exibiu pelas redes sociais estava embotada justamente pela falta de representação. Isso é fácil de ver em relação à Tunísia e ao Egito, ambos com seus ditadores, mas não tão fácil de caracterizar nos Estados Unidos, na Espanha e na Inglaterra, onde os movimentos também alcançaram enorme impacto.

O fator determinante, em todos esses casos, foi justamente a falta de conexão entre a sociedade e o mundo político, enfim, a falta de representatividade. Historicamente falando, a representação política nunca foi um fator determinante do sucesso político. A evolução, contudo, resultou no que convencionamos chamar de democracia liberal.

Porque, dentro desse conceito, encontramos a estrutura básica que deu o sucesso à única superpotência mundial e que é replicado em quase todo o mundo ocidental. Isso implica separação de poderes (Executivo, Legislativo e Judiciário), direitos fundamentais (liberdade de expressão, de circulação, de voto), bem como a existência de eleições livres e periódicas, além de uma imprensa também livre, com seu poder de crítica e contestação. Uma vez empregado tal modelo, haveria correspondência entre a cidadania e a representação, cabendo a esta última realizar os objetivos estabelecidos coletivamente.

O que deu errado?

MORALISMO GRINGO

A cidade é Chicago, o cenário, a bolsa de valores local, Chicago Mercantile Exchange, a data, 19 de fevereiro de 2009, por volta das 19h30. O homem usando terno escuro e gravata amarelada, quase bege, inicia sua fala no programa *Squawk Box*, de rompante e rapidamente. Seu nome é Rick Santelli, repórter da CNBC – Consumer News & Business Channel –, um canal voltado unicamente para o mercado financeiro, negócios e economia. Essa é a data oficial de nascimento do Tea Party. O símbolo de uma serpente enrodilhada, pronta para dar um bote, com a frase "Don't Tread on Me", é a imagem não somente de um movimento, mas de um conjunto de valores morais extremistas. Hoje é produto não apenas da ideia de alguns, mas do somatório de vários grupos políticos vinculados a um pensamento extremista que uniu desde a KKK (Ku Klux Klan) até os supremacistas brancos, passando ainda pelos setores mais radicais do Partido Republicano, para formar um amálgama encoberto pela bandeira amarela da serpente. A frase "Don't Tread on Me" equivale a "Não me provoque" ou "Não me ataque", seguindo-se a conclusão de que, nesse caso, a reação será tão rápida e poderosa quanto o bote da serpente. O grupo que tomou essa bandeira tornou-se conhecido como Tea Party ou "Festa do Chá", uma alusão ao episódio assim conhecido da história norte-americana.

A Festa do Chá foi uma bem-sucedida operação ocorrida em Boston, em 16 de dezembro de 1773, um dos gatilhos para a independência dos Estados Unidos – que foi, também, a primeira revolução liberal da história. Mas entre a apropriação desse símbolo, aquilo que o movimento atual apregoa e a realidade propriamente dita, há uma enorme distância. O movimento Tea Party, vinculado aos valores mais reacionários da cultura norte-americana (como o racismo e a supremacia branca da Ku Klux Klan), chegou ao ponto de se tornar uma influência decisiva nas eleições norte-americanas, de influenciar uma revolução cultural de alcance mundial e, especialmente, de desenvolver e elevar ao máximo o potencial das *fake news* e a imposição da pós-verdade.

A ligação mais íntima entre religião e política nos Estados Unidos se dá, sem dúvida, pelo Tea Party, que vincula os valores bíblicos de determinado cristianismo aos constitucionais, ao ponto de enxergarem a figura de Jesus como uma das inspiradoras da Constituição norte--americana. Não é de surpreender que Bush (filho), um dos mais devotos entre todos os presidentes, tenha criado, na Casa Branca, um "Escritório da Fé", para cuidar justamente dessa vinculação religiosa. Já se apontou que uma das grandes dificuldades dessa fusão é a ambiguidade ou a fluidez dos argumentos ou bases religiosas. Basta pensar que, muito embora para alguns religiosos a homossexualidade seja um pecado, explodir uma bomba atômica em uma guerra não é, o que nos faz supor que o entrevero dessas convicções seja passível de um grau inusitado de manipulação ou simplesmente de um juízo de valor diverso. Talvez a solução esteja na própria Bíblia, em que Jesus disse: "Dai a César o que é de César, dai a Deus o que é de Deus" (Mateus 22, 21). Ele tem razão.

A denominação Tea Party tinha um sentido histórico, ligado à rebeldia e ao patriotismo. Grupos Tea Party pipocaram por todo o país, sempre com a retórica de retomar o país. É claro que, indiretamente, esses grupos eram financiados por simpatizantes do Partido Republicano. A razão é simples: após a derrota para um negro liberal, Barak Obama, em 2008, as lideranças republicanas passaram a ser duramente cobradas, especialmente pelos "parties", pelos quais os republicanos foram derrotados, porque haviam se tornado apenas mais do mesmo, parte do "pântano" (tal como se referiam à capital, Washington). Assim, distanciaram-se de seus valores originais, de seus elementos fundamentais, que deveriam ser renovados de maneira intensa para que o partido pudesse novamente manter-se de cabeça erguida. Entre outras decisões, estava a de se oporem de qualquer forma e a qualquer custo a qualquer iniciativa democrática, usando todos os meios concebíveis para impedir a aprovação de propostas. Contanto, é preciso frisar que, nesse momento, a própria direção republicana era tida como incompetente e inoperante. Pesquisadores frisam que o movimento se deu "de baixo para cima", originando-se de seu eleitorado. Obviamente, quando a tendência se inicia e se espalha, ela é imediatamente encampada pelas lideranças, até por sua própria sobrevivência. Assim, além do financiamento que começou a jorrar, os "parties" contaram com o apoio de um canal de televisão, a Fox.

A Fox News possui características inéditas na comunicação de massa. É um canal que tem um viés nitidamente partidário, quase como um porta-voz do Partido Republicano. Seus programas apoiam os republicanos e criticam severamente as iniciativas democratas. Não é preciso dizer que o movimento "Partie" passou a se tornar uma de suas principais bandeiras e que as manifestações passaram a ser transmitidas em escala nacional, inclusive anunciando quando e onde manifestações ocorreriam e cobrindo o evento. Um de seus mais conhecidos apresentadores, Glenn Beck, do *Glenn Beck Show*, foi um dos líderes da cobertura das manifestações do Tea Party, formando uma rede em que os apresentadores locais da Fox cobriam e discutiam a cada momento a natureza ressurgente do movimento de direita.

A cobertura da Fox acabou por obrigar as grandes emissoras, como CBS, ABC e NBC, a também noticiar os eventos, ampliando, ainda mais, os protestos Tea Party. Todas as organizações, movimentos, grupos, associações de qualquer natureza começaram a se unir ao movimento. Uma característica inerente a todos era, sempre, o extremismo. Um dos exemplos clássicos é um movimento formado por ex-policiais (aposentados), os quais, supondo que Obama fosse declarar lei marcial e confiscar armas, anunciaram sua disposição de apresentar uma resistência armada ao governo federal. Evangélicos compõem 40% dos "parties", proclamando que "Deus nos protegerá". Propagou-se uma pintura do artista Jon McNaughton, em que Jesus aparece com uma cópia da Constituição norte-americana cercado por personagens da história estadunidense, inclusive presidentes republicanos, enquanto, no canto inferior à direita, vê-se um político corrupto falando ao celular e um professor trazendo consigo o livro *A origem das espécies*, de Charles Darwin, observado por Satanás – segundo descrição do próprio pintor[5].

Jon McNaughton, *One Nation of God*

A visão chegou a tal grau de paranoia que o presidente Obama era apontado como "comunista", "socialista", "estrangeiro" ou até "nazista". Logo surgiram os Tea Party Patriots ou os Tea Party Express, alguns formados com doações de políticos republicanos. O Tea Party Patriots foi a organização que mais cresceu e se tornou uma das líderes do movimento. Era dirigida por Jenny Beth Martin, ex-assessora do Partido Republicano, e Mark Meckler, empresário californiano vinculado às causas conservadoras. Finalmente, o deputado Newt Gingrich, líder da extrema direita republicana, declarou para a Fox News que "Os Tea Parties são uma ameaça direta para a elite esquerdista, e a elite esquerdista está furiosa". Grupos de Twitter intitulando-se "conservadores" atraíam centenas de participantes.

---

5 Disponível em: https://jonmcnaughton.com/one-nation-under-god-interactive/. Acesso em 18 fev. 2023.

Enfim, o movimento captou a insatisfação da direita radical nas suas linhas mais clássicas e usou toda a retórica e marketing para o que se justifica chamar de uma refundação do Partido Republicano. Frise-se, porém, que o Tea Party não se confunde com o próprio Partido Republicano. Seu avanço, agressivo, entretanto, o colocou, por agora, em uma posição de decidir os rumos do partido. Nas eleições legislativas seguintes à sua fundação, o Partido Republicano retomou a maioria no Congresso, um saldo positivo, mas não foi forte o bastante para impedir a reeleição de Obama. Mas é esse movimento que, quando do embate seguinte, entre Donald Trump e Hillary Clinton, foi a base e o exército que lutou a primeira guerra virtual, em que as armas eram as *fake news*, o campo de batalha era a pós-verdade e o resultado, vida ou morte.

QUEM SABE?

Informação não é conhecimento. Os dados sobre qualquer situação ou objeto nada são. Para que tenham algum valor, é necessário que sejam analisados e reconhecidos pelo significado que possuem em virtude de seu poder de transformar o pensamento e a realidade. Enfim, conhecimento é o resultado da análise dos dados. Como muito já dissemos sobre McLuhan e Castells, Google e redes, as informações hoje alcançaram *status* de mercadoria, de valor. O Google foi magistral em compreender isso e tornar-se a primeira superpotência informacional. Devemos reconhecer, todavia, que o interesse nas informações que levaram o Google ao estrelato deveria ser objeto de cobiça de outras empresas também. E nem é o caso de empresas que prestem serviços semelhantes, tal como a Microsoft com seu buscador, o Bing, e sim empresas que não querem disputar o negócio da publicidade, mas sim o negócio (e o mercado) de informações. O objetivo não é vender um produto ao público, mas vender o público como produto. A relação não se dá com o consumidor, mas com as empresas, de modo que o negócio das informações é discreto, não chega até a ponta, mas se relaciona apenas a empresas.

A ideia de traçar um perfil do consumidor tornou-se obsoleta. Querem saber, sim, quem você é como indivíduo, com todas as particularidades e nuances, pretendem descobrir mais de você do que seus relacionamentos mais íntimos, qual sua capacidade de gerar dinheiro, capital, patrimônio, e saber como podem explorar seus interesses, mantê-lo enredado ou exauri-lo até onde puderem. O céu, ou o inferno, é o limite. A grande diferença entre o conhecimento produzido pela análise das informações na área da inteligência e o conhecimento produzido nos chamados "Big Data" é que, nestes últimos, a análise não é feita por seres humanos, e sim pelos algoritmos, matematicamente, de modo tão veloz e eficiente que, ao menos nesse caso, a mente humana foi suplantada. A análise sobre quem é você, a ponto de enxergar até a sua intimidade, é feita por um computador, através de um cálculo matemático que determinará quanto, como, onde e por qual razão você pode fazer alguma coisa ou não, o que vale desde o limite de compras de um cartão de crédito até financiamentos, seguros, empréstimos ou mesmo sua vida social e, no final, como veremos, o seu convencimento político.

ABRIRAM SUA CAIXA DE PANDORA

As "mães" de todas as Big Data foram as empresas de seguro. A elas interessava, mais do que nunca, saber qual seria a possibilidade de serem obrigadas a pagar as indenizações contratadas, e foram as primeiras a organizar dados de seus clientes para prever prejuízos. Daí para as empresas de saúde foi um pequeno pulo, e a interligação de ambos foi praticamente uma consequência. Os bancos, as operadoras de crédito, as lojas, as redes de farmácia, os dados estatísticos públicos, tudo passou a ser registrado e ia parar em um banco de dados que os aglutinava. A tecnologia digital permitiu que esse tipo de repertório informacional fosse registrado, separado, classificado e, quando necessário, analisado. Não nos referimos aqui a dados exclusivamente extraídos da internet, mas a um vale-tudo de coleta, que inclui todas as formas de registro, até mesmo câmeras de vigilância. Levando em consideração todos esses fatores, não surpreende que tenham surgido os "mineradores". O "incidente Snowden", quando vazaram informações sigilosas de segurança dos Estados Unidos, por meio do ex-técnico da CIA Edward Snowden, além de ele ter revelado detalhes de programas de vigilância que o país usava para espionar sua própria população, deu um sinal de alerta que chamou a atenção do Congresso norte-americano. Tal como na maioria das grandes democracias, o Congresso dos Estados Unidos possui comissões permanentes, cuja missão é a fiscalização do Executivo ou, ainda, a investigação de temas da sua área. Entre essas comissões está o "Comitê para o Comércio, Ciência e Transportes do Senado Norte-Americano", presidido pelo senador John D. Rockefeller IV (2009/2015). Segundo Rockefeller, as revelações de Edward Snowden quanto ao uso de sistemas cibernéticos de espionagem levaram a novos questionamentos quanto à privacidade, especialmente quando empresas privadas coletam dados massivos de natureza digital. Não existe uma regulamentação própria para essa atividade, a qual, aliás, não é nova, mas sua magnitude mudou completamente com o advento da internet e da sociedade informacional, nos próprios termos em que foi definida por Castells. Vivendo em uma sociedade com essa característica, qual seja mercadoria-informação, o comércio de informações passou a refletir um interesse econômico evidente. Surgiram então os "Data Brokers", aqui chamados de mineradores, os quais nada mais são do que empresas cujo objeto é a coleta de dados de indivíduos, formando os arquivos vulgarmente conhecidos como "Big Data", os quais, por sua vez, são vendidos para quem deles possa se interessar, extraindo vantagens econômicas de tal exploração.

Nem todos os Big Data pertencem aos mineradores, mas todos os mineradores possuem seus Big Data. Parece um nicho inofensivo, sem grandes perspectivas de lucro, pouco aproveitável. Ledo engano: o senador Rockefeller assinala que, no ano de 2012, os mineradores lucraram cerca de US$ 156 bilhões de dólares, ou seja, US$ 13 bilhões de dólares por mês. Segundo o senador norte-americano, quase o dobro do custo de todo o sistema de inteligência americano, incluindo aí a Agência Central de Inteligência (CIA), o Serviço de Inteligência Doméstica (DHS), a Agência de Segurança Nacional (NSA) e outros. Somente uma das empresas de mineradores, a Acxiom, tem cerca de 700 milhões de perfis, ou seja, aproximadamente 10% da população mundial. Levando em consideração que para essas empresas importam apenas os indivíduos considerados economicamente ativos, esse percentual sobe drasticamente. Mais ainda, embora as atividades governamentais sofram processos de fiscalização, essas empresas não possuem limitadores e podem usar quaisquer recursos disponíveis para obter as informações que desejarem. O fato se torna mais grave quando o próprio indivíduo objeto dessa coleta jamais saberá que foi alvo de uma análise, quais dos seus dados foram envolvidos ou, pior ainda, a qual conclusão chegaram, o que é especialmente danoso, porquanto é com base nessas conclusões que seu perfil será montado e afetará diretamente sua vida econômica, social e, também, como veremos depois, política.

Entre os maiores mineradores estão Acxiom, Experian, Epsilon, Reed Elsevier, Equifax, TransUnion, Spokeo e Datalogix, todas citadas no relatório do Comitê do Senado Norte-Americano. Cada uma dessas empresas possui seu próprio Big Data, algumas com foco diferente das outras, mas, em geral, produzindo uma classificação que determinará a qual acesso econômico o indivíduo poderá alcançar. As classificações são as mais diversas e incluem, em sua avaliação, dados financeiros, entre os quais a movimentação patrimonial, tipo de consumo e meios de pagamento, incluindo aí a validade de seus créditos e cartões, registro de seus veículos, financiados ou não, e hábitos de compra, que vão desde produtos de higiene pessoal, maquiagem e alimentação, até diversão. Outro foco é a questão da saúde, incluindo hábitos, se frequenta academia ou não, por exemplo, até mesmo tipos de doença, grau e prognósticos, assim como medicação adquirida. A Equifax é capaz de identificar o uso de um determinado produto nos últimos seis meses, distância percorrida e até mesmo o consumo de bebidas alcoólicas. Também informa se o indivíduo tem um animal de estimação, além do tempo em que está casado e os dados mais básicos, como endereço, idade, gênero e raça, telefone, e-mail, compras pela internet, dados de aparência, como por exemplo CEP do bairro (que pode ser nobre ou não). Uma listagem mínima de um indivíduo consiste em 41 páginas de itens específicos. Ninguém, exceto os próprios mineradores, sabe até onde o grau de informação pode ser disponibilizado.

Talvez mais importante que isso seja o modo como essas informações são colhidas. A fonte primária são os próprios indivíduos, que fornecem seus dados e informações para as mais diversas empresas, quer sejam simplesmente de comércio, quer sejam empresas de saúde, bancárias, financeiras, etc. Tais dados vão parar nos mineradores por simples ato comercial ou para integrar um perfil que fica disponível para a empresa contribuinte, pelo menos até certo ponto, ou, mais comumente, ao fazer qualquer tipo de operação digital, o indivíduo acaba permitindo a instalação de um *cookie* em seu computador, o qual passará a registrar precisamente seu tráfego e conteúdo. Volto um pouco para lembrar que o Google deve sua eficiência a esse mesmo tipo de técnica, lendo os interesses de seu usuário a fim de prover os melhores resultados para sua consulta – a diferença, aqui, é o uso da informação, que não vai para o usuário, mas para um terceiro, embora, nos dois casos, o usuário nem sequer tenha conhecimento do que está ocorrendo.

Uma novidade veio à tona na Comissão do Senado, cujo relatório sumário apontou que a empresa Acxiom anunciou a criação do "Audience Operating System", ou AOS, que elimina a necessidade de *cookies* das empresas para captar as informações do usuário, uma espécie de "super-cookie", que segue o indivíduo em seus diversos equipamentos, computador e celular, por exemplo, inserindo ambos em um mesmo perfil. Isso permite a completa segmentação de mercado, uma classificação de precisão até agora nunca vista, controlando, por exemplo, a audiência e seguindo o usuário em qualquer mídia que ele passe a utilizar. Se, além da Acxiom, outras empresas possuem mecanismo semelhante, o que é viável e, portanto, provável, estamos em uma dimensão futurista cujas consequências ainda não foram devidamente sopesadas. Existe, aqui, mais um aspecto a ser observado. A rigor, o Estado, enquanto órgãos policiais e de inteligência, não tem a capacidade legal de colher esses dados, ou seja, não pode fazê-lo, mas o que impede, por exemplo, um órgão estatal de ter acesso aos dados dessas entidades privadas? A resposta é nada. Cria-se aqui uma zona cinzenta de legalidade. E mais: embora todo esse aparato tenha sido criado com o objetivo primeiro de ser usado em marketing, para acelerar o comércio, o que, em tese, seria benéfico, certo é que não há limite para o uso que lhe possa ser dado.

SUA VIDA 5.0+

A história de Mark Zuckerberg e do Facebook é fascinante: um jovem que aos 20 anos criou a mídia social por excelência e que obteve alcance mundial. O mais importante, porém, é que o Facebook busca um conceito de transparência muito maior do que o usual da sociedade até hoje. Em determinado ponto do crescimento dessa rede, Zuckerberg estabeleceu que uma de suas metas seria a possibilidade de que a plataforma se tornasse quase um sistema operacional, um local onde pudessem ser desenvolvidos *softwares* por terceiros, que teriam acesso aos dados da rede para desenvolver seus próprios projetos. Ao final, o Facebook seria um ambiente em que as pessoas poderiam viver, criar aplicativos e ganhar dinheiro com isso. Um paraíso para os desenvolvedores.

O projeto, chamado de F8, que se pronuncia em inglês como "Faith" (fé, em inglês), foi lançado em 2007. Foi um enorme sucesso. E esse sucesso trouxe consequências. Os *softwares* desenvolvidos absorviam todos os dados dos usuários, e não era surpresa para ninguém que o Facebook jamais garantiu a integridade dos dados que possuía. Os dados absorvidos pelos aplicativos iam além do necessário para seu próprio funcionamento, tornaram-se predadores de dados, e os usuários eram completamente ignorantes sobre o que estavam fazendo e sobre quais seriam as consequências. O Facebook chegou a desenvolver um aplicativo que centralizava todos os dados do usuário e permitia o acesso público – o projeto Beacon teve tamanha repercussão (negativa) que foi desativado. Seja como for, o Facebook dispõe de um conjunto de dados individuais incomparável em termos qualitativos, até porque o usuário não somente oferece seus dados, mas também curte e discute sobre outros comentários, criando um parâmetro ideal para a análise comportamental.

O conjunto de dados de um perfil no Facebook é incomparavelmente mais rico do que a produção de qualquer dossiê. Assim, pode oferecer ou analisar uma determinada mostra de indivíduos, restringindo exatamente aquilo que se pretende captar. Eles sabem quem você é, seus interesses, o que o motiva e o que o afasta ou atemoriza. Zuckerberg era um jovem com vinte e poucos anos, assim como os demais membros de seu grupo; geniais na tecnologia, criaram uma sociedade virtual que se espalhou pelo mundo instantaneamente. A criatividade e a capacidade de execução desse grupo é incomparável. Entretanto, não tiveram condições de prever as consequências políticas de suas criações.

O Facebook tornou-se rapidamente uma nova forma de expressão e organização políticas; grupos de apoio e manifestações políticas, além de bolhas gigantescas, passaram a fazer parte do ambiente político. A disseminação de informações, a criação de grupos que se iniciaram com o Feed de Notícias e o prestígio que lhes emprestam os "likes" aos milhares, passaram a fazer parte do cenário político. As bolhas, que nada mais são do que grupos agregados por afinidades, derivaram cada vez mais para o sectarismo e se tornaram focos de potenciais conflitos físicos. Limitados todos por sua própria visão, são presas fáceis das manipulações e das experiências emocionais. É certo, também, que o Facebook deu voz a quem não tinha e permitiu que conflitos latentes emergissem, de modo até mesmo violento.

No livro *O efeito Facebook*, de David Kirkpatrick, Zuckerberg diz que "a maneira como os governos funcionam está realmente mudando. Um mundo mais transparente cria um mundo mais bem governado e mais justo". Quando se leva em consideração o potencial de reivindicação que a mídia social entrega, bem como a avaliação política que é entregue à sociedade, é um aspecto positivo, mas Zuckerberg jamais imaginou o movimento reverso, ou seja, o grau de influência que o Facebook tem na sociedade, sua capacidade de ser um instrumento de manipulação e controle, uma arma de intervenção em sentido totalmente contrário ao que se pensou na sua criação. Esse movimento não foi percebido pelos criadores do Facebook, até porque o controle da plataforma estava em suas mãos, mas falharam em perceber que a abertura que eles mesmos criaram dentro do sistema, para torná-lo transparente, acabou por desviar o sentido de sua criação e o tornou um instrumento de desinformação por excelência. Mais ainda, duas outras formas de comunicação se agregaram a esse universo, com efeitos imediatos: uma delas, o Twitter, logo se tornou a mídia preferida dos políticos.

O pioneiro no uso intensivo do Twitter foi Barack Obama: boa parte de sua campanha era financiada por fundos arrecadados via Twitter. As características que tornaram esse meio de comunicação o preferido dos políticos são principalmente duas: a) a limitação da mensagem a 180 caracteres, o que praticamente impede uma discussão, tornando a comunicação quase de via única; b) a rapidez, que torna a comunicação instantânea e eficaz. Lembremos que esses eram os objetivos que Goebbels pretendia atingir com o uso de cartazes impressos, distribuídos e fixados em lugares públicos. São dropes de informação, o máximo no mínimo de espaço. Outra circunstância é que nesse veículo é possível detectar os chamados "trending topics", qual seja uma lista dos assuntos mais comentados em geral na rede. Essa possibilidade, importantíssima, permite que se meça o impacto da notícia ou informação no momento em que é lançada, o que se traduz no sucesso ou insucesso da comunicação.

Outra mídia, o WhatsApp, mostrou-se também versátil – trata-se de uma comunicação predominantemente escrita, mas que também permite o envio de recados gravados em áudio, imagens e sons de todos os tipos. O WhatsApp também permite a criação de grupos de interesse, sempre com um número máximo de participantes, em torno de duas centenas e meia. É, hoje, o meio de comunicação mais eficiente que existe. Parece um meio-termo entre o Facebook e o Twitter. Mensagens pessoais ou conteúdos personalizados encontram no WhatsApp a mídia ideal. A grande dificuldade está em grupos, nos quais, não raras vezes, a sucessão de comentários torna quase impossível o acompanhamento. A influência do WhatsApp é tanta que a mídia foi forçada a tomar medidas inéditas, limitadoras do uso, por conta do desvirtuamento de sua utilização.

Uma das particularidades dessa rede é seu grau de convencimento sobre o usuário: normalmente, quem recebe uma informação, mesmo que falsa, tende a repeti-la para seus contatos (e, portanto, pessoas de seu relacionamento), acrescentando a força de sua credibilidade pessoal, mesmo que a informação tenha origem diversa. Tudo isso atingindo o próprio usuário, que se expõe a uma rede de convencimento invencível, já que quase toda a informação que recebe dirige-se a um só sentido. Zuckerberg, que comanda o Facebook e o WhatsApp, sempre defendeu a transparência máxima como um fator de evolução social. Mas a ingenuidade cobra um preço alto. Mais uma vez, aponto que a genialidade na lógica matemática, somada à imprudência e à falta de experiência da juventude, elevou as mídias sociais a um nível que, conscientemente, seus criadores jamais teriam atingido.

O ESCUDO DOURADO

A expansão das mídias sociais transbordou quase instantaneamente os seus limites originais. O Facebook, por exemplo, que foi inicialmente limitado a universidades de elite norte-americanas, a chamada Ivy League, chegou ao público primeiro nos Estados Unidos e depois ao resto do mundo, em uma expansão controlada por Zuckerberg. Por consequência, sua capacidade de influência ainda estava por ser conhecida, assim como a das demais redes, em especial o Google e o Twitter. No mundo ocidental, não houve obstáculos à expansão da rede – os regimes democráticos, que

Pós-verdade e fake news

em regra adotam a liberdade de manifestação, simplesmente receberam as mídias e as incorporaram à sociedade; alguns outros países, em grau maior ou menor, acabaram, também, por absorvê-las em seu cotidiano sem maiores traumas. Mas nem todos foram tão receptivos ou, hoje podemos dizer, ingênuos.

A China foi a primeira potência a lidar com a internet de forma bem diferente de como fez o mundo ocidental. Pensar na China em termos ocidentais é o pior erro que se pode cometer. Trata-se de uma cultura que se desenvolveu completamente isolada da civilização ocidental e em nada se influenciou, quer em relação à cultura greco-romana (fundamento da cultura ocidental), quer em relação aos valores morais e éticos da religiosidade judaico-cristã. Conceitos democráticos estão, naturalmente, fora da base ideológica chinesa, pelo menos nos termos em que são entendidos no Ocidente. Dada sua história e seu pensamento político, o governo chinês viu com muita reticência a chegada da internet. Em um país tão grande, cuja unificação se deu recentemente em termos históricos, um sistema de comunicação livre como caracterizado por Castells poderia levar a uma fragmentação social, até porque o controle que se poderia exercer sobre a comunicação seria reduzido. A China, dadas as suas particularidades, percebeu que a internet poderia levar a uma conscientização política indesejada ou, pior ainda, exporia uma população gigantesca a uma influência externa que não seria capaz de conter. Isso sem falar que seria o instrumento ideal para manipulação política. Por outro lado, sem a internet, a China ficaria em enorme desvantagem tecnológica em relação a seus rivais na política internacional, especialmente os Estados Unidos, onde as redes cresciam à velocidade da luz e davam ensejo a sucessivos avanços em áreas as mais diversas. Assim, a China cercou-se de uma grande muralha cibernética e, para viabilizar o projeto, garantiu que todos os acessos somente pudessem ser feitos através de um provedor e de um "backbone" (espinha dorsal), que nada mais é do que o sistema que controla o tráfego de encaminhamento de informações da internet. Criou também o provedor JiTon, o maior do mundo, e assim estabeleceu o domínio completo sobre todo o sistema informacional. Adotou ainda outras medidas mais radicais: todos os que pretenderem usar uma conexão na internet devem se registrar na polícia, e, além disso, foram criados subsistemas dentro do Escudo Dourado, tais como: a)

Projeto Cartão Dourado (pagamentos eletrônicos em geral, com cartões ou QR code); Projeto Alfândega Dourada (controle alfandegário sobre trânsito de bens exportados e importados); Projeto Taxação Dourada (tributação eletrônica); Projeto Intelectual Dourado (educação e pesquisa); Projeto Agricultura Dourada (voltado para a atividade agrícola); Projeto Política Dourada (sistema nacional de suporte à microadministração pública), este último com o objetivo de controlar a gerência política e a execução de projetos. Como se vê, o país cuidou de cercar completamente os meios informacionais e controlar sua implementação e os reflexos nos níveis econômicos, sociais, culturais e, sobretudo, políticos. Mas a grande intervenção se dá no conteúdo, por meio de uma combinação de inteligência artificial (IA) – cujos detalhes são desconhecidos – com dezenas de milhares de censores, que examinam milhares de e-mails e quaisquer outras formas de comunicação.

O detalhe é que, entendendo que a mensagem é contrária aos seus interesses, o governo chinês, por meio do Escudo Dourado, retira a mensagem da internet, de tal forma que ela simplesmente desaparece, como se nunca tivesse existido. Não há, obviamente, comunicação ao emitente nem ao receptor; o primeiro jamais saberá que sua mensagem foi censurada e o segundo somente descobrirá se, posteriormente, houver uma comunicação entre ambos e a supressão da comunicação seja percebida. A legislação chinesa trata o assunto de maneira genérica, permitindo ao governo chinês uma autoridade cuja amplitude se confunde com total ausência de limites, nos termos da lei chinesa referente ao assunto. Um decreto publicado pelo Ministério da Segurança Pública, em seus artigos 4-6, diz: "Indivíduos estão proibidos de usar a Internet para: prejudicar a segurança nacional; revelar segredos de Estado; ferir os interesses do Estado ou da sociedade. Os usuários estão proibidos de usar a Internet para criar, replicar, recuperar ou transmitir informação que incite resistência à Constituição da RPC, a leis ou a regulações administrativas; para promover a derrubada do governo ou do sistema socialista; para comprometer a unificação nacional; para distorcer a verdade, para espalhar rumores ou para destruir a ordem social; para fornecer material sexual sugestivo ou encorajar jogos de azar, violência ou assassinato. Usuários estão proibidos de se envolver em atividades que prejudiquem a segurança das redes de informação de computadores e de usar redes ou de modificar os recursos da rede sem autorização prévia". Como se vê, trata-se apenas de enunciar o poder do Estado de interferir no meio cibernético, desde que entenda que se faz necessário, para autoproteção. Salientamos, ademais, que o mundo ocidental, em regra, não se opôs nem se opõe à muralha eletrônica; mais especificamente, omite-se completamente da questão. Os equipamentos utilizados pela China para implementar a muralha cibernética são importados dos Estados Unidos e, além disso, grandes sites e buscadores simplesmente sujeitam-se ao controle prévio do governo chinês para atuar nesse país. O maior exemplo disso é o próprio Google, que não podia ser acessado, mas foi feito um acordo que permitiu que as pesquisas feitas por meio de seu buscador passassem pelos filtros de censura antes de ser enviadas ao público. A versão chinesa do Facebook chama-se Renren, no lugar do YouTube há o Youku, o equivalente ao WhatsApp é o Weixin, Sina Weibo corresponde ao Twitter e ao Instagram e, por fim, há o Taobao, uma loja virtual com praticamente tudo o que existe para ser comprado. Só como referência, segundo a Wikipédia, no ano de 2017 o Taobao movimentou sozinho um valor maior do que todas as transações feitas pela internet nos Estados Unidos no mesmo período. Como se vê, é um mercado irresistível e seu potencial faz com que os olhos se fechem para as exigências chinesas.

O sucesso da muralha virtual começa a ser copiado por outros países, e a China vende sua *expertise* em controle, mas, ao contrário do que se pensa, tal muralha não é impenetrável. São vários aqueles que conseguem contornar as restrições e conseguir acesso. Claro que é necessária alguma habilidade, mas o obstáculo não é intransponível: existe uma eterna disputa de gato e rato entre os controladores e os *hackers*, se podemos denominá-los assim, bem mais dificultosa do que aquela entre seus congêneres ocidentais, até porque, na China, a perspectiva ao ser pego é de uma longa prisão ou coisa pior. Seja como for, a influência de Zuckerberg na China é zero, assim como a do Google, embora este ainda mantenha lá uma certa presença. Bem ou mal, agindo dessa forma a China se manteve imune a fenômenos como a Primavera Árabe ou Occupy Wall Street, o controle do Estado sobre as comunicações é férreo, só existe uma versão dos fatos e essa versão é a oficial, qualquer outra pode ser considerada criminosa. Não há *fake news* na China, nem pós-verdade: existe apenas uma notícia e uma verdade, ou uma grande *fake news* oficial, e, definitivamente, nenhuma liberdade de informação. Isso faz diferença na grande China? Parece que sim; basta ver Hong Kong, entre 2014 e 2019, ilha que foi devolvida pelos britânicos para a China em 1997, onde ainda havia um regime semidemocrático, que pretendia ser incorporado (e foi) pela China e seu regime autoritário. Resistiu o quanto pôde por meio de protestos, a chamada Revolta dos Guarda-Chuvas (usavam guarda-chuvas como cobertura contra as bombas de gás), contra o controle chinês e foi duramente reprimida por forças chinesas. Todos os protestos, liderados pelos universitários, eram organizados através das redes sociais e do uso de celulares. Criativos diante da repressão chinesa, a reação apelou para ações inéditas, como a ocupação de aeroportos para chamar a atenção internacional, cartazes nas zonas de desembarque, muros cobertos com notas adesivas, uso de canetas *laser* para cegar as câmeras e impedir o reconhecimento facial, e até para derrubar drones, uma disciplina digna de um grupamento militar, uso de sinais manuais e a total ausência de violência, além, é claro, de uma cobertura praticamente profissional das redes sociais. A pequena ilha ensinou que todos que experimentam a liberdade revoltam-se contra o autoritarismo e que as redes sociais são um instrumento eficiente para instilar essa revolta. Compareceram a um dos protestos cerca de 2 milhões de chineses, ou cerca de 27% do total de habitantes da ilha. Esse é o medo chinês.

O OUTRO LADO DO UNIVERSO: A MÃE RÚSSIA E SEUS VALORES

A história russa é muito mais complexa do que a norte-americana ou a chinesa, o que torna impossível resumi-la aqui, mas é essencial destacar um período histórico, para que a complexidade das narrativas seja entendida. Um dos principais personagens envolvidos na criação de uma realidade e a transformação em pós-verdade com conceito: Putin.

O MESTRE ESPIÃO

Em 1975, Vladimir Putin ingressou na KGB, tempos depois foi enviado para o treinamento de oficiais em Leningrado, onde são ensinadas as atividades básicas da espionagem, inclusive o recrutamento de espiões

Pós-verdade e fake news

no estrangeiro, um duro treinamento físico e ações como técnicas de interrogatório (tortura), que faziam parte do leque de habilidades que seriam exigidas de um oficial, inclusive o uso de armas de nível militar.

O período que Vladimir Putin passou dentro da KGB entre seu ingresso e seu retorno a Moscou foi todo permeado pelo pensamento de Yuri Andropov, uma visão apoteótica do serviço de segurança – para ele, o socialismo só poderia existir através de um controle direto e concentrado do poder político, cujo detentor por natureza seria o próprio serviço de segurança, encarregado do sucesso na aplicação do socialismo. Por outro lado, dava especial atenção para a opinião pública, criando até um departamento próprio para isso e a mídia, especialmente no que se refere aos chamados dissidentes, cuja liberdade podia restringir ou mesmo enviá-los para o exílio. Tal ocorreu, contudo, não por uma benemerência ou uma evolução em relação aos meios de controle stalinistas, mas porque, depois de Kruschev e Brejnev, essa retomada seria impossível. Assim, a propaganda e o controle da opinião pública assumiram o protagonismo em substituição à repressão massiva. Esses valores vão ao encontro da visão que o próprio Putin nutre em relação ao papel da KGB no processo histórico soviético, mais, ainda, destaca-se a visão da figura heroica do pai na guerra e a idealização do superespião que moldou sua juventude. Não foi à toa que Putin se tornou um oficial destacado e um dos preferidos da KGB.

Enquanto a situação política de Iéltsin erodia, entre tratamentos e reuniões, Putin conquistava cada vez mais espaço, e sua posição no Conselho de Segurança lançava sua atuação para a mídia, inclusive quando interveio na Guerra do Kosovo, colocando um batalhão blindado no aeroporto antes que os ingleses fizessem a ocupação, mesmo tendo afirmado ao subsecretário de Estado norte-americano que a Rússia nada faria. Iéltsin não poderia concorrer novamente, a eleição se aproximava e seu temor maior era o que aconteceria com ele após o término do mandato. Em um movimento completamente inesperado, Iéltsin nomeou um novo primeiro-ministro: Vladimir Vladimirovich Putin. Embutida nessa nomeação estava uma indicação: a presidência da Rússia. O cargo de primeiro-ministro daria a Putin quase um ano para mostrar seu valor e ganhar as eleições. Ele deveria, finalmente, conquistar a Rússia.

Putin crescia como um raio, e Iéltsin se apagava e se tornava o símbolo de um governo que falhara com a Rússia e consigo mesmo e que, agora, se via cercado por ameaças e por uma teia de corrupção da qual não conseguia, nem poderia, se livrar. Corria o ano de 1999.

Bóris Nikolaievich Iéltsin, o primeiro presidente eleito da Rússia, renunciou em 31 de dezembro de 1999. Conforme sua prerrogativa, indicou para sucedê-lo o primeiro-ministro Vladimir Vladimirovich Putin. Segundo um dos biógrafos de Putin, sua esposa, Lyudmila, soube da indicação ao receber os parabéns de uma amiga por ter se tornado primeira-dama. Para muitos, foi uma surpresa total. A principal razão de Iéltsin para a renúncia, oficialmente, foi entregar a Rússia para uma nova geração de líderes na virada do milênio. A data era significativa. Para outros, mais atentos, isso ungia Putin como candidato e lhe dava grande vantagem; para outros, mais pacientes, outro motivo veio na mesma noite. Agora como presidente, seu primeiro decreto foi conceder a Iéltsin imunidade contra quaisquer investigações, manteve uma equipe à sua disposição e lhe concedeu a propriedade da "dacha" (casa de campo, geralmente mansão, da elite russa) onde passara os últimos anos. Não há dúvida de que Putin paga suas promessas. Tempos depois, em uma celebração da FSB, do qual era oficial e depois foi diretor, Putin declarou: "Caros camaradas, eu posso informar que o grupo de agentes enviados para se infiltrar no governo cumpriu a primeira parte de sua missão". Como candidato a uma eleição que se daria nos próximos meses, ele começou colocando ao seu redor os "Siloviki", ou seja, o grupo de membros e ex-membros da KGB que o acompanharam durante todo esse tempo. Os Siloviki, uma palavra em russo que significa "durões" ou "força", formaram o núcleo do governo Putin e o acompanham até hoje. Quatro meses após ser eleito presidente, ele começou o processo de controle das mídias na Rússia, e o faria, justamente, pelos canais de televisão que encabeçavam uma oposição crítica a seu governo. E ele não economizou forças para isso.

O FIM DA DEMOCRACIA RUSSA

"...compreender plenamente a complexidade e os perigos dos processos em ação em nosso próprio país e no mundo. De qualquer forma, provamos ser incapazes de reagir adequadamente. Nós nos mostramos fracos. E os fracos são espancados. Nós simplesmente não podemos e não devemos viver de forma tão despreocupada como anteriormente. Devemos criar um sistema de segurança muito mais eficaz... O mais importante é mobilizar toda a nação diante desse perigo comum." Essa foi a última parte do discurso de Putin ao anunciar as modificações que pretendia efetuar após o desastre de Beslan. E as modificações foram surpreendentes; Putin simplesmente suprimiu a democracia. A partir daquele momento, não haveria mais eleições na Rússia para governadores. Estes seriam indicados pelo próprio Putin e as assembleias locais os homologariam, ou seriam igualmente desfeitas. Segundo o discurso, a democracia ainda não teria forças para conter movimentos hostis, principalmente exteriores. Haveria o risco de desintegração do Estado russo. Mais ainda, afirmou que os governos regionais teriam sido corrompidos e que a influência dos magnatas da era Iéltsin, que exploravam a fraqueza democrática, tinha de ser limitada. A Rússia deveria estar unida, sob uma liderança forte, para enfrentar os desafios que se anunciavam. O golpe de Estado seria ainda mais aperfeiçoado.

UMA EXPLOSÃO

Noventa e quatro pessoas foram tragadas por um turbilhão de detritos, envolvidas em terra, tijolos, cimento, ferro, madeira e tudo o mais que pode conter um prédio de apartamentos. É impossível dizer o que essas pessoas sentiram, nem o que perceberam; o horário exato da explosão não foi determinado, era de madrugada, com certeza depois da 0h30, outros afirmam ter ocorrido mais para o começo do dia, detalhes impertinentes. Cremos que a maioria dormia, outros poderiam estar acordando ou preparando o café que os sustentaria pelas primeiras horas do dia. O certo é que o chão sobre eles desapareceu, se liquefez, e todos foram engolidos, como se uma boca se abrisse por baixo de seus pés, e foram triturados pelos resíduos do que fora um edifício com cerca de nove andares. Teriam ouvido a explosão antes de serem absorvidos por aquela massa disforme? Teriam percebido que o prédio tremeu antes? Tiveram tempo de entender o que estava acontecendo? Nunca se saberá. Possivelmente, a explosão e a queda ocorreram simultaneamente para a percepção humana, é pouco provável que tenha havido tempo para que raciocinassem a fim de entender o que ocorria, até porque nem sequer tinham noção do movimento espacial e material no qual foram envolvidos. A morte, teoricamente, foi instantânea, porque o choque com toneladas de material não entrega outra conclusão. E foi melhor assim, porque imediatamente após rompeu um incêndio nos escombros, e se, por milagre, alguém tivesse sobrevivido à explosão, não escaparia das chamas que arderam após o desabamento. Estamos em 9 de setembro de 1999, Rússia, Moscou, rua Guryanov, número 19, um prédio no subúrbio operário de Petshalniki, com cerca de nove andares e que fazia parte de um conjunto habitacional com outros tantos prédios iguais, muitos dos quais, aliás, tiveram de ser evacuados após a explosão, por causa do risco de desabamento. A explosão partiu o prédio ao meio, o número de feridos se contava às dezenas, assim como o de desaparecidos. De início a suspeita foi uma falha no encanamento de gás, que teria se espalhado e em algum momento se encontrou com uma fagulha que gerou a explosão. Mas, além dos bombeiros, a polícia e os serviços de segurança também se deslocaram para lá. A primeira análise de cunho técnico já mostrou que não se tratava de um vazamento de gás; a explosão tinha como origem uma bomba, ou seja, alguém havia colocado um dispositivo explosivo no local. O Serviço Nacional de Segurança, o FSB, emitiu um comunicado oficial, informando que a bomba tinha o poder de aproximadamente 400 quilos de TNT ou explosivo de efeitos semelhantes e que fora colocada em uma loja de tintas e vernizes no primeiro andar do conjunto habitacional. Yuri Luzhkov, prefeito de Moscou, foi entrevistado pela TV local e afirmou: "É possível dizer, com alto grau de certeza, que um ato terrorista ocorreu na rua Guryanov". A explosão nas primeiras horas da manhã garantia que toda a mídia se concentraria no local do evento desde o início do dia e garantiria o máximo de horas e repercussão. Telefonemas anônimos afirmavam que o atentado era uma vingança contra ataques russos contra a Chechênia e o Daguestão, e que havia sido realizado por soldados islâmicos desses países. Houve um atentado semelhante antes e um imediatamente depois, no dia 11 de setembro, com características semelhantes. O pânico se espalhou por Moscou e pelas grandes cidades russas. Esse tipo de terrorismo era coisa nova.

PESADELO RUSSO

Quando o então prefeito de Moscou, Yuri Luzhkov, imediatamente após a explosão, disse que se tratava de um ato terrorista, todos os pensamentos voltaram-se imediatamente aos terroristas chechenos. Para que se tenha uma ideia do que representa a Chechênia para o povo russo em geral, basta pensarmos no que foi o Vietnã para os Estados Unidos, quando as mais poderosas forças armadas do mundo, com seus bombardeiros, helicópteros, marines e napalm, foram derrotadas por um bando de soldados vietnamitas que mal uniformes tinham. Só que essa Chechênia está em plena Rússia, o que equivale a um Vietnã bem ao lado do Texas, em plena fronteira com o México. A Chechênia é um país pequeno, que se situa no ponto médio entre a Europa Oriental e a Ásia Ocidental, em uma faixa de terra denominada Cáucaso, que separa a Rússia da Turquia e do Irã, tendo no meio países de nome exótico, tais como Daguestão, Ossétia do Norte, Azerbaijão, Inguchétia e Ossétia do Norte. Essa faixa de terra tem, de um lado, o Mar Negro, e do outro, o Mar Cáspio. É um país tão pequeno que caberia dentro do estado brasileiro de Sergipe, pois tem apenas 17.300 km². Sua localização, todavia, é estratégica – quando árabes ou turcos disputavam territórios com a Rússia, tinham de passar pela Chechênia, e, quando o que ocorria era o inverso, dava-se o mesmo, assim, os chechenos se acostumaram com a guerra e as invasões; isso não significa, todavia, que se conformavam. Um país de clima árido, com montanhas e relevo difícil, sempre favoreceu movimentos de guerrilha e dificultou a passagem de exércitos grandes. A primeira guerra entre a Chechênia e a Rússia Imperial ocorreu em 1722, e em 1784 eles já se rebelavam contra os russos, a quem venceram, em 1785, na Batalha do Rio Sunja. Portanto, não há novidade entre esses velhos inimigos. A bandeira da Chechênia tem a figura de um lobo, segundo um ditado popular, "...porque os chechenos são livres como os lobos". Quando a União Soviética se desintegrou, em 1991, como já vimos, o presidente Iéltsin uniu as repúblicas em torno de um tratado em que as repúblicas reconheciam uma autoridade central, criando, assim, uma federação, a Federação Russa. Foi então que a Chechênia, seguindo seus antecedentes históricos, recusou-se a assinar o tratado e se tornou um país independente dentro de uma federação, como se isso fosse possível.

URSOS E LOBOS

Em 1994, o governo Iéltsin já estava desgastado, enfrentava problemas internos e externos, como já vimos anteriormente, e se deparou com o desafio de um país que se declarava livre dentro de suas próprias fronteiras. O fato de o rebelde ocupar apenas 1% do território russo tornava seu desafio arrogante. Se todo o exército russo se pusesse em fila e marchasse sobre a Chechênia, ocuparia o país inteiro, logo, dificilmente seria páreo para as forças armadas russas, um dos maiores e melhores exércitos do mundo. Foi o que pensou Iéltsin e também grande parte do comando militar. Resolveram, então, pôr fim à rebelião, e enviaram para lá um grupamento do exército, formado principalmente por soldados regulares, na grande maioria jovens inexperientes, sem nenhuma formação especial. A Rússia enfrentava uma grave crise econômica e dispôs do mínimo de recursos possível. O moral não era alto. Os soldados nem sequer recebiam o soldo em dia, as condições eram precárias, as unidades com tanques de guerra usavam modelos antigos (modelos T-72 e T-80, vulneráveis a fogo antitanque) e os soldados não tinham nenhum treinamento contra guerrilha urbana. Mas tinham ao seu lado helicópteros blindados de ataque ao solo, que haviam feito sucesso no Afeganistão, lança-foguetes com munição de alto poder explosivo e caças-bombardeiros que podiam atacar qualquer alvo no solo. O domínio aéreo era pleno, já que a Chechênia não possuía força aérea. Havia ainda unidades de elite, Spetsnaz, paraquedistas e grupos especiais do Ministério do Interior, mas em pequeno número. No lado checheno, havia pouca hierarquia militar, atuavam em grupos menores e tinham principalmente armas de uso pessoal, especialmente fuzis e metralhadoras, mas estavam bem equipados com foguetes antitanques, granadas e explosivos e possuíam ampla vantagem geográfica. A capital, Grozny, construída inicialmente como uma fortaleza russa, era ligada por túneis subterrâneos, o que permitia que os combatentes chechenos se movimentassem livres de quaisquer interferências russas. Além disso, tinham um comando experiente, muitos dos oficiais haviam sido treinados pelo exército russo e, destes, muitos eram antigos Spetsnaz que haviam lutado no Afeganistão. Soldados chechenos foram largamente utilizados no Afeganistão, e suas unidades eram conhecidas pela eficiência. Outro atrativo dessas tropas, no Afeganistão, consistia em serem majoritariamente muçulmanos. Destacam-se, ainda, as carismáticas e eficientes lideranças chechenas, que tinham um moral alto e a crença em seus líderes como vencedores. Então, Iéltsin foi informado pelos militares de que a campanha seria encerrada em aproximadamente duas semanas.

DUDAYEV - O LOBO QUE VEIO DE LONGE

Dzhokhar Dudayev era o líder das forças chechenas, e sua história é peculiar. Em 1944, os chechenos haviam sido exilados para o Cazaquistão por Stálin, como vingança pela luta contra a União Soviética. Centenas de milhares foram desterrados, milhares morreram, e somente quando Kruschev ascendeu ao poder eles puderam voltar. Outros, entretanto, nasceram nesse exílio, e, entre os concebidos, estava Dudayev. Mesmo nascido no exílio, Dudayev alistou-se na força aérea e lutou na guerra do Afeganistão, onde alcançou a patente de general. De volta à terra natal, tornou-se um nacionalista convicto. Era magro, de estatura média, usava bigode, tinha sobrancelhas grossas e olhos castanhos em um rosto triangular. Era carismático e logo foi reconhecido como líder na Chechênia. Quando, em 1991, Iéltsin tentou criar um conselho para controlar o movimento separatista, foi Dudayev quem mandou militares ao conselho, que foi desfeito a pontapés. Sem dúvida, ele sabia liderar. Os russos subestimaram seu inimigo. De um primeiro grupo de 78 soldados atraídos pelos chechenos para uma emboscada, sob o argumento de que os rebeldes estariam ali para se render, voltaram apenas 26, cerca de 52 baixas, algo em torno de 60%. O primeiro ataque a Grozny foi um massacre: os tanques russos, apoiados pela infantaria, aproximaram-se da cidade e estavam crentes de que os rebeldes fugiriam assim que vissem o tamanho dos blindados e o número de tropas, aproximaram-se sem ser incomodados e adentraram a área urbana sem oposição. Isso confirmava o que esperavam, que os rebeldes fugiriam ante a aproximação da máquina de guerra russa. Mas essa impressão durou pouco: momentos depois, estavam sob fogo pesado, foguetes antitanque eram lançados do alto dos prédios e, invariavelmente, atingiam e destruíam os tanques T-72 e T-80, que eram vulneráveis a esse tipo de arma. Os russos respondiam usando seus foguetes de alto poder explosivo, mas, ao efetuarem os disparos, não encontravam ninguém, já que os chechenos abandonavam o local dos disparos imediatamente depois do tiro. Eles desciam até os túneis e se deslocavam até outro ponto alto, de onde podiam fazer novo disparo. Ao mesmo tempo, o fogo da metralha e o corpo a corpo definiam a batalha no chão. Espertamente, os chechenos disparavam contra o primeiro e o último tanques da coluna, imobilizando os blindados, que, então, se tornavam alvo fácil. Donos de posições melhores, contando com o domínio do terreno, levaram a primeira incursão russa ao desastre. Os chechenos sabiam utilizar uma arma da qual os russos nunca tinham ouvido falar ou se preocupado até então: a mídia. Os tanques destruídos e as ações eram filmadas e publicadas em uma internet ainda não desenvolvida, mas o impacto foi grande. Publicidade com uso de telefones por satélite foi fundamental, gerando um impacto dentro e fora da Rússia, com um enorme desgaste político. Os russos, todavia, aprendiam rápido: trouxeram artilharia e usaram os helicópteros para atingir os topos dos prédios onde os chechenos se posicionavam para atacar os tanques. A luta, por um momento, se equilibrou, mas ainda prevalecia a vantagem chechena. Grozny representou para os russos aquilo que Stalingrado representou para os alemães. Uma derrota militar, política e, sobretudo, moral. Um atestado de incapacidade do governo Iéltsin e da Rússia naquele momento. Um gigante incapaz de esmagar um inseto que lhe picara o pé. Uma invasão prevista para acabar em duas semanas durou dois anos. O desgaste, todavia, não se dava para um lado só. A guerra durou de 1994 até 1996, quando então a Rússia concedeu "autonomia" para a Chechênia, que teria um governo próprio, mas que ainda faria parte da Federação Russa. Doeu muito mais para a Rússia, que se curvou a um pequeno e orgulhoso país. Não obstante, a relação entre os dois países continuou tensa, com pressão russa dentro do governo checheno e com as "viúvas negras" – mães, esposas e filhas de soldados chechenos que haviam sido mortos pelos russos e que colocavam explosivos no corpo e os acionavam em locais públicos, inclusive no metrô de Moscou. Assim, quando se concluiu que a explosão da rua Guryanov tinha sido causada por uma bomba e que se tratava de um atentado, a conclusão mais simples e direta era evidente: os eternos inimigos chechenos.

O FILHO DE UM HERÓI

Pense em alguém totalmente comprometido com suas convicções, pense em alguém inteligente e perspicaz, verdadeiramente diferenciado. Alguém com coragem e muita energia, que o tornam agressivo. Ao mesmo tempo, é impiedoso, faz valer o objetivo sobre o meio e não tem limite para alcançar seus objetivos. É um manipulador por excelência. Seu pai é um herói de guerra. Enfrentou os alemães e foi o único ou um dos únicos sobreviventes de seu batalhão. Escapou da morte apenas porque ficou gravemente ferido e nunca mais voltou a andar normalmente, pois os ferimentos de guerra o deixaram manco e acabou aposentado. Mas coragem e força, que o filho herdou, nunca lhe faltaram. Sangue de um, sangue do outro. Quando o filho acabou tendo problemas na escola, o pai foi chamado e os professores se queixaram da atitude desafiadora do menino, ao que ele respondeu perguntando, simplesmente: "Vocês querem que eu mate o garoto?". Não houve mais discussões. Porém o jovem foi encaminhado para um esporte de força e competição: o judô, no qual se deu bem e que abraçou pelo resto da vida. Isso com certeza o livrou do caminho da delinquência. Seu livro de cabeceira, na juventude, era *O escudo e a espada*, um romance de espionagem que contava a história de um espião russo infiltrado na Alemanha nazista, Aleksandr Belov, que usava o nome de Johann Weiss, e conseguia avançar no governo alemão, mais precisamente dentro do serviço secreto e das unidades de elite do exército. O livro virou filme, e a música-tema foi um sucesso que seria usado ainda décadas depois. Algo como o ocidental 007 misturado com *Missão Impossível*. O impacto foi tão grande que selou o destino do filho; o pai fora um herói de guerra e ele seria, também, um herói, à sua maneira. Morando em Leningrado, apresentou-se na sede do serviço de segurança do Estado, a temida KGB, apenas para ser informado de que ali não se aceitavam voluntários e que, se ele quisesse, que fizesse uma faculdade e se destacasse, aí veriam como isso seria possível. Quem pensou que isso foi um desestímulo não conhecia a sua tenacidade e força de vontade. Ele decidiu que iria para a Faculdade de Direito e convenceu os pais, que sugeriam outra carreira, e voltou-se para os estudos, concluindo a faculdade e chamando a atenção da KGB, como sempre quis. Agora adulto, com 1,70 m, olhos azuis, loiro, deixara de ser um simples cidadão russo e iniciava sua caminhada para um futuro naquele momento imprevisível. O nome dele: Vladimir Vladimirovich Putin.

Claro que havia também a formação ideológica e uma visão do processo social, dentro, claro, de uma perspectiva própria que o serviço de inteligência possuía. Quando concluiu o curso, agora um oficial, foi designado primeiramente para a contrainteligência, o 5º Diretorado. A KGB não atuava somente no exterior, aliás, sua maior atuação dava-se justamente no controle interno da população, era uma continuação direta de tantos outros serviços que existiram na história russa, desde a Okhrana e do NKVD até a KGB, e exerciam o mesmo papel, mudando apenas o poder que os controlava. Faz parte desse treinamento o modo de refutação das críticas feitas à então União Soviética, métodos que depois, como veremos, passaram a fazer parte do combate virtual. Putin permaneceu ainda em outros departamentos em Leningrado. Era conhecido por ser temperamental e envolver-se em brigas de rua, em uma das quais, no metrô, chegou a quebrar o braço. Foi por essa época que conheceu uma comissária de bordo, uma mulher muito bonita, Lyudmila Shkrebneva, com quem viria a se casar e teria duas filhas. Vladimir era tão reservado que ela nem sequer pôde saber onde trabalhava, o que acabou ocorrendo quando uma amiga lhe avisou (tendo ou não sido instruída para assim fazê-lo). Algum tempo depois, Putin foi enviado para a Academia de Inteligência Externa (conhecida como Estandarte Vermelho) e recebeu seu primeiro posto no exterior, na cidade de Dresden, na Alemanha Oriental. Instalou-se com Lyudmila e com a filha Masha em um apartamento dentro de um conjunto construído para uso dos oficiais soviéticos, enquanto trabalhava em uma mansão que era base da KGB. A atividade em Dresden parecia deslocada dos principais eventos políticos, mas havia uma razão: era dedicada à obtenção de tecnologia ocidental – literalmente, a ideia era roubar segredos tecnológicos dos alemães ocidentais ou de outras potências europeias ou até americanas, se possível. Ali permaneceu pelo período que englobou o início e o fim da era Gorbatchev (à qual já nos referimos), de quem é crítico feroz e a quem atribui grande parte da derrocada soviética. Tudo isso até a queda do Muro. O turbilhão que tomou conta da Alemanha Oriental depois da queda do Muro de Berlim levou uma multidão a invadir a sede do serviço secreto alemão oriental, a Stasi, que ficava ao lado das instalações da KGB. Esta seria o próximo alvo.

Os oficiais russos não recebiam orientação de como agir, se deviam ou não destruir os registros, resistir ou fugir. Foi Vladimir quem resolveu a questão: quando um grupo se aproximou da sede da KGB, ele calmamente desceu do escritório, foi até o grupo e anunciou que seus homens estavam armados com metralhadoras e que atirariam no primeiro que tentasse invadir a casa. Em seguida, de modo calmo, deu as costas e retornou ao escritório. O grupo achou melhor não correr o risco, afinal já haviam derrubado o Muro sem que um tiro fosse dado, e foram embora. Não havia mais nada que fazer ali, os Putin, então, voltaram a Moscou.

LIÇÕES QUE NÃO SE ESQUECEM

O período de Putin na KGB foi todo permeado pelo pensamento de Yuri Andropov, que incluía uma visão apoteótica do Serviço de Segurança (o socialismo só poderia existir através de um controle direto e concentrado do poder político, cujo detentor por natureza seriam os próprios serviços de segurança, encarregados do sucesso na aplicação do socialismo).

As informações quanto ao desempenho dos oficiais na graduação da KGB são inconfiáveis, por mais que se efetue qualquer tipo de pesquisa. Isso porque é comum que os registros sejam modificados, para impedir ou afastar a possibilidade de que sejam feitas pesquisas que indiquem o grau de formação ou efetividade de seus membros. Podemos citar, no entanto, duas habilidades nas quais Putin se destacou: no recrutamento de espiões e informantes e na contraespionagem, combatendo a dissidência política, desenvolvendo a capacidade de contra-argumentar as críticas que o regime sofria. Outra experiência que Putin e Andropov tiveram em comum foi a revolução que Andropov presenciou na Hungria e a revolução que levou à queda do Muro de Berlim na Alemanha, as quais tiveram um efeito profundo nas convicções de ambos os agentes soviéticos. Mas, apesar de tão preparados, bem-informados, bem-aparelhados, convictos de sua missão como guardiões da União Soviética contra o mundo, visto como um aglomerado de inimigos, não teriam percebido que o sistema soviético tinha chegado ao ocaso? E, se tivessem percebido, o que fariam? Foi nesse contexto que Vladimir tomou, em aparência, uma decisão falsa: deixou a KGB.

ILUSÃO - A OPERAÇÃO LUCH

Esse abandono em um momento crítico pode ser visto de modo alegórico. Nesse ponto a KGB já havia percebido que o governo soviético ruiria, assim como o serviço secreto alemão oriental, a Stasi, também percebera que a Alemanha Oriental estava com seus dias contados. A Stasi teve a ideia de criar um núcleo de agentes para influenciar a agenda política que surgiria da recomposição da Alemanha. Já a KGB teve uma ideia ainda mais inovadora: se a elite do serviço de segurança está convencida de que o governo socialista somente pode ser realizado por meio de um controle concentrado no poder político e vendo a si mesma como o depositário natural, e agora último, com a derrocada da URSS e o fim do Partido Comunista, que culminou por ser extinto, seguindo a linha do maior pensador e mais longevo diretor da KGB, Yuri Andropov, nada mais natural que a liderança política fosse exercida por membros da KGB e o presidente russo fosse originado de suas fileiras, na verdade, ungido dentro do serviço secreto para se tornar o presidente da Rússia. Para que esse planejamento se movimentasse, levando-se em consideração o momento histórico, quando, por um breve tempo, o povo russo pôde experimentar a democracia de modo fugaz, era necessário que alguém fosse enviado para se infiltrar no meio político e conseguisse se destacar dentro da administração, para chegar ao mais perto possível do poder e, se possível, que lograsse tomá-lo. Tal oficial deveria ser administrativamente competente e ideologicamente comprometido. Também deveria ser um recrutador experiente, para conquistar aliados, e ter uma visão internacional da posição russa. Deveria ser um dos melhores – deveria ser Vladimir Vladimirovich Putin. É lógico que para estar dentro do teatro político não poderia ser membro ativo da KGB, deveria afastar-se e ingressar no meio indiretamente. O fato de Putin ser formado em Direito por uma das melhores faculdades da Rússia o favorecia muito. Como sempre, a área jurídica costuma, em regra, ser o nascedouro de figuras políticas. Foi nesse momento que Vladimir abandonou a KGB, poucos meses antes de completar seu tempo para garantir uma aposentadoria, voltando para o início, a Faculdade de Direito de São Petersburgo. Podemos afirmar, sem grande margem de erro, que Putin se tornou um operativo da KGB, alguém que, embora

Pós-verdade e fake news

formalmente estando fora da KGB, ainda possuía vínculos com a instituição e ainda era remunerado, ou seja, recebia uma espécie de soldo. Oficialmente, era denominado "reserva ativa", seja lá o que isso venha a significar além de uma intrínseca contradição. Na faculdade, além de receber dignitários estrangeiros, atuava como um recrutador, procurando eventuais candidatos para ingresso na KGB. Seu cargo oficial na faculdade era indistinto, mas lhe permitiu o contato com um político em ascensão em São Petersburgo: Anatoly Alexandrovitch Sobchak.

A KGB TEM UM PREFEITO PARA CHAMAR DE SEU

Sobchak ganhou facilmente a eleição para prefeito de São Petersburgo. Ninguém sabe dizer por qual motivo chamou Putin e o nomeou como seu principal secretário na prefeitura de São Petersburgo. Menos ainda, por que Putin aceitou. Sobchak era professor na Faculdade de Direito de São Petersburgo, era carismático, dono de um discurso poderoso, o tipo de pessoa predestinada à política, e não perdeu tempo em aproveitar as chances que teve. Na carência de políticos em um momento em que o comunismo deixara poucas ou nenhuma liderança, Sobchak destacava-se pela modernidade. Não havia razão alguma para que chamasse um ex-oficial da KGB, conservador, sem trato político e sem experiência com administração pública, exceto pela experiência de algumas semanas como funcionário de um departamento de pessoal, para, justamente, gerir a máquina administrativa de uma das maiores e mais ricas cidades da Rússia. O reverso também é verdade: Sobchak fora aliado de Gorbachev e de Iéltsin, os executores da União Soviética, pertencia ao quadro de políticos que sepultaram a experiência comunista. Era tudo contra o que Putin lutava e luta, ele defendia a ideia oposta e creditava a derrocada a uma ação americana e também ao derrotismo e à incapacidade dos políticos que estavam no poder. Entre eles, Sobchak. Mesmo assim, um convidou e o outro aceitou que trabalhassem unidos. Sobchak precisava de recursos e apoio, era favorito nas eleições, mas estava sozinho. A KGB (FSB) tinha recursos para apoiá-lo (lembremos o que ocorreu praticamente na sequência, o desaparecimento dos cerca de 200 milhões de dólares do Partido Comunista, dos dirigentes que se suicidaram pulando de janelas e dos documentos que foram confiscados por agentes da KGB e nunca mais restituídos), porém, mais ainda, mas viam as riquezas do Porto de São Petersburgo, um dos maiores da Rússia. Seja como for, Putin assumiu seu lugar na secretaria da prefeitura de São Petersburgo, e a máquina da KGB começou a rodar.

TODO PROBLEMA TEM UMA SOLUÇÃO

O começo da dupla Putin-Sobchak não foi fácil, mas era promissora. A Rússia era o que sobrara do caos soviético e era uma sociedade em transformação, um Estado não consolidado, com instituições que acabavam de ser criadas e administradores inexperientes. Sobchak não era um grande administrador, mas Putin tem uma característica que o aproxima de dois titãs da história russa, Stálin e Beria. Junto com essa dupla sinistra, ele tinha uma capacidade inata e era um administrador competente. Um dos problemas que afligiam São Petersburgo era a criminalidade. Com o Estado em frangalhos, com a KGB dividida em três organizações diferentes, por determinação de Iéltsin após uma tentativa de golpe, o crime organizado encontrou um ambiente formidável para o seu crescimento. Controlavam o porto, que rendia fortunas, extorquindo ou roubando cargas, sem tantas preocupações, com uma polícia quase inexistente e mal equipada. Esse problema Putin resolveu rapidamente e de modo nada ortodoxo. Quando estava em Dresden, a KGB aliava-se a grupos terroristas e criminosos ocidentais, especialmente para roubar tecnologia, exatamente o que o grupo de Dresden, em que Vladimir estava, fazia. E o modelo servia perfeitamente. A máfia siciliana se dividia em famílias, inclusive a famosa família Corleone, que adotou o nome da cidade de origem, sendo conhecidos também como "Corleonesi". A maior máfia que atuava no porto de São Petersburgo era a máfia de Tambov, uma cidade que fica a cerca de 500 quilômetros de Moscou e que possui como bandeira uma colmeia de abelhas. Os Tambov se batiam com outras quadrilhas pelo controle do porto, bem como grande parte da criminalidade local. Depois da chegada de Putin, as quadrilhas rivais dos Tambov começaram a desaparecer, metodicamente e de modo pontual, permanecendo apenas uma organização criminosa, e seus membros, aparentemente, estavam conscientes dos limites de suas ações. A única observação que pode ser feita é que, seja lá como tenha acontecido

Pós-verdade e fake news

essa expansão dos Tambov, os responsáveis tiveram capacidade tática e recursos e não poderiam ter feito isso sem recursos de inteligência e de força. Os grupos criminosos foram simplesmente eliminados, um a um. Estranhamente, depois dessa época, as forças policiais não procuravam mais Sobchak, procuravam Putin, para que qualquer situação fosse resolvida. Por outro lado, o chefe local da KGB era Viktor Cherkesov, um antigo companheiro. Como resultado, Putin, a KGB e os Tambov passaram a controlar São Petersburgo.

O OURO DE SÃO PETERSBURGO

Sem dúvida, Putin conseguiu entrar no mundo da política e em um cargo relevante; na prática, ele tinha o poder de firmar contratos com empresas estrangeiras. Naquele momento de desarticulação política e com a economia russa instável e fragmentada, era uma oportunidade das mais atraentes para que a Operação Luch tomasse corpo. A população de São Petersburgo, em geral, sentia a falta de produtos alimentícios básicos, cujo suprimento não era possível a partir de fontes russas, razão pela qual o fomento do comércio internacional era essencial, e era Putin o responsável por tais tratativas. No entanto, o que não era visível era prioridade: a criação de um fundo operativo que financiasse as ações políticas e mantivesse as redes de apoio. E isso foi feito. Com a crise alimentar se tornando aguda, foi necessária a imposição de cartões de racionamento para compra de bens de primeira necessidade, evocando a memória da Segunda Guerra Mundial, quando fato semelhante ocorreu. O governo federal, em uma situação de emergência, para tentar acelerar a importação de alimentos, permitiu que empresas estatais negociassem com o exterior o fornecimento direto de *commodities*, desde metais preciosos até madeira, em troca de alimentos. Criou então um limite de cotas para que cada empresa tivesse um limite para esse tipo de comércio. São Petersburgo teve direito a uma cota de 900 milhões de dólares. Estaria tudo resolvido se as exportações que foram feitas recebessem a contrapartida, todavia, apesar do fantástico aporte de recursos, as reservas de alimento eram mínimas. Alguém acabaria por perceber isso, e foi uma legisladora local, Marina Salye, uma ativista democrática que fora eleita para o Conselho Municipal e cujos antepassados haviam trabalhado para os czares. Fundadora do Movimento Democrático Russo, formada em Geologia, Marina era um osso duro de roer, até mesmo para Putin, e não hesitou em exigir explicações oficiais sobre a venda das cotas e a ausência da contrapartida. Como resposta, recebeu duas páginas de notas e a informação de Putin de que todo o resto era "segredo comercial" e não poderia ser fiscalizado pelo Legislativo. Marina tentou ainda, diretamente, a sede da prefeitura, pedindo explicações a Sobchak, mas foi ignorada. Foi então que o escândalo começou a crescer e Marina instalou, ela mesma, uma comissão para apuração do destino do dinheiro. O que se apurou foi o pagamento de comissões enormes, de até 50% do valor da compra, a empresas desconhecidas, que desapareceram depois, porém, o mais importante: os alimentos nunca chegaram; as exportações foram feitas e nenhuma contrapartida tinha sido recebida. Era um dos maiores e mais escandalosos casos de peculato, ou seja, um golpe dado contra os cofres públicos, de tamanho colossal. "O esquema que Salye havia descoberto era quase idêntico ao das práticas implantadas pelas *joint ventures* da KGB nos últimos dias da União Soviética, o que levou a uma enxurrada de matérias-primas sendo retiradas do país através de empresas estatais a baixo preço interno soviético, enquanto os lucros das vendas subsequentes a preços mundiais muito mais altos permaneceram em contas bancárias no exterior. Naquela época, qualquer equipamento que quisesse exportar matérias-primas tinha que receber uma licença especial do Ministério do Comércio Exterior, cujas fileiras eram compostas, em sua maioria, por associados da KGB. Uma desculpa dada foi a necessidade do pagamento de dívidas da extinta URSS pela Rússia, que teria sido feito dessa forma. Todavia, mesmo isso seria uma completa distorção do destino do dinheiro, cujo objeto era a segurança alimentar dos cidadãos de São Petersburgo. Por outro lado, nunca foram identificadas tais dívidas e se foram realmente quitadas. Foi por essa época que Putin efetivamente desligou-se da KGB (FSB), da qual deixou de receber salário. Marina não desistiu e passou a atacar Putin cada vez mais intensamente. Enquanto isso, os Tambov exploravam o comércio de derivados de petróleo e reprimiam qualquer sinal de descontentamento com Putin por parte da população local. Quem acabou com o escândalo foi Anatoly Sobchak, que pôs fim à apuração usando sua prerrogativa como prefeito. No final das contas, naquele momento ainda havia um resquício de democracia, e Sobchak perdeu a eleição. Putin renunciou no dia em que se soube do resultado. Sobchak acabou morrendo não muito tempo depois, supostamente por um ataque cardíaco. Sua esposa, Lyudmila Narusova, conseguiu que fosse feita uma autópsia independente, isso porque, embora tivesse sido constatada a parada cardíaca, nenhum sinal de infarto foi atestado. O repórter da BBC Gabriel Gatehouse entrevistou Narusova em 13 de março de 2018, em que ela admitiu que Sobchak havia sido assassinado. Consta da reportagem que: "Naquela época, Putin era um veículo de vários setores dentro do Kremlin rumo ao poder" – o que corrobora a existência da Operação Luch. O resultado da autópsia independente feita por Narusova nunca foi revelado e, segundo ela, está guardado fora da Rússia. "Uma apólice de seguro?", perguntou o repórter. "É possível ver dessa forma", Narusova respondeu. Ksenia Sobchak, filha de Anatoly, tentava a política na Rússia – como oposição a Putin.

MOSCOU

Foi uma época cinzenta para Putin, que passou algum tempo na casa que havia construído à beira do lago Komsomolskoye, em um condomínio situado na Carélia, uma região perto da Finlândia. Os moradores eram empresários ou banqueiros, muitos ligados ao Banco Rossiya, para onde Putin dirigira os recursos da prefeitura de São Petersburgo. Naquele momento, o primeiro mandato de Iéltsin chegava ao final, os excessos na bebida e a saúde precária já se manifestavam fortemente, os escândalos também começavam a envolvê-lo, o desvio de dinheiro e o papel da família nesses desvios começavam a pressionar seu governo. Mesmo assim, Iéltsin venceu a eleição, mas como um presidente fraco, que agora trabalhava na própria casa, raramente indo ao Kremlin e causando um efeito imprevisto: uma intensa luta de bastidores pelo poder. Contra tudo o que se possa acreditar, Putin apoiou a candidatura de Iéltsin, sendo um dos coordenadores em São Petersburgo. Iéltsin representava tudo aquilo que Putin sempre odiou: a dissolução da União Soviética e a inclinação caótica da Rússia em direção ao Ocidente. Por qual motivo Putin o apoiou, é um enigma, mas as razões pelas quais foi chamado a participar do governo Iéltsin parecem mais claras – ele foi chamado a assessorar a administração de um patrimônio avaliado em 600 bilhões de dólares em bens da extinta União Soviética, um cargo cobiçado; quem o convidou foi Aleksei Kudrin, que havia trabalhado com Putin em São Petersburgo. Kudrin era justamente quem controlava o orçamento e as finanças para Sobchak. Vladimir trabalharia como assessor de Pavel Borodin no Diretorado Presidencial de Gestão Imobiliária. Borodin estava envolvido em um escândalo financeiro, havia dirigido a reforma do Kremlin determinada por Iéltsin e contratou empresas internacionais, e logo os indícios de propinas que levariam ao próprio Iéltsin começaram a ser noticiados. Entretanto, o escândalo acabou sendo abafado. Mas o novo emprego de Putin durou muito pouco. Borodin foi promovido ao Ministério da Economia e Putin o substituiu na Gestão Imobiliária e também como chefe de gabinete adjunto da presidência. Segundo Steven Lee Myers, "Dias após assumir o Diretorado, Putin absolveu publicamente Iéltsin e um ex-ministro da Defesa, o general Pavel Grachev, depois de emergir a notícia de que o comando militar do Cáucaso havia transferido entre 1993 e 1996 o equivalente a 1 bilhão de dólares em tanques e outros armamentos para ajudar a Armênia em sua guerra contra o Azerbaijão, apesar de uma lei russa proibir a venda de armas a qualquer um dos lados". Tempos depois, Putin foi novamente promovido; desta feita, foi nomeado vice-diretor da Administração Presidencial. Ficou pouco tempo. Foi promovido, então, ao cargo que parecia destinado a ele: diretor do FSB (antiga KGB). Putin agora comandaria todo o aparato de segurança russo. Em suas declarações iniciais, uma preocupação: o papel da internet. A situação de Iéltsin se agravava. O escândalo da reforma no Kremlin avançava, até porque procuradores suíços investigavam o assunto a fundo. Na Rússia, o procurador-geral Skuratov avançava contra Iéltsin a passos firmes, cartões de crédito de familiares de Iéltsin pagos por empreiteiras surgiram no noticiário. O presidente russo parecia encurralado, uma situação sem saída, até que surgiu na imprensa outro escândalo: o procurador-geral Skuratov fora filmado por uma câmera escondida enquanto fazia sexo com duas prostitutas. Ninguém soube dizer quem teria conseguido descobrir o encontro e

Pós-verdade e fake news

131

tido tempo para instalar a câmera. Iéltsin deleitou-se com o escândalo, depois, chamando o procurador-geral para uma reunião, em que o confrontou e exigiu sua renúncia. Skuratov não teve opção e renunciou. Na reunião, estava presente o diretor do FSB, Vladimir Putin, que foi promovido ao cargo de secretário do Conselho de Segurança Nacional.

A BOMBA QUE NÃO EXPLODIU

Algumas vezes na história, gente comum acaba fazendo diferença e sela o destino de países, ora para o bem, ora para o mal. Foi o que aconteceu em 22 de setembro de 1999, na cidade de Ryazan, a cerca de 250 quilômetros de Moscou, que conta com pouco mais de 1 milhão de habitantes. Ali se situa a Escola de Comando Aerotransportado Militar de Ryazan, centro de aquartelamento e treinamento de tropas paraquedistas que atuaram na Chechênia. Ali também se situa o conjunto habitacional Dashkovo-Pesochnya, na rua Novosyolov, número 14/16, um grande conjunto habitacional onde, inclusive, familiares de militares residem. O conjunto possui várias entradas, uma das quais dá acesso a um conjunto de lojas no térreo. Em um deles mora Alexei Kartofelnikov, um motorista que trabalha para um famoso clube de futebol russo, o Spartak de Moscou, um dos maiores times da Rússia, que joga, inclusive, na Liga dos Campeões da Europa, a Premier League. Alexei, ao chegar em casa, tinha por hábito observar os carros estacionados defronte ao prédio. Estranhou quando viu um automóvel modelo Zhiguli, placa T534VT77RUS – é um carro simples, pequeno, quatro portas, um típico sedã russo. Por ser motorista profissional, Alexei percebeu que o número da placa estava errado, porque não batia com o código da região. No carro, três pessoas, uma mulher e dois homens, a mulher usava um moletom, e os homens, roupa comum. O carro estava parado diante da entrada do subsolo. Um dos homens permaneceu ao volante, a mulher saiu e ficou parada do lado de fora da entrada, enquanto o outro desceu até o subsolo, onde ficava a garagem. Pouco depois, o terceiro retornou e então os três descarregaram alguns sacos que tiraram do porta-malas do Zhiguli e levaram para o subsolo. Após alguns breves momentos, voltaram para o carro e foram embora. Poucos dias antes ocorrera a explosão na rua Guryanov; já haviam ocorrido três explosões, e a população estava assustada. Alguns se organizaram em vigílias para tomar conta da entrada de seus prédios – o clima era de medo. Alexei fez o que deveria fazer: chamou a polícia. Pouco antes das dez horas da noite, o policial Andrei Chernysov chegou ao local, pouco mais de quinze minutos após a chamada de Alexei. Chernysov desceu até o subsolo. O chão estava molhado, e o local, completamente às escuras. O policial usou uma lanterna e começou a vistoriar a garagem. Encontrou vários sacos de açúcar empilhados ao lado de uma coluna de sustentação. O saco do topo da pilha apresentava um rasgo que deixava ver parte de seu interior. Não era açúcar: era uma substância granulada amarela. Além disso, era possível ver algum tipo de aparelho eletrônico, além de fios que envolviam os sacos. O aparelho era algum tipo de *timer*, da marca Casio, inclusive. Um detonador. Chernysov não era tolo e percebeu o óbvio. Era uma bomba. E em algum momento explodiria. Foi então que saiu correndo do local.

UMA EXPLOSÃO QUE MOSTROU O QUE NÃO DEVIA

Imediatamente, foi avisado o Ministério do Interior (MVD), que enviou ao local o tenente Yuri Tkachenko, o qual, em cerca de onze minutos, desarmou a bomba, que consistia em três baterias (pilhas), um cronômetro Casio e uma carga detonadora construída domesticamente (não padronizada, confeccionada a partir de elementos de acesso comum). O material apreendido era granulado e amarelo, e, submetido a análise por equipamento adequado, constatou-se que era hexogênio. Uma breve palavra sobre esse elemento. Trata-se de um explosivo 25% mais forte que o TNT e com uma capacidade de destruição de quase 70%, pelo deslocamento de gases que provoca. Tem como principal característica a capacidade de esmagar os materiais circundantes. É considerado uma das substâncias mais explosivas de caráter não nuclear que existem, de fabricação barata e produzido na Rússia. O cronômetro apontava para uma detonação às 5h30 da manhã. O potencial seria superior ao de todas as explosões anteriores. Seria um desastre de proporções incalculáveis. Kartofelnikov, o motorista do Spartak que acabou sendo o fator decisivo na descoberta dos explosivos, ganhou de presente da prefeitura uma televisão em cores (raridade na época) e foi reconhecido como herói. O chefe local do FSB, Alexander Sergeiev, disse à imprensa que os residentes tinham nascido de novo. Porém, o mais importante, agora, era prender os três terroristas, que ainda estavam à solta. Implementou-se a "Operação Intercept" e a caça começou. Em uma cidade com 1 milhão de habitantes, aproximadamente, com o medo disseminado, qualquer estranho era suspeito. Policiais, membros do Ministério do Interior (MVD), do FSB, militares da base local, todos tinham um só objetivo: prender os terroristas, os quais, de antemão, eram evidentemente chechenos. Nas primeiras horas da noite, bombardeiros atacavam a capital da Chechênia, Grozny. Disse Putin: "Com relação aos eventos em Ryazan, eu não penso que tenha havido qualquer tipo de falha envolvida. Se há os sacos que se provou conter explosivos, como foi noticiado, então há um lado positivo nisso tudo: o fato de o público reagir corretamente aos eventos que estão acontecendo em nosso país hoje. Eu gostaria de aproveitar a chance para agradecer ao público de nosso país por isso... É uma resposta absolutamente correta. Sem pânico, sem simpatia pelos bandidos. Esse é o modo de agir contra eles, até o fim. Até a vitória. E nós venceremos". Tudo em função do desfecho da Segunda Guerra da Chechênia, deflagrada nessa ocasião. Mas a busca pelos terroristas era frenética. O MVD publicou uma nota conclamando a população a ter calma e informando que haveria uma organização das iniciativas sobre controle das edificações em Ryazan. Mais uma vez, foi uma pessoa comum, não um superpolicial ou espião, que provocou o primeiro racha na fuga dos terroristas. Foi uma telefonista, Nadezhda Yukhanova, funcionária da Electrosvyaz Company (companhia telefônica local), que deu a primeira pista; ela ouviu uma ligação em que uma voz dizia: "Saiam um de cada vez, há patrulhas por toda parte". Isso não é surpresa na Rússia, onde as ligações telefônicas não têm privacidade, na prática. Há um ditado na Rússia que diz que, quando o assunto é sério, "não é como uma chamada telefônica". Os órgãos de segurança acreditaram que os terroristas chechenos seriam presos em breve. Foi nesse momento que surgiu o primeiro sinal de perigo. Como é óbvio em qualquer investigação, a primeira coisa que se faz quando um alvo recebe uma chamada é identificar o chamador – no caso, quem instruía os terroristas a agir daquele modo para escapar ao cerco. Isso levaria, no mínimo, a outra célula terrorista. Entretanto, quando a pesquisa foi feita, a surpresa tomou conta de todos: quem ligava para os terroristas era um telefone do próprio FSB, o Serviço Federal de Segurança. Nesse meio-tempo, após sair do local, os terroristas fugiram para seu esconderijo. Temiam que, caso fugissem de carro pela madrugada, chamassem a atenção e fossem detidos. Esperaram o dia seguinte e, então, receberam as instruções que foram ouvidas parcialmente por Nadezhda. Um dos terroristas usou o carro e foi em direção a Moscou, abandonando o veículo a meio caminho. A ideia era causar a impressão de que os três haviam fugido em direção à capital. Enquanto isso, os outros dois usariam um segundo carro e sairiam tranquilamente de Ryazan. Mas a situação começou a mudar. O diretor do FSB, Nikolai Patrushev, deu uma declaração bombástica: a investigação podia parar, tudo era mero engano, aquilo havia sido um exercício para testar a capacidade de investigação e reação das forças policiais no caso de um atentado. Ele havia sido avisado de que a captura dos terroristas era iminente e, tão logo soube, foi à televisão e deu a declaração bombástica. Os membros do MVD não acharam graça nenhuma e continuaram em busca dos terroristas, fossem quem fossem. Além disso, depois da perícia e da constatação do hexogênio, o explosivo deveria ser retirado e guardado em outro lugar, mas onde? Ninguém queria a carga explosiva, o FSB declinou, o MVD informou que não tinha instalações, muito menos a polícia; todos queriam distância daquela quantidade de explosivos capaz de destruir um prédio inteiro. No fim das contas, a prefeitura encaminhou o explosivo a um galpão, onde ficou sob guarda, até que, tempos depois, fosse retirado pelo FSB e levado a Moscou. Isso, mais tarde, seria um detalhe decisivo. Seja como for, as forças do MVD invadiram o local onde os terroristas estavam e, para surpresa de todos, não se tratava de chechenos, mas de russos, e eram da Vympel.

OS AGENTES DA VYMPEL

Uma espada atravessada sobre um escudo. Uma palavra de origem alemã (*Wimpel*) que significa "flâmula". Um grupo especial que superava as unidades militares do próprio MVD, FSB ou Spetsnaz do Exército. Ao contrário dos demais, pouco ou nada se sabe dele. Essa unidade foi criada quando Yuri Andropov era o diretor da KGB, sendo subordinada a ele diretamente. Como se recusaram a participar do ataque à Duma (o parlamento russo) ordenado por Iéltsin, foram removidos da KGB

Pós-verdade e fake news

para o MVD. Nessa ocasião, tinham cerca de 400 membros, dos quais 262 se aposentaram ou se transferiram para outros departamentos da então KGB. Atuaram, na Segunda Guerra da Chechênia, com unidades de reconhecimento e participação com outras unidades de elite. Uma de suas atividades era a garantia de instalações nucleares militares – seu papel consistia em testar as defesas, infiltrando-se e simulando ataques contra as defesas, sempre, ao que se tem notícia, com sucesso. Acima de tudo, a unidade Vympel é o que se denomina uma unidade de incursão profunda, cujo objetivo é infiltrar-se no território inimigo em grande profundidade, para a execução de atos de sabotagem ou terrorismo. Seus membros recebem a formação de elite nas habilidades militares, mas com o diferencial de serem poliglotas (falando ao menos três línguas) e se especializarem no uso de explosivos para a destruição dos alvos designados, enfim, capazes de executar atos de sabotagem. Pois bem, foram exatamente dois agentes da Vympel que foram detidos pelos oficiais do MVD. Não ficaram detidos nem por um momento: oficiais do FSB vindos de Moscou imediatamente os libertaram. A investigação foi transferida para o FSB em Moscou e foi encerrada com uma conclusão: tratava-se de um exercício para testar a capacidade de vigilância e reação dos diversos organismos de segurança. Algo semelhante ao que a Vympel fazia contra instalações nucleares. Além disso, o material apreendido não era hexogênio, era açúcar. É o tipo de coisa que possui nítidos traços de humor. A afirmação de que o material era açúcar só foi feita depois que tudo foi retirado pelo FSB e levado para Moscou. Nenhum dos órgãos diretores tinha conhecimento, para que se pudesse fazer o controle – aliás, não havia órgão de controle que aprovasse o teste ou não. Por outro lado, a ação foi executada contra um prédio habitacional, sem nenhum tipo de vigilância, logo, não haveria nenhuma salvaguarda a ser testada. Não foi obedecido, ainda, nenhum procedimento inerente a esse tipo de ação de controle, como uma vistoria prévia do local a ser testado, aliás, não foi possível determinar nenhum critério de escolha que levasse um grupo de agentes de elite a se infiltrar em um prédio puramente residencial. Especialmente em um momento em que a Rússia tinha sofrido três ataques com centenas de vítimas. Isso sem falar que o tal exercício copiava exatamente o método utilizado nos ataques anteriores. Mas o pior veio depois, em uma história publicada pelo jornal *Novaya Gazeta*. O soldado paraquedista Alexei Pinyaev (unidade militar 59236) e um companheiro receberam a determinação de montar guarda em um depósito na base do Serviço Central de Inteligência Militar que conteria armas e munição. E assim foi feito. Entrementes, o soldado percebeu que dentro do armazém havia apenas sacos de açúcar e estranhou, pensando que havia ocorrido um erro e que estivessem no local errado. Assim, entrou no armazém e, usando uma baioneta, cortou um dos sacos e percebeu que ali não havia açúcar, e sim grânulos amarelos. Como a história do atentado estava em todos os jornais, ele chamou o comandante do pelotão e deu conta de que ali poderiam estar armazenados explosivos iguais aos usados em Ryazan, assim, achava melhor chamar um perito para testar e descobrir se estavam guardando um depósito de explosivos capazes de fazer a base inteira voar pelos ares. Chamaram um especialista da própria base, que confirmou: hexogênio. O comandante do pelotão informou os superiores, e o que veio depois foi surpreendente. Oficiais vieram de Moscou e encerraram a investigação. Os soldados e o comandante foram enviados para participar da Segunda Guerra da Chechênia e nunca mais foram vistos.

A LIBERDADE DO URSO É A MORTE DO LOBO

Mas, devido ao histórico, a ideia era de que um ato de terror dessa natureza jamais seria praticado pelo próprio Serviço Federal de Segurança, muito menos pelos Vympel. Putin então declarou que os responsáveis pelos atentados não poderiam ser chamados de humanos, nem de animais, afirmando, ainda: "...Nós iremos atrás deles, onde quer que estejam. Se, me desculpem, nós os encontrarmos no banheiro, acabaremos com eles na latrina". Sob o lema "A Rússia vencerá", na condição de primeiro-ministro, Putin determinou que a Chechênia fosse imediatamente alvo de ataques da força aérea russa, o que começou a ser feito no mesmo dia, inclusive atingindo a capital, Grozny, tornando evidente que o ataque já tinha sido planejado ou, no mínimo, organizado em tempo recorde. Em um momento em que a Rússia estava com seu orgulho ferido, humilhada por ter sido forçada a ceder autonomia para um país que equivale a 1% de seu território, com um presidente (Iéltsin) constantemente bêbado e doente, com uma economia vacilante, que tentava se equilibrar entre a exploração pura e simples e um mínimo de governança e com uma elite econômica

Pós-verdade e fake news

que parecia um bando de saqueadores, Putin apareceu exatamente como ele queria, como um herói: ele vestia uniforme militar, ia à linha de frente, cumprimentava soldados, mostrava-se altivo e corajoso. Quando assumiu como primeiro-ministro, seu índice de popularidade era de 2%; em 60 dias, chegou a 27%. O que aconteceu nesse prazo explica esse aumento: o exército russo invadiu a Chechênia. Se da primeira vez foram enviados 40 mil soldados das unidades regulares, desta feita foram enviados 93 mil, bem mais que o dobro, incluindo um vasto contingente de unidades de elite, inclusive Spetsnaz e alguns Vympels que atuavam como unidades de reconhecimento e infiltração, e a força aérea enviou bombardeiros Sukhoi-25. Esse avião tem as características necessárias para uma ação de apoio a ataques de solo, carregando uma grande quantidade e diversidade de armamentos, especialmente bombas e mísseis, para ataques de precisão ao solo. Possui uma blindagem reforçada, inclusive nos vidros, para resistir a fogo militar antiaéreo. Foi largamente utilizado no combate aos mujahidin afegãos. Possui, além do piloto, um copiloto que atua como artilheiro. Putin parecia um herói quando se deslocou para a Chechênia a bordo de um desses aviões. Em todas as televisões e em todos os momentos uma nova imagem do primeiro-ministro aparecia. A Segunda Guerra da Chechênia foi bem diferente da primeira. Grozny não foi imediatamente invadida pela infantaria com apoio de blindados. As tropas russas cercaram a cidade e executaram uma operação-tampão, impedindo que os resistentes recebessem munição e suprimento regularmente. Apesar do tamanho e dos detalhes geográficos, o cerco foi eficiente, e em pouco tempo as unidades chechenas sentiram a escassez de munição. Além disso, o topo dos prédios não se tornava mais um ponto estratégico para os ataques de foguetes, já que os Sukhoi-25 atacavam reiteradamente. O exército russo usou também artilharia pesada no cerco. Os projéteis de grosso calibre causavam grandes explosões e danificavam os túneis que ligavam os pontos estratégicos da cidade. As lições tinham sido aprendidas. Mas os chechenos não eram, evidentemente, tolos. Grozny havia sido reforçada com a construção de casamatas e fortes para os defensores, posicionamento de armas pesadas, prédios com explosivos para detonação a distância. Se os russos aprenderam as lições do conflito anterior, eles também tiraram proveito delas. E a batalha por Grozny começou. Ambos os lados sofreram baixas, embora tenha ficado claro que as baixas russas foram maiores. Em pouco tempo já se contavam aos milhares. Nada, é claro, que o exército russo não tivesse conhecido em sua história. Mas, habilidosamente, Putin reverteu a posição perdedora na comunicação. Se antes os chechenos tinham amplo domínio das mídias, agora eram os russos que dominavam o fluxo de informações e não permitiam que absolutamente nada vazasse à imprensa, cujo acesso era vedado. Não obstante, algumas informações escapavam e não eram moralmente favoráveis ao exército russo. Eram notícias de saques, estupros e crimes de guerra por atacado, ou seja, toda vez que o exército russo avançava e tomava uma área, as notícias eram de abusos os mais diversos. A população fugiu e a cidade ficou praticamente nas mãos dos soldados e dos resistentes. Muitas famílias, algumas presas no cerco, esconderam-se por meses em porões para poder resistir à batalha. Mesmo com toda a superioridade do exército russo – em homens, mais que o dobro, em suprimentos, inesgotáveis, em armas, incluindo aí os Sukhoi-25, meses foram necessários antes que Grozny fosse tomada, ou, como diriam, "pacificada". Por mais que houvesse superioridade bélica, chegou o momento em que a guerra se tornou urbana, homem a homem, exatamente como em Stalingrado. A grande diferença foi que os chechenos não tinham reforços para garanti-los no final e vieram a se exaurir, mas os russos sofreram imensas baixas; eis que, no corpo a corpo, neutralizava-se a vantagem da cobertura aérea, dado que o bombardeio, quer por aviões, quer por artilharia, atingira os próprios soldados russos. Mas, como já se disse, as baixas não eram sequer mencionadas, e tudo o que se via pela mídia era o rosto de Putin, Putin de uniforme, Putin viajando a jato, etc. Ao final, Grozny caiu. A guerra iniciada quando Putin tinha 2% de popularidade catapultou o índice a 27%, subindo para 45%. Uma arrancada e tanto. Ele havia se tornado o político mais popular do país. Ele negava adesão a qualquer polo, não era de esquerda nem de direita, era russo. Era um patriota, era a imagem da velha Rússia, poderosa, orgulhosa, temida, tudo aquilo que o povo russo um dia pôde sentir. O fervor patriótico pode ser comparado ao que o povo norte-americano sentiu após a morte de Osama bin Laden, que dispensa referências. Como se o próprio presidente norte-americano tivesse liderado uma cruzada ao Afeganistão e capturado o terrorista. Das explosões em Moscou e arredores nada mais se falou, o gatilho final, Ryazan, restou esquecido, um detalhe do passado recente, apagado por uma guerra que os russos venceriam. Ninguém queria se

Pós-verdade e fake news

lembrar de um detalhe desagradável quando uma vitória heroica acontecia à sua frente, trazendo novamente o orgulho nacional. Posteriormente, como veremos, veio a lume outra vez.

NOTA DE FALECIMENTO

Grande parte das informações referentes ao incidente em Ryazan foram trazidas ao Ocidente por Alexander Litvinenko, ex-oficial da contrainteligência da KGB (FSB) que fugiu para a Inglaterra, onde obteve cidadania. Seu livro, escrito em coautoria com o historiador Yuri Felshtinsky, foi proibido na Rússia – estar de posse dele é passível de responsabilização criminal. No entanto, o que lhe empresta uma credibilidade ímpar é o fato de Litvinenko ter sido assassinado por agentes russos. Após encontrar-se com oficiais do FSB em Londres, Litvinenko começou a passar mal e apresentava sintomas que foram inicialmente identificados como os de uma intoxicação alimentar. Não obstante o tratamento, piorava a cada dia. Os médicos, desnorteados, demoraram muito a descobrir que ele fora envenenado por um componente radioativo, o polônio-210, cuja fabricação se dava exclusivamente em uma usina nuclear na Rússia. O bar onde ele se encontrara com os agentes russos apresentava sinais de contaminação radioativa, assim como o hotel onde se hospedaram. Os dois russos voltaram para Moscou antes que a causa da morte fosse esclarecida. O governo inglês pediu a extradição de ambos, o que foi negado, e um deles elegeu-se deputado para a Duma. Todos os fatos narrados são mencionados por diversos autores e não foram desmentidos. Alexander Litvinenko morreu em 23 de novembro de 2006, por envenenamento provocado por material radioativo. Outros opositores russos morreriam ou seriam envenenados, estivessem na Rússia ou não. Antes da morte de Litvinenko, a maior expoente do jornalismo russo foi assassinada a tiros quando chegava à sua casa, em Moscou. Anna Politkovskaia era uma jornalista muito conhecida que trabalhava no maior jornal russo independente, o *Novaya Gazeta*. Nascida em 1958, em Nova York, era cidadã americana, embora seus pais fossem russos. Isso lhe dava uma certa sensação de impunidade, afinal, como cidadã americana, tinha garantido um passaporte que lhe permitia sair da Rússia quando quisesse. Seus cabelos precocemente grisalhos e lisos caíam até os ombros, era magra e usava óculos com armação de metal ovalada que acentuava seu ar intelectual, e tinha um bonito sorriso, que não exibia com frequência. Com certeza, não percebeu que caminhava pela rua com um sicário às costas. Anna era cuidadosa, já havia sido envenenada antes e não tinha ilusões em relação aos riscos que corria, mesmo assim, era confiante. Antes que entrasse em casa, o assassino lhe desferiu quatro tiros; ela morreu quase que imediatamente. Denotando o profissionalismo, o matador jogou a arma no chão, ao lado do corpo. A arma não tinha nenhum sinal que permitisse identificar sua origem. Sem dúvida, um trabalho profissional, algo que poderia ocorrer em São Petersburgo, quando a máfia Tambov executava seus inimigos. Mas ali não havia nenhuma guerra mafiosa; se havia conflito de interesses, este se dava entre as reportagens de Anna e o governo russo. Ela cobria os assuntos mais sensíveis ao governo Putin, especialmente a Guerra da Chechênia, apontando, especialmente, ações contra civis chechenos. Ela já fora vítima de ameaças e de um envenenamento do qual se salvara por pouco, quando cobria um ataque terrorista checheno contra um teatro em Moscou. Seu tom era crítico ao governo russo, porém, o mais importante era que ela efetivamente era um sucesso. Isso decretou sua morte e a execução ao estilo "mafiosi". Putin reagiu imediatamente, afirmando estar sendo vítima de um complô, já que a morte de Anna Politkovskaia estaria sendo enganosamente atribuída a ele. Mas não havia quem se visse em posição vantajosa, não havia oposição, poucos se expunham, mesmo a *Novaya Gazeta* tinha limitadíssimos recursos. Se tivesse seguido o exemplo da conselheira municipal de São Petersburgo, Marina Salye, que já mencionamos – a qual, por medo de Putin, autoexilou-se em um longínquo ponto da Rússia e de nada mais quis saber –, estaria viva.

FAKE NEWS, FAKE NEWS, FAKE NEWS

O controle da informação na Rússia está nas mãos de Putin. Nada é dito, escrito, visto ou conhecido sem que seja sob sua vigilância. É como se o cidadão estivesse em uma redoma de vidro que filtrasse o mundo exterior e permitisse a passagem apenas de elementos que fossem harmônicos com a versão da verdade que se impõe. A comparação imediata é com o Escudo Dourado da China, que já vimos, mas a estratégia russa é muito mais sofisticada. De fato, em vez do simples bloqueio, que cedo ou tarde permite algum contorno e não muda a convicção das pessoas, a estratégia russa está em desmoralizar, isolar, ofender, humilhar ou suprimir aquilo que julgar perigoso para seu controle político. Algo semelhante ao Cointelpro de J. Edgard Hoover, do qual é parente muito distante. Assim, o acesso e a difusão são, em regra, permitidos, apenas sendo vetado (deletado?) conteúdo por algum motivo específico que justifique o desgaste. Não obstante, existe uma intervenção e moderação de conteúdo, com o controle daquilo que é dito e imediata retorsão, de modo a neutralizar qualquer iniciativa que seja considerada danosa. Como consequência, ao contrário dos chineses, os russos às vezes se engajam na versão oficial que é apresentada, não através de publicações governamentais, mas por meio de apoiadores pessoais ou por inteligência artificial. São convencidos de que a versão governamental é a verdadeira. Utilizam-se, é claro, como já dissemos, os canais usuais de comunicação de massa, que são controlados com mão de ferro. Na internet, foram mais ousados.

O papel que a NSA (National Security Agency) tem nos Estados Unidos é exercido na Rússia pela FAPSI, sigla em russo para Agência Governamental de Comunicações e Informações. Foram eles que criaram o sistema SORM – Systema Operativno-Rozysknikh Meropriatiy, chamado em inglês de "Black Box". São caixas pretas de tamanho variado e conteúdo não revelado. Os provedores da internet são obrigados a instalar os SORMs em sua rede física, de modo que toda a comunicação em rede passa obrigatoriamente pelo escrutínio desse sistema. Os SORMs derivaram da evolução dos sistemas de interceptação telefônica, são várias gerações, e nos anos 1990 passaram a ter a capacidade de interceptar e-mails, tráfego da internet em geral, ligações de telefones celulares, Skype ou qualquer tipo de comunicação de voz pela internet. Todo provedor é obrigado a instalar o equipamento, o qual, por sua vez, é conectado por meio da FAPSI aos órgãos de inteligência, especialmente o FSB. A grande diferença em relação ao Ocidente é que as empresas de telefonia nem sequer sabem que existe a interceptação da linha, ao passo que no Ocidente são as próprias empresas que oferecem a possibilidade ao Estado.

Existe, também, o que é óbvio, um grupo de controladores para analisar os alvos que são apontados como mais relevantes. Grande parte dessa tecnologia veio, inicialmente, da Alemanha Oriental, por meio da

Stasi (órgão de segurança que existia na época), e depois foi desenvolvida na própria Rússia. Além disso, as plataformas de mídias sociais contam com a presença de agentes que permanecem conectados 24 horas por dia para acompanhar a transmissão de conteúdos. Fora a inteligência artificial, o papel principal desses controladores é interferir na comunicação em rede. O equivalente russo do Facebook é o VK – Vkontakte, usado por 33 milhões de pessoas e que tem todas as funcionalidades do Facebook. O governo russo comprou as ações da empresa e se tornou o controlador[6]. Dados os antecedentes, os criadores emigraram para os Estados Unidos. O interessante é que o comprador nominal, Alisher Usmanov, foi um dos que receberam sanções como consequência pela invasão da Ucrânia, em razão de suas ligações com o governo russo e com Putin em especial. É evidente o controle que o governo de Putin exerce sobre as redes sociais. Privacidade, na Rússia, é mera figura de linguagem, e o controle das narrativas se torna completo. Assim como o controle da democracia.

Para Putin, discursando em 2006 para chefes de Estado do Báltico, o Ocidente estava engajado em uma disputa estratégica com a Rússia, e o discurso de democracia servia apenas para esconder as intenções mais obscuras. O Iraque era citado, não sem razão, como exemplo disso. Putin chamava os Estados Unidos de "Camarada Lobo". Os russos lançaram a teoria da "Democracia Soberana", traduzindo-se a democracia como um conceito interno de cada país e soberania como a qualidade do relacionamento com o mundo exterior. Esse último tópico era especialmente sensível, sempre com o argumento de que nenhum país é totalmente independente, exceto os Estados Unidos. Cheney ouvia tudo com muita atenção. Em sua autobiografia, Cheney escreve: "Eu sempre senti em meus diálogos com Putin que era importante lembrar seu passado. Ele era parte da KGB soviética e, de muitas maneiras, suas ações como líder da Rússia refletem isso. Um economista russo que trabalhava com Putin e que acabou caindo descreveu desta maneira: 'Todos os regimes autoritários têm serviços de segurança. Mas a Rússia é hoje o único país onde o serviço de segurança se tornou o Estado'. Enquanto a América e o Ocidente tinham se movido para além das divisões da Guerra Fria, Putin parecia muito distante disso". Cheney estava certo.

---

6 Disponível em: https://www.poder360.com.br/midia/facebook-russo-governo-putin-compra-parte-de-rede-social-usada-no-pais.

PARTE DOIS

MAIS AMERICANO DO QUE O McDONALD'S

O OBSERVADOR

Frank G. Hoffman era um oficial dos fuzileiros navais americanos, os *marines*, conhecidos mundialmente por sua eficiência, uma tropa de elite. Permaneceu trinta anos no posto e produzia estudos estratégicos sobre o possível envolvimento militar em guerras. O conceito americano de guerra estava ligado diretamente ao enfrentamento bélico, e isso por uma razão muito simples. Como já apontamos antes, a superioridade em tecnologia bélica lhes dava vantagem em campos de batalha, ademais, havia o entendimento de que, uma vez começada a guerra, a política encerrava sua influência, um equívoco, no dizer de Von Clausewitz, autor de *Da guerra*. Mas, para os que defendem que os militares americanos são apolíticos, convém lembrar que a maioria dos presidentes americanos prestou serviço militar, de uma forma ou de outra, e pelo menos cinco presidentes norte-americanos foram militares de carreira, entre estes o primeiro, George Washington, assim como o general Ulysses Grant, decisivo na Guerra Civil, e Dwight Eisenhower, um dos maiores da história, logo após a Segunda Guerra Mundial. Isso sem esquecer John Kennedy, que pilotou um barco torpedeiro, também na Segunda Guerra Mundial, entrando em confronto inúmeras vezes. Por isso, afirmar que os militares americanos são avessos ou isolados da política não nos parece uma afirmação das mais corretas. Assim, ao indagar sobre as modalidades de guerra ou sobre o futuro da guerra, seria preciso questionar em que contexto a pergunta foi feita, o que pode levar a erros de interpretação. Hoffman teve a função de analisar o conflito entre o Hezbollah e Israel – pouco menos de um mês depois do encerramento do conflito, escreveu um artigo com severas implicações. Seu papel levava em conta uma situação possível: como deveria ser a ação dos fuzileiros navais americanos no caso de um embate semelhante ao que aconteceu entre Israel e o Hezbollah? O que os *marines* deveriam fazer caso se encontrassem em uma situação semelhante? Mas, antes, era necessário analisar o que realmente teria ocorrido.

O QUE HOFFMAN VIU

Dentro dessa narrativa da guerra entre Israel e o Hezbollah, em 2006, Hoffman destacou falhas do exército israelense e reconheceu o surgimento de um tipo diferente de ameaça. Conforme narramos, o Hezbollah era um ator político, com reflexos governamentais, com uma base de domínio geográfico que rivaliza com o próprio Líbano, embora esteja dentro dele, com tecnologia militar avançada, compatível com um exército regular, disseminada em células descentralizadas e bem treinadas, com capacidade de atuar em centros urbanos de grande densidade populacional. Isso era novo. O resultado do conflito também não era usual; embora o Hezbollah tenha quase esgotado seus recursos bélicos, ganhou um enorme espaço político e moral. Segundo Hoffman, isso se aproximava do conceito de conflito futuro, nos termos em que a Secretaria de Defesa americana pensava. Isso implicava, portanto, a necessidade de reformular as estratégias de combate americanas, para que pudessem enfrentar ameaças semelhantes. O Pentágono, o centro de administração militar norte-americana, também percebeu a ameaça e a necessidade de desenvolver formas de guerra "multimodais" ou "multivariantes". De modo que, segundo o autor explica, o desafio será a escolha entre quais formas de conflito ou quais estratégias devem ser seguidas, caso a caso, apontando uma forma de fusão entre combates regulares e irregulares. Além disso, reforçou que as formas de conflito que os Estados Unidos poderiam encontrar seriam baseadas em suas vulnerabilidades, evitando-se o conflito bélico, o que incluía ataques cibernéticos. Hoffman via conflitos futuros em que o inimigo poderia ser um ator estatal, não estatal ou semiestatal, que usaria comunicações criptografadas, mísseis portáteis, promoveria emboscadas e assassinatos, faria ataques selvagens, improvisaria e teria grande capacidade de adaptação. Veja-se aqui um retrato fiel da atividade do Hezbollah, especialmente no sequestro dos soldados que deu início ao conflito e ao desenvolvimento do conflito em si. Especialmente, também, o abate do helicóptero que transportava munições e equipamentos e o disparo de um míssil contra o navio Hadit. Hoffman afirmou que os *marines* deveriam desenvolver ao máximo habilidades cognitivas a fim de detectar situações desconhecidas e se adaptar em relação a elas, desenvolver habilidades culturais e linguísticas, além de ter uma sólida formação militar, bem como treinamento em táticas assimétricas, mas deveriam ser capazes também de ações disruptivas e irregulares por si mesmas. Recomendou, ainda, uma aproximação com a população local para obter apoio e, sobretudo, informações. Também concluiu que unidades inimigas devem ser encontradas, cercadas e eliminadas, citando outro militar americano, John Boyd, "o predador deve ser mais criativo que a presa". Reflete, ainda, e aqui é melhor citar literalmente: "Sucesso também requer soldados e *marines* que entendam os aspectos não cinéticos das guerras irregulares. Na guerra híbrida, qualquer ato – violento ou não cinético – e a exploração de seus resultados devem ser exatamente coordenados com ataques aéreos. O uso discriminado da força é crítico para assegurar que a aplicação não prejudique as dimensões psicológicas e políticas do conflito" (lembremos o ataque israelense a Qana, que impulsionou o acordo internacional).

EU TE BATIZO GUERRA HÍBRIDA

O termo que Hoffman utilizou para denominar esse fenômeno da guerra entre Israel e Hezbollah foi guerra híbrida. A denominação original foi criada pelo general James "Mad Dog" Mattis, considerado um dos melhores militares americanos do pós-guerra, que comandou forças americanas na Guerra do Golfo, no Afeganistão e no Iraque, foi

Comandante Supremo das Forças Aliadas na OTAN e secretário de Defesa no controverso governo Trump. Serviu por 44 anos. É fundamental vincular o conceito de guerra híbrida ao cenário em que houve confronto. Em nenhum momento, nesse conceito, excluiu-se o uso de meios cinéticos ou de tropas em solo, muito menos o uso de propaganda foi dissociado desse contexto, havendo, inclusive, a recomendação de que a propaganda fosse usada em sincronia com os ataques cinéticos. Outra observação importante é que tal conceito incluiu sua incidência em um terreno específico, tal como o sul do Líbano, em disputa com forças irregulares, mas capazes de enfrentar um exército convencional. Reconhece, no entanto, que o adversário usa células independentes e, sobretudo, que pode ser um ator não estatal. Também há uma flagrante diferença entre a guerra híbrida nos termos em que Hoffman cunhou e os movimentos guerrilheiros, até porque, na guerra híbrida, há o encontro entre um exército e uma força com capacidade de enfrentá-lo, diferentemente da guerrilha, que tem um aspecto unicamente assimétrico. Basta verificar os confrontos entre o Hezbollah e o exército israelense. Convém, entretanto, frisar que o próprio conceito inicial acabou recebendo acréscimos e, depois, sofrendo profundas mudanças em sua natureza. Isso porque qualquer forma de atrito não convencional, inclusive ciberataques, passou a ser chamada de guerra híbrida. O termo passou a ser usado, também, para qualquer outro tipo de atrito em que um ataque pudesse ter negada a sua origem.

QUEM É QUEM NA GUERRA HÍBRIDA

Na esteira de Hoffman e Mattis, a primeira alteração nos fundamentos do conceito foi justamente a característica de negação de autoria de um conflito. Não se pode, de todo, rejeitar esse argumento, até porque, como citamos, o Hezbollah, embora tivesse vida própria, foi criado e nutrido pelo Irã. O próprio Nasrallah, líder do Hezbollah, afirmava sua lealdade ao líder iraniano Khomeini e depois a Khamenei, mas também afirmava que isso não desafiava sua condição de político libanês, o que implica dizer que, mesmo dependente do Irã, o Hezbollah tinha seu próprio discernimento e agia com suas próprias diretrizes. Cremos, ainda, que esse paralelo derive justamente da natureza dos atores em conflito, que variam de puramente estatais para totalmente não estatais, o que gera distorções, inclusive no uso de militares no termo convencional da palavra. Seja como for, essa distinção ganhou força quando outros atores internacionais, ou mais simplesmente outros países, perceberam que poderiam utilizar organismos internacionais para criar guerras ou conflitos por procuração. Nesse aspecto, há uma crítica a ser feita, a de que o Hezbollah tem uma identidade própria forjada na área onde foi criado, através da consolidação de estruturas sociais, culturais e previdenciárias, o que se deturpa quando se refere a tal conflito como uma terceirização completamente artificial. Na guerra híbrida, temos efetivamente um organismo político, e não uma criação artificial feita para mascarar uma guerra direta. Tratar uma situação do mesmo modo que a outra é uma deturpação do conceito; de um lado teremos a guerra híbrida, no outro uma guerra por procuração, que apenas encobre um confronto direto e, sobretudo, atende apenas aos interesses políticos do terceiro e não aos dos próprios combatentes. Enfim, a guerra híbrida pode se dar entre os diversos tipos de agentes, na exata medida em que cada um desses agentes busca seus próprios interesses, mesmo que tenham elementos ou vantagens em comum com outros, mas seu conceito não corresponde ao da guerra travada por procuração, em que uma das partes atende exclusivamente aos interesses políticos de terceiros.

PURAMENTE HÍBRIDO

O termo usado por Hoffman e Mattis, "híbrido", também causou celeuma e recebeu interpretações as mais diversas. Rigorosamente, híbrido é um termo usado em biologia, relativo a um cruzamento de espécies. Contrapõe-se ao puro, inclusive no que se refere ao termo racial. Literalmente, pode ser entendido como "guerra misturada". Outro entendimento, um pouco mais exato, pode ser o de convencional ou não convencional, termos mencionados pelo professor de Relações Internacionais da Universidade de Aberdeen, Escócia, Brin Najzer, um dos maiores pesquisadores mundiais do tema, que o critica por ser muito ambíguo, colocando lado a lado o uso de forças irregulares, ciberataques e guerra econômica. Najzer cria uma escala de instrumentos entre guerra convencional e híbrida, convergindo para os instrumentos de guerra utilizados no conflito. Poderíamos, a nosso ver, fazer as mesmas distinções usando um termo mais específico, como ortodoxo e inortodoxo, mas, no fim das contas, a semântica não retira a natureza da ação. Como veremos em nossa proposta, esses conceitos levam a um labirinto sem saída, em que os detalhes terminológicos acabam se tornando mais importantes do que o conflito em si. Ainda segundo Najzer, em 2010, a Otan criou um grupo de trabalho que acabou por definir ameaça híbrida como "aquela posta por qualquer adversário corrente ou potencial, incluindo estatais, não estatais e terroristas, com a habilidade, quer demonstrada, quer potencial, para simultaneamente empregar meios adaptáveis convencionais ou não convencionais na perseguição de seus objetivos", o que também cria um problema quase insolúvel, qual seja, o que se considera convencional ou não. O professor da Universidade de Aberdeen propõe o seguinte conceito: "A guerra híbrida é uma forma distinta de conflito de baixo nível que abrange um espectro de capacidades. É uma fusão deliberadamente opaca de guerra convencional e não convencional e conduzida sob uma única autoridade central e sob a direção de um Estado e/ou a ator do Estado. O objetivo da guerra híbrida é alcançar resultados políticos que não seriam alcançáveis, ou incorreriam em um custo muito alto, através do uso de qualquer forma individualmente. A mistura de convencional e não convencional permite que o ator explore a fraqueza estratégica ou doutrinária de um oponente, mantendo a negação e a surpresa estratégica". É um conceito complexo e completo, inclui o objetivo político a ser alcançado, bem como o fato de ser uma alternativa aos meios usuais por questões estratégicas (custos, dificuldades). Najzer desvincula seu conceito da questão da insurgência, que é uma rebelião contra um poder estabelecido no Estado (aqui faço remissão à diferenciação feita antes em relação à guerrilha), ou ainda os chamados "conflitos de baixa intensidade", definidos como uma disputa entre estados que contendem entre si, mas abaixo da guerra convencional e acima da competição rotineira e pacífica entre Estados (segundo o conceito do exército americano). Ambos estão contidos na própria definição que ele oferece. Mais uma vez, a crítica a esse conceito se faz pela definição de intensidade, que é diferente para cada país, o que o próprio Najzer confirma, mas, seja como for, o próprio conceito traz dentro de si outro conceito, cuja definição é, também, ambígua. Todos esses conceitos trazem a mesma dificuldade, remetendo-se a outras definições as quais, também, levam a interpretações diversas. No próprio texto, Najzer reconhece a guerra híbrida como uma massa cinzenta entre as guerras convencionais e não convencionais, enumerando aspectos contrapostos. Assim, inclui no conceito de guerra convencional: 1) forças convencionais; 2) guerra entre estados; 3) dissuasão; 4) diplomacia; 5) sanções econômicas; 6) logística complexa; 7) intenso uso de tecnologia; 8) poder de fogo predominante; 9) observância das regras de guerra. E, em contraposição: 1) Estado ou não; 2) táticas de guerrilha; 3) insurgência; 4) uso de rede criminosa; 5) guerra cibernética e uso de informações digitais; 6) baixa intensidade; 7) forças leves e irregulares; 8) negação das regras de guerra. A interação dessas táticas em um conflito criaria uma zona cinzenta que caracterizaria a guerra híbrida. O pensamento de Hoffman e Mattis teve enorme repercussão.

RAZÃO E SENSIBILIDADE

Logo, novos estudos se depuseram sobre os conceitos trabalhados por Hoffman e Mattis, em especial um estudo formulado pelo major Timothy McCullough, do exército norte-americano. Militar experiente, atuou em campo tanto no Afeganistão quanto no Iraque, participando da dura batalha de Mosul e depois em Bagdá. Graduando-se como major, passou a atuar no Comando Geral de Operações, e formou-se, ainda, em biologia e em psicologia. McCullough e outros teóricos da guerra (apesar de sua vivência prática em conflitos) reconheceram que as ideias de Hoffman e Mattis eram inovadoras, porém verdadeiras, e em um estudo publicado pela *Joint Special Operations University Press*, Flórida, em 2013, McCullough produziu extensa tese apresentada para seu comissionamento exatamente sobre o tema e incluiu sete princípios que concorrem para a formação de uma guerra híbrida: 1) as capacidades de uma força híbrida, sua composição e seus efeitos são únicos dentro do próprio contexto, relacionados com as condições geográficas, socioculturais e históricas onde o conflito ocorre. O conflito entre Israel e o Hezbollah é contundente nesse sentido, existe uma vinculação histórica plena naquela região; 2) a força híbrida possui uma ideologia que cria uma narrativa interna, uma coesão vinculada a essa convicção, dentro dos mesmos fatores mencionados, além dos religiosos. A diferença entre esses itens se dá na medida em que o primeiro se refere a uma força física, o segundo, a condições morais e, portanto, subjetivas. Evidentemente, aplicável ao Hezbollah; 3) a força híbrida pode ser vista como uma ameaça existencial por seu adversário potencial, o que leva a força híbrida a abandonar o uso de forças convencionais e buscar a sobrevivência a longo prazo. É muito claro aqui que o Hezbollah tinha em seu fundamento a destruição ou a reconquista de Israel, mesmo que não pudesse realizá-lo de imediato. O fato de ter sobrevivido ao conflito e ganhado força moral está exatamente nesse item; 4) a força híbrida tem a capacidade de superar a diferença entre seus recursos e os do adversário. Por definição, a força híbrida tem menor capacidade militar convencional e, portanto, tem que encontrar uma maneira de superar essa desvantagem aparente. O uso dos foguetes Katyusha em unidades móveis como força de desgaste, que levaram Israel ao estresse militar, está dentro desse princípio; 5) a força híbrida contém elementos convencionais ou não convencionais, a nosso ver, os melhores termos seriam ortodoxo e inortodoxo; em termos convencionais, está o uso de equipamento bélico e movimentação de tropas tradicional, e em termos não convencionais temos táticas de guerrilha ou, ainda, terrorismo e táticas criminosas. Faço uma menção aqui ao uso do sequestro como forma de tática de conflito híbrido. O sequestro dos soldados israelenses foi uma ação tipicamente criminosa, e não propriamente militar, já que não acarretou nenhuma vantagem tática ou estratégica de combate; 6) as ações híbridas são inerentemente defensivas. Aqui McCullough faz a ressalva de que, embora as forças híbridas possuam uma estratégia superior defensiva, elas podem incluir ações ofensivas, as quais, ao final, são destinadas a produzir efeitos de caráter defensivo, especialmente a sobrevivência. Um exemplo clássico foi o uso do míssil contra a corveta Hadit, uma ação ofensiva, mas cujos efeitos eram, em termos de estratégia de guerra, uma resposta ao ataque israelense que havia destruído a força de ataque de mísseis de médio alcance do Hezbollah; e, finalmente, 7) a força híbrida usa táticas de atrito em termos físicos e cognitivos, de modo a impedir, até mesmo, que o adversário faça uso desses meios. Uma afirmação abstrata, mas admissível pelo uso das mídias e de conteúdos imagéticos como forma de pressão, especialmente, por exemplo, no caso do massacre de Qana. As conclusões de McCullough são convergentes com as propostas de Hoffman e Mattis, perfeitamente aplicáveis ao modelo teórico derivado do conflito analisado. Com a observação de que, da mesma forma, ambos se apoiam solidamente nos conceitos de guerra propostos por Clausewitz, de forma que, mesmo passados sete anos desde a proposta do conceito inicial, lançado em 2006, o entendimento teórico continua o mesmo.

1648 – O ANO EM QUE VIVEMOS EM PERIGO

Willian S. Lind não é um soldado, é um historiador, formado em Princeton, uma das mais renomadas universidades norte-americanas, lar de ganhadores do Prêmio Nobel e cuja origem remonta a uma bicentenária instituição de ensino, criada em 1746. Conservador, foi auxiliar do senador americano Robert Taft Jr., o qual, por sua vez, participava do Comitê do Senado para as Forças Armadas. Ele é o criador do termo 4G, uma verdadeira evolução na compreensão da guerra. O ano de 1648 não é escolhido por Lind ao acaso; nesse ano foram assinados vários tratados – inclusive o mais conhecido, o Tratado de Vestfália –, que puseram fim a uma série de guerras entre os países europeus ainda em formação. Foi o marco de criação do direito internacional. Nessa sequência de tratados se reconheceu o Estado como entidade soberana, territorialmente delimitado, sobre o qual outro Estado não poderia intervir, ou seja, esses conjuntos de tratados acabaram sendo o verdadeiro parto do Estado Moderno e o berço de criação da diplomacia. Com o Estado separado de questões religiosas (principalmente), mas também familiares ou particulares, as guerras passaram a refletir interesses estatais. Todo um universo de questões políticas se desenvolveu a partir disso, entre alianças, apoios e conflitos, que formaram a base da história moderna. Isso perdurou por exatos 358 anos. O Tratado da Vestfália acabou com o Hezbollah e a liderança de Nasrallah, isso porque a guerra híbrida tem sua característica principal no confronto entre atores estatais e não estatais, o que implica reconhecer a possibilidade de ações entre entidades que não têm a configuração de um país propriamente dito, nem mesmo, por consequência, seus interesses e, menos ainda, que se submetam ao regramento do direito internacional. Esse sistema desmorona e nos coloca em uma situação de certa forma semelhante ao que era a Europa no início do século XVII. Lind atribui essa crise não a um fenômeno militar, mas a uma revolução política, social e moral, o que leva à conclusão de que esse tipo de conflito não pode ser solucionado somente por meios militares, os quais não podem restaurar a legitimidade do Estado.

MORAL DA HISTÓRIA...

Lind e o tenente-coronel Gregory A. Thiele, dos *marines*, ampliaram um conceito que já antes era referido pelo coronel John Boyd, da Força Aérea Norte-Americana (USAF). Reconheceram as novas dimensões para a estratégia militar. Antes eram reconhecidas apenas as que eram estratégicas, operacionais e táticas, e a estas foram acrescentadas as dimensões física, mental e moral. Frisando-se que, de todas, a moral é a mais forte, e afirmam que o que funciona nas dimensões físicas e mentais frequentemente trabalha contra a dimensão moral. Lind aponta que o comportamento das forças militares americanas (é preciso ter em mente que são raciocínios desenvolvidos principalmente para o corpo de fuzileiros navais americanos) em suas ações no Iraque, humilhando e aterrorizando a população local, apenas conferiu mais força à resistência iraquiana, assim como o escândalo de Abu Ghraib, em que soldados americanos tratavam os prisioneiros como animais, causou um dano moral irreparável. Além disso, os campos militares americanos e seus confortos, em comparação com a miséria local, impunham uma diferença social que distanciava a população e os militares. Lind mostra ainda o contraste com Osama bin Laden, um milionário que vivia nos mesmos termos de seus seguidores. Assim, existe a necessidade de uma referência cruzada entre tática e as dimensões física, mental e moral, entre operacional e as dimensões física, mental e moral e entre estratégia e as dimensões física, mental e moral. E, por fim, apresenta três exemplos críticos: 1) eliminar o inimigo fisicamente: a) reduz o grau de ameaça; b) cria temor; c) cria um sentimento de ódio e vingança, reforçando a resistência, o que, estrategicamente, gera efeito adverso; 2) capturar o inimigo: a) capturar o inimigo fisicamente é muito mais difícil do que matá-lo; b) não gera tanto receio no adversário e cria atrito; c) moralmente, é uma vitória, e, se os prisioneiros forem tratados adequadamente, geram simpatia, mas, sobretudo, porque geram condições de barganha ao final ou durante o conflito; 3) movimentos em cidades e vilas ocupadas ou bases operacionais instaladas nesses locais: a) fisicamente, o risco aumenta; b) mentalmente, causa apreensão; c) moralmente, é um ganho, eis que teoricamente estariam protegendo a população, e não protegendo a si próprios. Aqui cabe um comentário: o aquartelamento da tropa a isola do meio, transmitindo a ideia de insegurança e fragilidade em sua movimentação, o que, por consequência, encoraja movimentos ofensivos. Lind propõe a comparação entre duas propostas completamente diferentes, com a ação militar predominantemente moral e seus possíveis efeitos. Faz, então, uma observação das mais interessantes, dando conta de que, em verdade, a natureza da ação a ser operacionalizada pelos *marines* em áreas ocupadas, tais como no Iraque, estaria mais próxima de uma ação policial do que propriamente militar. E seu intento, em verdade, deveria ser focada em declinar conflitos em vez de escalar conflitos naquela área. Lind observa, inclusive, que deve haver o máximo de integração possível com a população local, focando ações, e não discurso. O autor afirma que o objetivo jamais seria fazer com que a população local apoiasse uma invasão, mas que, pelo menos, a odiassem o mínimo possível e considerassem valer a pena ou não enfrentar um combate por isso. Assim, invadir casas, aterrorizar civis e usar armas pesadas desnecessariamente são ações que podem produzir um ganho imediato, mas, a longo prazo, causam danos e conflitos desgastantes e desnecessários. O uso de forças especiais para ações pontuais e agentes locais para ações agressivas é parte das soluções apontadas. O conflito definido por Lind e Thiele como 4G pode ser comparado com a guerra híbrida nos termos em que Hoffer e Mattis, depois McCullough, a definiram? É evidente que não, pois o que eles propõem é, na verdade, uma forma alternativa para lidar com o conflito, também híbrida, ou, pelo menos, não convencional. A solução que o autor propõe é inverter a escalada do conflito, trabalhando sempre com perspectivas menos abrangentes. Logo, não há relação com a guerra 4G, que não guarda nenhuma referência com tecnologia, sendo que o 4 é o acréscimo de uma dimensão além da estratégica, da tática e da operacional (3G) – é a dimensão moral, formando então o 4G, ao contrário do que muito se diz em teorias que dão ao 4G uma noção tecnológica. O 4G foi usado no conflito entre Israel e Hezbollah? A resposta também é negativa. Muito pelo contrário, os israelenses adotaram uma postura convencional, com bombardeios e ataques, resultando, afinal, em uma invasão inútil, quando na verdade a paz já estava selada. O que Lind sugere? Embora o autor jamais tenha discutido o assunto nesses termos, há indícios de uma conduta possível. Na opção entre matar e capturar, ele aponta a captura, e mostra uma vantagem: prisioneiros podem ser usados como moeda de troca. Em vez de uma invasão, poderiam os israelenses usar esse recurso nada ortodoxo? Forçar uma troca de reféns? É impossível dizer, pois o raciocínio em retrospectiva é imprestável, mas, com certeza, não estava no radar de Nasrallah quando ele decidiu pelo sequestro. Ademais, moralmente, é mais justificável do que matar inúmeros civis e destruir casas e a economia de outro país, o qual, a rigor, não tinha responsabilidade sobre o que ocorria. O argumento é apenas ilustrativo, uma defesa híbrida de um ataque híbrido, em vez de uma defesa ortodoxa. Em termos mais amplos, a própria ação israelense em relação aos palestinos, nos termos dessa teoria, deveria ser revista – em vez de muros, restrições, confinamento, demolição de casas de pessoas que vivem há milênios naquelas terras, a ideia seria diversa. Mais integração, menos revolta. O próprio Lind confirma que em princípio os danos seriam maiores. Mas e em termos estratégicos? Quem pode dizer?

QUEM CONTA UM CONTO AUMENTA UM PONTO

Enquanto isso, do outro lado do Atlântico, o principal aliado americano e uma das maiores potências da Europa Ocidental, se não a maior, a Grã-Bretanha, também deitava olhos sobre esse novo conceito. David McFarland, diplomata, professor da Escola de Inteligência Militar e *expert* em missões da ONU, também produziu uma análise profunda do conceito de guerra híbrida. McFarland é essencialmente um diplomata ligado à área militar, especialmente no que se refere à atividade de inteligência, portanto é natural que seu foco contenha forte influência nesse sentido. Ele inclui no conceito de guerra híbrida atividade política e diplomática, manipulação de informações, recursos midiáticos, usados simultânea ou sequencialmente. Reconhece, também, a presença de atores não estatais e uso de terrorismo. O grande destaque aqui é o uso de narrativas, versões, sobre fatos colocados fora de contexto ou simplesmente falsos. Um fenômeno novo, cujo funcionamento ainda está sendo analisado. McFarland destaca que uma diretiva formulada

Pós-verdade e fake news

pelo presidente Truman em 1948 define ações encobertas como sendo "propaganda, guerra econômica, ação direta preventiva, incluindo sabotagem e antissabotagem, demolição e medidas de evacuação, subversão contra estados hostis, incluindo assistência a movimentos subterrâneos de resistência, guerrilhas e grupos de refugiados e de libertação e suporte de elementos anticomunistas locais. Todo o entendimento de McFarland gira em torno dos conceitos de direito internacional que versam sobre o que poderia ser considerado um ataque, levando-se em consideração que a guerra híbrida engloba meios inortodoxos. O autor relaciona, então, uma série de eventos com essas características, inclusive o ataque cibernético à Estônia e a invasão da Geórgia. Acrescenta, ainda, a interferência eleitoral como uma característica híbrida intimamente associada, por exemplo, ao conceito de hibridismo tal como adotado pela Rússia, inclusive com ciberataques a comitês centrais eleitorais, tal como ocorreu no ataque ao comitê central da candidata do Partido Democrata norte-americano Hillary Clinton. McFarland ressalva, então, que a interferência eleitoral não constitui um ataque armado ou com uso de força, portanto, o uso da força em resposta não seria considerado legítimo sob o direito internacional. E nesse ponto o autor adota um novo entendimento sobre a guerra híbrida, fazendo considerações ao uso de domínios ou instrumentos não cinéticos, definindo-os como aqueles que não geram danos humanos ou materiais. Em seguida, aponta os domínios que entende caracterizadores de uma guerra híbrida, com o uso: 1) do direito internacional para legitimar a tomada de ações ou justificar sanções; 2) de diplomacia para alcançar objetivos econômicos ou estratégicos; 3) da economia ou de finanças, com embargos ou monopólios; 4) de informações, envolvendo ações de mídia para a criação de narrativas como forma de influência, com ênfase em *fake news* e pós-verdade; 5) de redes de informação computacionais, as mídias sociais, bem como o uso de vírus para causar danos na rede adversária; 6) de espaço, com a destruição ou dano de satélites que permitem vigilância e coordenação; 7) de espaço marítimo, com o uso de atividades encobertas, tais como a colocação de minas em rotas comerciais; 8) de espaço em terra, com o uso de forças especiais ou até unidades de forças privadas, bem como as "guerras por procuração" travadas por terceiros em nome de outro; 9) de espaço aéreo, como forma de intimidação, com sobrevoos, zonas de bloqueio aéreo ou até o uso de aviões civis, nos exatos termos dos atentados de 11 de setembro, além do uso de drones; 10) desses domínios em conexão como forma de pressão. McFarland foi o primeiro a destacar o uso da desinformação como forma de conflito assimétrico, destacando que a desinformação é mais difícil de criar e propagar e muito mais difícil de desmentir. Caracterizou as *fake news* como um dos principais recursos de disseminação cuja defesa é extremamente dificultosa, até mesmo pela observação de que nem tudo que se considera moral é também legal, e vice-versa. Mas o grande dilema nessa análise é que não esboça um conceito alternativo de guerra híbrida, além disso, considera o uso de meios não ortodoxos como forma de guerra híbrida em si, sendo que constituem formas autônomas, que podem ou não ser combinadas entre si. Assim, por exemplo, cada um dos dez domínios citados pode se constituir em uma guerra híbrida autônoma, assim como o uso de diplomacia intimidatória, de economia como forma de pressão, tecnologia, e todos os demais. Assim, o conflito estaria plenamente caracterizado, desde que um desses meios fosse usado como forma de confronto entre dois países ou entre um país e um ente não estatal. Essa visão tem um viés diplomático que predomina sobre os demais. Tanto assim que detalha o funcionamento dos organismos internacionais como credores da legitimidade para definir se determinada ação é ou não uma forma de guerra.

O QUE MCFARLAND NÃO VIU

Esse conceito não coincide em nada com o que foi diagnosticado por Hoffman, Mattis e McCullough. Muito menos está alinhado com o conceito de Clausewitz. Sublinhemos que nos conceitos anteriores apresentados pelos norte-americanos que tiveram como base conceitual o conflito entre o Hezbollah e o exército israelense, há pressupostos que incluem a capacidade de forças menores de se oporem militarmente a forças militares tradicionais, a localização geográfica restrita, o uso combinado dessas forças, a coesão ideológica da força combatente, a natureza principalmente defensiva, táticas de atrito físicas e cognitivas e tudo o mais que já se analisou. Não há nenhuma coincidência entre o conceito inicial e esse novo entendimento, que se resume na análise dos meios usados como determinantes da configuração de um conflito. É claro que a diplomacia foi uma arma no conflito Hezbollah/Israel, tanto que foi justamente nesse âmbito que se encerrou; outros meios citados por McFarland também, mas não autonomamente, foram manifestações de um fenômeno, e não o fenômeno em si. A guerra híbrida pode conter quaisquer dos elementos citados, mas não se caracterizaria pelo uso de um deles unicamente, são ferramentas, mas não a guerra em si. A hipótese-modelo é completamente diferente. Caso esse entendimento prevaleça, qualquer ação diplomática, econômica, jurídica, midiática ou cibernética seria considerada equivalente a um ato de terrorismo ou de guerra. Mas isso não se justifica, porque se desconecta do conceito básico de guerra. Clausewitz baseou seu conceito na dualidade de política e meios, a guerra, repetimos, é a continuação da política por outros meios. Nesses termos, todas as ferramentas mencionadas por McFarland poderiam ser consideradas meios e guerra, embora não cinéticos, eis que não causariam, por si, destruição física material ou humana. Porém o conceito de Clausewitz engloba a eficácia do meio como determinante, servindo a guerra como meio para subjugar completamente a vontade do inimigo. A guerra é um instrumento de dominação, seu resultado é um resultado de força, é a conquista de um objetivo. Nenhum desses elementos, por si, apenas, pode subjugar totalmente a vontade de um país ou entidade paraestatal diferente. Assim, o alargamento do conceito que se baseia unicamente no uso de um meio não ortodoxo, sem as demais considerações como elemento caracterizador da guerra híbrida, não está de acordo com o conceito usado até então, e, se levarmos em consideração o uso do conceito puro de guerra, nem guerra seria. Não obstante, essa forma de raciocínio se popularizou muito mais do que o conceito apresentado por Hoffman, e a razão é simples: a) é muito mais fácil de explicar e entender e; b) serve de justificativa para qualquer atitude política ou militar. O uso de conceito tão alargado caiu, também, no gosto da imprensa e, assim, se difundiu muito rapidamente. Um dos exemplos usados como fundamento para essa nova versão de conteúdo foi a anexação dos chamados Sudetos pelos nazistas, em 1938. O uso de medidas de dissimulação, bem como ações de mídia e atos de terrorismo, incluindo o sequestro de um oficial de inteligência tcheco que foi levado para a Alemanha e condenado, além, é claro, de pressões diplomáticas, foi o suficiente para que as demais potências europeias, inclusive a Inglaterra e a França, que sofrem com essa mancha em sua história, cedessem e viessem a permitir a ocupação daquela região pela Alemanha nazista. Em tese, isso poderia levar à conclusão de que esses meios, apenas por si mesmos, de modo autônomo, levaram ao desfecho que culminou com a vitória alemã. Não obstante, a conclusão é precipitada, pois a ocupação somente foi possível com uma ação ostensiva da Wehrmacht, ou seja, toda a parafernália diplomática, midiática e terrorista somente foi efetiva porque o exército alemão teve força para ocupar o território. Se não houvesse força de ocupação, o tratado e todas as medidas tomadas não levariam a lugar nenhum, e o equilíbrio político de poder continuaria o mesmo. Daí porque, embora em um sentido mais estrito pudéssemos analisar tal ocupação como uma forma de hibridismo, em nenhum momento se pode afirmar que apenas pelo uso do meio diplomático, o principal, esse resultado foi alcançado. Outras críticas podem ser feitas, especialmente pela necessidade do atrito (que não houve) e pela supremacia do poder bélico alemão em relação ao tcheco – justamente o inverso do conceito de assimetria, ou seja, quem usou as ferramentas híbridas foi quem tinha mais força, e não o contrário, o que já observamos como sendo uma assimetria inversa ou reversa –, assim como a existência dos Sudetos não expunha a perigo a Alemanha nazista. Assim, caso utilizado o conceito nos termos em que foram formulados por Hoffman, Mattis e McCullough, a ocupação dos Sudetos não seria uma forma de guerra híbrida. Aliás, é essa diferença que leva a erro vários historiadores que comparam conflitos passados, procuram enquadrá-los sob esse novo paradigma e acabam por chegar à conclusão de que a guerra híbrida sempre existiu nos termos em que o conflito entre Hezbollah e Israel se desdobrou. É preciso deixar claro que o uso autônomo de um ou de vários meios não ortodoxos apenas por si mesmos não leva à caracterização de um conflito como híbrido. Finalmente, o próprio conceito-base de Clausewitz deixa claro que a ocupação dos Sudetos não foi uma guerra, simplesmente porque se desenvolveu totalmente dentro da esfera política (diplomática), razão pela qual não foram usados os "outros meios". A ocupação dos Sudetos foi uma ação política, integral e totalmente, que foi completada por uma ação de ocupação militar feita por uma potência mundial. Embora infame, não foi uma guerra. Entretanto, a ideia é de que basta o uso de um meio não ortodoxo em um conflito para que este seja considerado híbrido.

PARTE TRÊS

A CHINA VÊ SHERAZADE

Saddam Hussein é um nome dos mais conhecidos – o ditador iraquiano que durante décadas aterrorizou seu próprio povo tornou-se o maior vilão do mundo quando declarou guerra ao pequeno país vizinho do Kuwait e o invadiu, sem grande resistência. O Iraque e o Irã haviam se envolvido em uma longa guerra e o Iraque estava empobrecido, com perdas de centenas de milhares de vidas e dívidas de todos os lados. Criar uma justificativa para invadir o Kuwait, país riquíssimo, foi a saída que encontrou, e nesse caso o gatilho foi a exigência da entrega da Ilha de Bubiyan, estratégica, dado que sua posição permitia o acesso ao Golfo Pérsico. Houve uma tentativa de mediação pela Arábia Saudita, mas Bagdá apenas se limitou a um papel burocrático, até porque sua intenção era efetivamente a invasão. A ONU votou várias resoluções, destacando-se a 660 e a 678 – a primeira exigia a saída das tropas iraquianas do Kuwait e a segunda, votada pelo Conselho de Segurança em 29 de novembro de 1990, estipulava o termo final para desocupação: 15 de janeiro de 1991. Evidentemente, Saddam não se retirou, e, ao final do ultimato, a guerra começou.

MADE IN CHINA

Qualquer consulta que se faça sobre guerra híbrida leva em consideração um texto produzido pelos coronéis do Exército de Libertação do Povo da China, Qiao Liang e Wang Xiangsui, produzido em 1999. Apesar de ser visto como parâmetro no entendimento dos conceitos de guerra híbrida, ele foi escrito sete anos antes que tal ideia fosse proposta, o que implica reconhecer que ninguém sequer poderia supor a direção que esse conceito tomaria. O que se descreveu, portanto, era um ambiente pré-hibridismo, que não oferecia nenhuma condição de analisar o que seria proposto anos depois. Ademais, o livro consiste em uma série de capítulos semi-independentes com ideias gerais sobre o desenvolvimento da tecnologia militar. Esse é o núcleo do pensamento chinês, que destaca a questão tecnológica como um dos fatores fundamentais. Não obstante, o pensamento é original em outro sentido; no estudo de Qiao e Wang, a tecnologia é considerada uma parte importante, mas, ultrapassando essa fronteira, acabam por afirmar que tudo é permitido, nada é proibido, e que não existem restrições para qualquer forma de conflito, inclusive dando conta de que a economia pode ser usada como uma forma de conflito ou guerra e, nesse ponto, aproximando-se do conceito alargado que, vinte anos depois, foi apresentado por McFarland. Mas existem diferenças importantes entre esses dois pensamentos e, até mesmo, no conceito clássico de Hoffman, Mathis e McCullough.

SÓ SE ANDA PARA A FRENTE

A tecnologia muda a guerra, mas nem sempre a guerra muda a tecnologia. Para os coronéis chineses, as mudanças tecnológicas modificam a maneira como a guerra é travada. O modo como os tanques Panzer foram usados pelos alemães na Segunda Guerra Mundial é um exemplo; eles eram a espinha dorsal da Blitzkrieg, a guerra de assalto, que terminou por derrotar a França sem que praticamente houvesse resistência. Até o clímax das armas nucleares, em que o uso do armamento levaria também à autodestruição, sempre que uma nova forma de combater aparece por meio da tecnologia, a guerra se renova. Não obstante, o próprio termo "alta tecnologia" tem um sentido transitório – o que é

Pós-verdade e fake news

alta tecnologia hoje, amanhã não será; depende, portanto, do momento em que a afirmação é feita. Ainda em 1999, Qiao e Wang anteviram a possibilidade da guerra em espaço cibernético, com *hackers* tomando a posição de soldados na fronteira de uma guerra sem limite de meios, e já apontavam naquele momento Osama bin Laden como uma das grandes ameaças da nova forma de guerra com atores não estatais. Não há como deixar de reconhecer a capacidade de análise que demonstraram, porém há um pensamento desviante quando comparam Osama bin Laden e George Soros, um investidor internacional, com uma carreira bem-sucedida, conhecido como progressista e liberal – aspectos, aliás, combatidos pelo governo chinês. Como veremos a seguir, a comparação é equivocada.

ESCOLHA SEU TIPO DE GUERRA

Analisando a ação americana, Qiao e Wang entenderam que os Estados Unidos usariam novas formas de guerra no futuro (lembrando que os autores estavam em 1999): 1) Guerra de informação; 2) Guerra de precisão, 3) Operações conjuntas; 4) Operações militares outras que não a guerra. Vejamos. Citando um chefe do Estado-Maior do exército americano, general Gordon R. Sullivan, os autores chineses definem que a forma básica de conflito no futuro será justamente o conflito de informações. O termo é usado de modo impreciso e não se refere ao aspecto básico da informação, e sim à guerra cibernética, ao uso de tecnologia de informática, à digitalização, elementos aos quais os autores se referem. Quanto à guerra de precisão, é decorrência da própria evolução tecnológica. É a guerra sem contato físico, de longa distância, por controle remoto, com velocidade, precisão e ausência de danos colaterais. Operações conjuntas é um termo dos mais conhecidos e reflete justamente o uso combinado dessas ferramentas. Porém o conceito mais revolucionário, segundo eles, é o de operações de guerra não militares. Qiao e Wang fazem uma observação muito sutil com relação a esse título. Para eles, há uma diferença entre operações de guerra não militares e operações militares outras que não a guerra. Nesta última descrição, a referência se dá a operações militares que ocorrem em cenários outros que não a guerra, ao passo que em operações de guerra não militares literalmente "estende-se o entendimento do que constitui um estado de guerra para o comportamento humano, além do que pode ser abrangido pelo termo operações militares. Esse tipo de extensão é o resultado natural do fato de o ser humano estar usando todo meio concebível para alcançar seus objetivos." Apesar da sutileza do raciocínio, a evolução que se seguiu em nada confirmou essa tese. Passaram-se sete anos antes que um conceito semelhante fosse adotado e, mesmo assim, de caráter diverso, como já deixamos claro. Há no texto reminiscências de caráter político dos mais fortes, inclusive com menções depreciativas aos Estados Unidos, o que justifica alguma restrição quanto à pureza técnica de algumas considerações. Qiao e Wang prosseguem enumerando tipos de confronto, aos quais chamam de operações de guerra não militares, tais como a guerra financeira (ou comercial), cujos efeitos danosos são extensos e "terrivelmente destrutivos", com perdas humanas equivalentes a um conflito regional. Apontam novamente George Soros como tendo causado prejuízo milionário a países asiáticos e citam o ex-líder alemão Helmut Kohl como mentor de um ataque financeiro cuja consequência foi a queda do Muro de Berlim. Esses dois exemplos são simplificações, até porque, como já analisado anteriormente, a queda do Muro de Berlim não foi decorrente de um conflito financeiro, mas sim de condições sociais e políticas também, as quais em nada indicam que a Alemanha tenha feito qualquer espécie de ataque especulativo. Por outro lado, disputas financeiras entre investidores, notoriamente em ambientes acionários, não podem ser elevadas a condição de guerra, como mostraremos a seguir. Citam o terrorismo de Bin Laden como um exemplo de conflito terrorista (o texto foi formulado antes do 11 de Setembro, portanto, sob esse aspecto, premonitório) e outras formas de terrorismo, assim como a guerra ecológica, com a alteração proposital de condições climáticas contra um inimigo – embora não haja menção a um fato ou ocorrência específica –, e prosseguem, citando guerra psicológica, em que se criam incertezas dentro do campo inimigo, guerra midiática, com a manipulação de informações, guerra em rede, que envolve o uso das redes de comunicação, guerra tecnológica, através da construção de monopólios, guerra de recursos naturais, com o controle destes como arma, guerra legal, com o abuso na aplicação do direito internacional e, ainda, todas as combinações possíveis entre esses e quaisquer outros meios imagináveis.

Mais uma vez, o conceito central de Clausewitz precisa ser revisitado, e a primeira observação a ser feita é simples: esses meios, apesar de danosos política e financeiramente, não são aptos a subjugar uma entidade estatal ou paraestatal por si sós, apenas. Não se tornam ameaças existenciais para nenhum dos países envolvidos. A questão do investidor Soros não se coaduna com o contexto de guerra; mesmo sendo reconhecida a possibilidade de o conflito se dar entre atores estatais ou não, exige-se que entre estes exista uma correlação de forças, o que não há quando se trata de operações com caráter unicamente financeiro. Por maior que tenha sido o prejuízo dos países asiáticos, nenhum deles seria ocupado pelo investidor húngaro, que não teria autoridade sobre a autonomia nacional de nenhum deles. Além disso, o uso de diplomacia, do direito internacional e até da economia está dentro do conceito de política em seu sentido amplo, são processos políticos que ultrapassam os limites dos estados nacionais. Assim, esses instrumentos não são a continuação da política por outros meios, mas são a própria política em si. Embora cada um desses instrumentos possa ser manejado dentro de um contexto de guerra híbrida, e aqui destaco, mais uma vez, o acordo que pôs fim ao conflito entre Israel e Hezbollah, o uso exclusivo de um deles ou mesmo uma combinação deles não está contida no conceito de Clausewitz. Não há guerra; o que se vê são disputas políticas e econômicas, às vezes tecnológicas, mas sem o caráter essencial da guerra, que é a subjugação da vontade do inimigo. Seja como for, esses conceitos estão próximos do que, décadas depois, o diplomata britânico McFarland usou em sua definição de guerra híbrida.

O ESPELHO

William Perry foi secretário de Defesa dos Estados Unidos no governo Clinton (de 1994 a 1997). Engenheiro, matemático e empresário, foi convidado a dar uma palestra na China e, na oportunidade, foi-lhe perguntado quais seriam as perspectivas e avanços da revolução militar dos Estados Unidos. Ele respondeu que seriam as tecnologias *stealth* e de informação. Isso levou os coronéis Qiao e Wang a concluir que os Estados Unidos estavam focados e tinham a percepção da guerra unicamente como um fenômeno bélico tecnológico. Não obstante, a pergunta, nos termos em que foi formulada, levava justamente a essa conclusão. Sendo engenheiro e matemático, Perry respondeu sobre o tema em que se debruçava, e em nenhum momento os militares chineses questionaram ou mencionaram (segundo o próprio texto) a questão dos meios alternativos. Lembremos que o texto dos chineses foi produzido anos antes do conflito entre Israel e Hezbollah e que o conceito de hibridismo veio justamente dos *marines*, o que significa que, se a conclusão de ambos foi profética em relação a outros tópicos, quanto a esse não se pode dizer o mesmo.

TECNOGUERRA

Toda a análise feita por Qiao e Wang tem como base a guerra entre o Iraque e uma coalizão internacional liderada pelos Estados Unidos, o que implica reconhecer que praticamente todo o efetivo e armamento empregado era norte-americano. Impressionou os chineses o modo como a guerra se desenvolveu, privilegiando-se a tecnologia e a coordenação, com sofisticados sistemas de comunicação. Isso destruiu um exército que não tinha esses recursos com um mínimo de perdas. A comparação foi feita por Qiao e Wang entre a ação de Soros na disputa econômica contra Tailândia e Indonésia e a Guerra do Golfo não tem fundamento. Muito embora esses países asiáticos tenham sofrido prejuízos significativos, a comparação com a ocupação territorial por um exército não guarda paralelo em termos conceituais, notadamente dentro do espectro da subjugação da vontade adversária e, muito menos, da ameaça existencial da força paraestatal.

AFINAL, A GUERRA IRRESTRITA

Finalmente, Qiao e Wang estabelecem oito princípios como determinantes de uma guerra irrestrita, os quais, posteriormente, seriam utilizados como forma de caracterizar a natureza de uma guerra híbrida. São eles: 1) Omnidirecionalidade: é a consideração de todos os aspectos possíveis da guerra, o que se denominou observação 360°, incluindo não só os aspectos militares, mas políticos, culturais, econômicos e psíquicos, assim como todas as considerações sobre relevo e clima, tudo voltado para o conflito específico, sem regras ou imposições de caráter geral. A omnidirecionalidade é o uso de todos os recursos possíveis em direção a um objetivo; 2) Sincronia: é o emprego coordenado de todos os recursos omnidirecionais, envolvendo as diferentes naturezas de cada um, sua distância e o tempo. Ressalto que sincronia não é a mesma coisa que simultaneidade, pois os recursos devem se encaixar, cada um sendo acionado no momento correto; 3) Objetivos delimitados: todos os objetivos devem ser possíveis, tanto em tempo quanto em espaço, e devem ser específicos e factíveis; 4) Medidas ilimitadas: junto com objetivos limitados, formam um conjunto essencial, não há limites para os meios usados com o objetivo de atingir os meios específicos determinados; é a conexão entre o limitado (objetivo) e o ilimitado (meios para consegui-lo), em resumo, é a quebra de limites; 5) Assimetria: conceito já discutido, a assimetria é a desproporcionalidade de meios; o uso de recursos assimétricos se refere ao uso de meios alternativos ao confronto direto; 6) Mínimo desgaste: mínimo consumo, o uso racional dos recursos, proporcional ao tamanho do conflito; 7) Coordenação multidimensional: múltiplas esferas e forças atuando em tempos coordenados. Pressupõe um objetivo determinado, inclusive no que se refere a meios não militares; 8) Ajuste e controle do processo: nada mais é do que a adaptação ao intercurso da ação – a guerra é um processo dinâmico, que se altera conforme vai evoluindo, e pode levar a caminhos imprevisíveis.

APESAR DOS PESARES

O texto de Qiao e Wang, usado como base no entendimento da guerra híbrida, foi algumas vezes inovador, outras vezes profético, às vezes equivocado, mas é injusto que se façam essas críticas sem atentar para o fato de que foi escrito bem antes da questão de o hibridismo ter surgido nos Estados Unidos. Ele não se refere a esse conceito, mas apresenta as sementes do que posteriormente evoluiria e seria ultrapassado por Hoffman, Mattis e McCullough. Em certo ponto, parece ligado aos conceitos de McFarland, com os quais guarda grande semelhança, mas, ao final, quando estabelece os oitos princípios, podemos verificar que nenhum destes se contrapõe ao conceito de guerra híbrida – muito pelo contrário, são concordantes, apresentam pouca discrepância interpretativa e permitem um escrutínio que conduzirá aos conceitos modernos que vieram depois. Todavia, tanto nesse caso quanto nas ideias de McFarland, é necessária certa cautela, especialmente quando se usam de modo mais rigoroso os conceitos de Clausewitz. A China tem estrategistas militares de grande talento, não obstante, guarda ciosamente suas discussões, e o pouco que se tem, tal como nesse caso, merece especial atenção.

COMO SE DIZ NA RÚSSIA

Há um ditado russo que diz: "A única fronteira segura da Rússia é aquela que tem soldados russos dos dois lados". A piada pronta tem sua razão de ser. A visão que a Rússia tem de sua relação com o resto do mundo, especialmente a Europa e os Estados Unidos, é uma só: são adversários em uma disputa permanente, um estado de conflito que permanece mesmo em tempos de paz, a qual, em verdade, não existe sequer como intervalo entre conflitos. Historicamente, a Rússia nunca teve tempos de paz significativos, isso porque sua extensão continental a torna mais suscetível de conflitar com a vizinhança – quando em paz com a Europa, tinha conflitos no Oriente, quer na China, quer no Japão, como também constantemente com a Turquia. Basta lembrar a invasão que subjugou a Rússia completamente, promovida séculos atrás pelos mongóis. Já comentamos que o terreno plano, sem grandes obstáculos naturais, facilita o deslocamento de forças militares, fator que predominou em todos os conflitos bélicos que se travaram. Assim, o Império Russo estava sempre em guerra em uma ou outra região. Isso veio junto com a convicção de que a Rússia é um país que ocupa um papel de liderança no mundo, pelo seu tamanho e por suas riquezas naturais, sendo, portanto, merecedora de reconhecimento pelo seu poder. Foi dessa maneira que a Rússia projetou uma forma de garantir sua segurança, através do domínio dos países fronteiriços, adotando o entendimento de que seus vizinhos possuem um papel na defesa russa e, portanto, sua própria autonomia deve ser limitada pelos interesses russos. Além disso, o inimigo potencial reconhecido é o Ocidente, seja militar, seja econômica, social, cultural ou politicamente. Isso se acentuou muito com a Revolução Comunista; as lideranças soviéticas sempre agiram com o pressuposto de uma guerra contra o capitalismo por questões existenciais. Houve um breve momento histórico em que essa visão adversária foi substituída por uma ação cooperativa entre a Rússia e o Ocidente. Isso correspondeu ao período em que os então presidentes, o americano Bill Clinton e o russo Bóris Iéltsin, mantiveram relações políticas muito próximas. Essa exceção foi desfeita com a assunção do presidente Putin, cujas convicções retornaram às tradicionais, vendo o Ocidente como um adversário cujo confronto é permanente. Sergey Lavrov, o chanceler russo, já declarou que "...o Ocidente fortalece sua segurança às expensas do outro...", conforme anotou o escritor britânico especialista em relações russas do Programa Eurásia e questões de segurança Keir Giles. Ainda segundo o autor, há dois pressupostos básicos que norteiam a tomada de decisões russas: o primeiro é a ideia de que não existe vácuo de poder, portanto o crescimento de um ator político só pode ocorrer com a consequente perda de espaço do outro. Daí porque, sob esse ponto de vista, parcerias são inaceitáveis, e a afirmação da Rússia como potência exige a diminuição do poder dos adversários. Essa projeção de poder faz com que a relação com os países vizinhos não seja vista como uma simples relação de Estado, mas como uma questão de soberania, razão pela qual a própria ideia de uma relação de igualdade nem sequer é considerada. Os vizinhos são independentes apenas enquanto seus interesses e os da Rússia estiverem em consonância; se houver discrepância de interesses, a independência cede diante da necessidade de projeção dos interesses russos. Até a própria expansão territorial é vista como "defensiva", até porque sua finalidade é assegurar a estabilidade e o domínio russos. Segundo um estudo da Otan, citado pelo próprio Giles, "a Rússia não vê os vizinhos como aliados potenciais, mas como cabeças de ponte para ataques externos – invasões –, portanto eles devem ser dominados por quaisquer meios possíveis". Até mesmo a internet é vista como uma forma ocidental de manipulação política, com possibilidade de derrubar o regime político. Mas, como Giles observa, toda vez que o governo russo se depara com uma crise e pretende estabilizar a situação política ou simplesmente garantir-se no poder, tornando-se mais autocrático ou conservativo, usa o argumento da relação agressiva do Ocidente para se justificar. Não obstante, a Rússia percebe a si mesma engajada em um conflito com o Ocidente liderado pelos Estados Unidos, sem considerar se esse conflito é reconhecido por ele ou não. A Rússia faz a sua própria leitura da história e admite a mentira como uma forma de afirmar seu poder, partindo do pressuposto de que, mesmo sabendo que a versão apresentada não é a verdadeira, permanece a narrativa de quem é mais forte e não pode ser desafiado. Politizando a história, cria uma espécie de mitologia para justificar suas ações e, sobretudo, emprestar um verniz de justiça a suas pretensões. O domínio da força sobre a verdade é modo usual de entender a política russa. Em uma observação interessante, Giles escreve, divertidamente, que "políticos ocidentais assumem que mentir é uma exceção e esperam que as pessoas acreditem neles, daí porque a mentira tem que ser plausível. Políticos e oficiais militares russos mentem por definição (*default*), não necessariamente com a expectativa ou a esperança de que alguém vá acreditar neles". Ou seja, os líderes russos vivem uma narrativa em que o Ocidente, notadamente os Estados Unidos, é hostil e faz um cerco permanente, tentando destruir de qualquer forma o governo russo para impor uma subserviência aos seus interesses.

Putin estava convencido de que os Estados Unidos interferiram na política interna russa, tentando desestabilizá-lo na eleição presidencial. Aliás, na análise de Putin, os Estados Unidos jamais seriam um parceiro da Rússia, até porque entre ambos era natural a disputa de poder. E não há possibilidade de ocorrência de eventos políticos e/ou sociais de alcance internacional sem que sejam provocados pelas ações tomadas pelo Ocidente. McFaul escreve: "No mundo de Putin, as massas nunca atuam por si próprias. Ao contrário, elas são ferramentas, instrumentos ou alavancas a serem manipuladas pelo Estado". Em resumo, Putin vê o Ocidente de uma só maneira: como adversário cujo objetivo é infiltrar-se e dominar a Rússia em qualquer esfera, fazendo prevalecer seus interesses e valores como nunca antes, nem mesmo quando da invasão mongol. A existência de blocos ocidentais, tais como a Otan (principalmente) e a União Europeia (tanto quanto), é especialmente ameaçadora, porque a aglutinação cria organismos mais fortes do que cada país isoladamente, sendo prioridade o desmantelamento dessas organizações, com o objetivo de fortalecer o próprio poder russo. A posição de cada país, tomado de modo independente em relação à Rússia, permite a exploração da sua superioridade, o que não se dá em relação aos grupos econômicos ou militares. A resposta conjunta dos países da Otan, nos termos do artigo 5º. do Tratado, é um limitador da capacidade russa de impor seu conceito de soberania relativa, negando a influência que o Estado russo tinha desde os tempos dos czares. Daí o conceito já mencionado de "ataque defensivo".

É objetivo, portanto, o enfraquecimento europeu, inclusive com a intervenção no sistema político, como se vê, por exemplo, no financiamento da extrema direita francesa no caso de Marine Le Pen ou mesmo de extremistas de direita alemães ou suecos, ou em qualquer país onde possa causar um desgaste e enfraquecer possíveis adversários. É claro que a figura de proa nesse sentimento contendor são os Estados Unidos, como McFaul descreve: "Tal como tinha sido durante a Guerra Fria, a máquina de propaganda do Kremlin retrata os Estados Unidos como um estado predatório imperial, constantemente minando a estabilidade internacional e violando a soberania de outros estados".

É correto concluir, ainda, que o fortalecimento europeu causa profundo temor, porque a união desses vários estados dá origem a uma organização cujo poder – econômico, militar e cultural – é muito maior que o de cada país individualmente. Como não se admite vácuo de poder, nos termos assim entendidos desde a era soviética, o crescimento das alianças, notadamente a Otan, mas especialmente a Comunidade Europeia, com maior amplitude, implica a redução do poderio russo, tanto econômico, como também militar ou cultural. Por consequência, a Rússia passa a interferir na situação política de cada país europeu para favorecer o seu posicionamento, agindo proporcionalmente à capacidade e ao poderio de cada um. Sem dúvida, para a Rússia enquanto Estado, é mais vantajoso, sob seu ponto de vista, ter como vizinhos pequenos países e lidar com cada qual em vez de se opor a um grupo com poder equivalente ou até maior. Assim, no Aquário, em Moscou, os estrategistas militares do GRU, sob a orientação de Sergei Rasturguyev, voltavam seus olhos para a União Europeia e pensavam em como fazer com que ela se desintegrasse por si mesma. Seguindo Messner[7], procuravam pontos

---

7 Evgeny Eduardovich Messner é considerado um dos maiores gênios da estratégia militar Atuou no *front* na Primeira Guerra Mundial e em 1916 alcançou a Imperial Nicholas Military Academy, que lhe deu acesso aos cargos de estado-maior. Com a Revolução Bolchevique, Messner posicionou-se ao lado do Exército Branco, permaneceu no Estado-Maior das forças brancas até que fossem derrotadas. Sem outra opção, fugiu para a Iugoslávia, onde mantinha uma resistência contra o governo então conhecido como soviético. Sua posição contra o radicalismo comunista o fez apoiar a Alemanha na Segunda Guerra Mundial. Continuou apoiando as tropas alemãs contra os soviéticos servindo ao exército alemão no Departamento de Propaganda. Ao final da guerra foge para a Argentina, onde tornou-se jornalista e escritor e produziu estudos profundos sobre a guerra, tais como *A face da guerra moderna*, *Guerra da subversão mundial* e *Subversão, o nome da terceira guerra mundial*. Toda sua teoria encontra-se centrada no conceito de *myatezhvoina*, a guerra pela subversão.

fracos dos quais pudessem se aproveitar para convencer os próprios europeus a desistirem de sua integração, para depois fazer desmoronar a aliança europeia. A tartaruga europeia tinha que sair do casco.

A PRIMEIRA GUERRA MORAL: AS FAKE NEWS VÃO À LUTA OU – A DESUNIÃO EUROPEIA – CADA UM POR SI E DEUS POR TODOS

A União Europeia não foi uma ideia que surgiu de um rompante, é um processo cujas origens podem ser seguidas até o início do século XX, após a Primeira Guerra Mundial. Não é de surpreender que depois de um evento trágico dessa magnitude viesse o pensamento de que uma fusão de nações teria como maior consequência o fim das disputas entre países do mesmo continente. Era, entretanto, apenas um pensamento, concretizado no "Memorando sobre a Organização de um Regime de União Federal Europeia", publicado em 1929 pelo chanceler e futuro primeiro-ministro francês Aristide Briand. A Segunda Guerra Mundial encerrou qualquer ideia que se tivesse a respeito. Mas a guerra ensina lições, e França e Alemanha concluíram que teriam um futuro melhor como nações amigas do que como inimigas. Jean Monet, um sagaz político francês que nunca ocupou cargos públicos, e Robert Schuman, que nasceu em Luxemburgo, mas se tornou primeiro-ministro da França, deram os primeiros passos após a Segunda Guerra Mundial. O primeiro sintoma foi econômico, a França buscava controlar a produção de aço na Alemanha por meio do controle do carvão. A ideia foi simples: em vez de disputarem o domínio do mercado, uniriam a extração de carvão francês e a produção do aço alemão, acordo que foi assinado em 1950 sob o nome de Declaração Schuman. Depois veio o tratado de Paris, versando também sobre carvão e aço, envolvendo Alemanha, Bélgica, França, Holanda, Itália e Luxemburgo. A diferença entre esse tratado e os demais era que criava uma comissão cujo poder era exercido sobre os países signatários, o que era uma novidade até então. A ideia de que existiria um organismo superior às duas partes que convencionaram o tratado era revolucionária. Os interesses que dirigiam a atividade do grupo que assinou o Tratado de Paris não eram o particular de cada um, e sim os da comunidade, que seriam determinados por uma "alta autoridade". Esse episódio é importante para uma análise estratégica do

Pós-verdade e fake news

ponto de vista da desunião europeia. De fato, seis países fizeram parte do acordo, entre eles, quase todas as grandes potências, exceto, convém frisar, a Inglaterra, que já naquele momento resistia ao tratado, portanto essa oposição entre Inglaterra e o resto da Europa não é nova. Em 1957, criou-se a Comunidade Econômica Europeia (CEE), cujo âmbito não tinha a limitação do aço-carvão. A CEE foi formada inicialmente por França, Itália, Alemanha Ocidental, Bélgica, Holanda e Luxemburgo. Novamente os ingleses se recusaram a fazer parte. Mas a criação do mercado comum europeu, com a fusão de impostos alfandegários, tornou-se de tal forma bem-sucedida e eficiente que a Inglaterra não resistiu, no entanto, ingressou no grupo somente dezesseis anos depois, em 1973. Portanto, essa união, mesmo naqueles termos, não foi imediata, muito pelo contrário, demandou muito tempo para que os ingleses aceitassem o fato de que sua desvantagem econômica, fruto do isolacionismo, trazia-lhes prejuízo. Já o sistema europeu se desenvolvia a passos largos, agora como União Europeia e com a criação de um orçamento comum e um parlamento europeu. Mas a adesão foi relutante – os ingleses exigiam tratamento diferenciado e redução de sua participação no orçamento europeu. Mesmo assim, a UE acatou suas exigências e, em 5 de junho de 1975, o Reino Unido realizou um referendo, o primeiro da história, sobre sua permanência na EU, que foi aprovada. Portanto, a conclusão que se pode tirar é a de que a Inglaterra (ou Reino Unido) nunca foi um país entusiasta da União Europeia, muito pelo contrário, demorou a se integrar e o fez somente quando seria por demais prejudicial que não o fizesse e, mesmo assim, estabelecendo salvaguardas sobre o ônus de sua participação. Mesmo assim, a UE avançava na ampliação da cooperação, com um objetivo: criar um único mercado interno em toda a Europa. Isso significava o livre trânsito de pessoas e bens por todo o continente. Os russos viam tudo isso com preocupação, a Europa parecia destinada a se tornar uma federação (há muita discussão sobre isso) ou, seja como for, uma unidade de natureza diferente das conhecidas até então. Analisando essa breve introdução histórica, apenas exemplificativa, fica claro que o calcanhar de aquiles da União Europeia era a Inglaterra. Uma das maiores economias europeias, com uma tradição democrática consolidada, uma potência militar dentro da Otan, membro permanente do Conselho de Segurança da ONU, principal aliado dos Estados Unidos na Europa, gerente de um grande sistema financeiro em que os líderes russos concentravam grande parte da própria fortuna, mas, ao mesmo tempo, o mais reticente dos membros da União Europeia. A saída da Inglaterra (Reino Unido) da União Europeia seria um golpe devastador, gerando um enfraquecimento político e econômico, um grande passo para trás, sem que fosse possível dar dois passos à frente. No referendo de 1975, a permanência foi aprovada por 67,2% dos votos, o que significa que 32,8% foram contra. Isso quer dizer que, com a mudança de 20% dos votos de um lado para outro, ou seja, se 20% dos votos favoráveis à permanência mudassem o voto para saída, a Inglaterra estaria fora da União Europeia. Então, como se pretendia atacar a União Europeia desmantelando-a, seria necessário que: a) fosse feito um novo plebiscito; e b) que nesse plebiscito se conseguisse uma mudança de opinião de 20% dos leitores. Ou seja, não se fazia necessária a conquista de mais de 50% dos votos, e sim de 20%, isso em um país no qual, como se viu, havia naturalmente muita resistência à União Europeia. Essa era a melhor chance que o Kremlin podia usar, partindo do princípio de que havia uma pressão latente da própria sociedade britânica para se afastar da EU.

BEM ME QUER, MAL ME QUER

Para atrair os votos conservadores, Cameron se comprometeu a refazer o referendo de 1975, quando o Reino Unido deliberou por se juntar à UE ou modificar as relações entre a Inglaterra e a UE. Mas o compromisso foi dado como um assunto a ser relegado para um segundo momento, sem data para ser definido. Cameron chegou a dizer: "Em vez de discutirmos sobre coisas que realmente interessam à maioria das pessoas, enquanto pais se preocupam com os cuidados infantis, em conseguir escola para os filhos, equilibrar a família e o trabalho, nós estamos nos batendo acerca da Europa". Mesmo aconselhado por seus principais assessores a não se comprometer com o referendo. Cameron decidiu renegociar as relações entre o Reino Unido e a União Europeia. Os pontos da renegociação incluíam a principal preocupação britânica, a imigração, bem como pontos específicos relacionados à saúde e à previdência públicas, obtendo concessões, tais como prazos para que imigrantes pudessem se eleger a benefícios de saúde ou previdenciários (com pelo menos quatro anos de contribuição) e, ainda, a possibilidade de um gatilho para evitar uma onda imigratória. Negociados esses termos, Cameron sentiu-se seguro para chamar o referendo com favoritismo para a permanência na União Europeia.

AGORA VAI

Imediatamente após o anúncio do referendo, três organizações passaram a defender sua posição: a favor da permanência, "Stronger In" (Mais Fortes Juntos), que contava com o apoio governamental e a ação do primeiro-ministro Cameron; "Vote Leave" (Vote Partir), formada por eurocéticos históricos que sempre defenderam essa posição e que, no último momento, recebeu o apoio do futuro primeiro-ministro Boris Johnson; e uma terceira força, a Leave.EU, financiada por um milionário britânico chamado Arron Banks, tendo à frente Nigel Farage, o líder radical do partido UK Independence Party – UKIP. Segundo Kevin O'Rourke, citando Tim Shipman, "mas Shipman sugere que havia duas campanhas "Leave". Uma fazia uma campanha "respeitável", outra, uma campanha que entregava o que Shipman descreveu como mensagens mais ousadas, desenhadas de modo apelativo, para votantes da classe trabalhadora. Muitas dessas mensagens eram populistas, nativistas e anti-imigrantes. Eles apelavam a uma reconstrução do nacionalismo inglês (em oposição ao britânico), mas a campanha oficial era culpada de mau comportamento. O *slogan* oficial deles era "Take Back Control" (retome o controle), mas sempre lembravam em anúncios em seus ônibus vermelhos: "nós mandamos para a UE 350 milhões de libras por semana, em vez disso, vamos mandar para nossa NHS". Isso era, simplesmente, mentira. Enquanto isso, Boris Johnson fazia a UE ser comparada a Hitler dominando a Europa. Como já dissemos, a Leave.EU não era composta pelos membros tradicionais da política inglesa, mesmo a isolacionista, devendo-se à obra de um milionário inglês que ficara rico com minas de diamantes na África do Sul. Leave.EU deu uma festa de inauguração, não atraiu muitos políticos além de seu patrono, Nigel Farage, mas lá estava uma das figuras que seriam determinantes para o que viria depois: Brittany Kaiser, executiva de uma empresa cujo nome teria repercussão mundial: Cambridge Analytica.

FROM CAMBRIDGE WITH LOVE

A Universidade de Cambridge dispensa apresentações, é reconhecidamente uma das melhores do mundo, dividindo esse título com Oxford (também na Inglaterra) e Harvard (esta nos Estados Unidos). Foi fundada em 1209 e é a universidade que produziu o maior número de prêmios Nobel entre seus membros. Para seu desconforto, na década de 1930, produziu também um grupo de cinco alunos que ficou conhecido depois como "Cambridge Five", formado por Donald MacLean, Guy Burgess, Harold "Kim" Philby, Anthony Blunt e John Cairncross. Eles simplesmente se converteram ao socialismo soviético e se tornaram os mais proeminentes espiões da Guerra Fria. Todos ocuparam altos cargos no Ministério do Exterior e na burocracia britânica. O destaque foi para Kim Philby, que se tornou membro do serviço de inteligência britânico e era nada mais nada menos que o responsável pela ligação entre os serviços de inteligência britânico e americano. Um golaço da KGB. Durante décadas, os agentes forneceram aos soviéticos informações tão profundas sobre os Estados Unidos e o Reino Unido que os próprios russos passaram a desconfiar de que poderia não ser verdade e começaram a duvidar do valor de suas informações. Nenhum deles foi preso, aliás, nenhum deles sequer foi processado por ser um agente duplo. Talvez soubessem demais, talvez não, certo é, porém, que apesar de a maioria ter desertado para a União Soviética, eles jamais foram acusados. Seja como for, o nome "Cambridge" tem seu apelo, dado o vínculo com a universidade mundialmente reconhecida. Foi esse o único motivo pelo qual os sócios o usaram quando criaram a "Cambridge Analytica" – era uma sugestão de que haveria algum tipo de relacionamento entre a empresa e a universidade. É claro, entretanto, que não havia. Cambridge Analytica era o nome fantasia da Strategic Communications Laboratories – SCL, uma empresa especializada em relações políticas ou, mais precisamente, uma espécie de relações-públicas cuja especialidade era produzir resultados eleitorais. Resumindo: a SCL era uma assessoria política criada para influenciar eleições em qualquer lugar do mundo. Possuía, inclusive, contratos com o próprio Ministério da Defesa do Reino Unido, assim como a Agência Central de Inteligência (CIA), a Otan e o FBI. Criada em 1993, havia atuado em mais de 50 países e 200 eleições, inclusive implementando projetos "de defesa". A Cambridge Analytica tinha um objeto específico: a manipulação de uma quantidade de dados incomensurável, um banco de dados que nunca havia sido produzido, os quais referiam-se à matéria-prima de qualquer ação política: pessoas. Sua intenção não era apenas convencer pessoas, mas convertê-las, torná-las crentes. Como veremos depois em mais detalhes, a conversão implica uma profundidade muito maior do que convencer; converter é fazer o indivíduo tornar-se parte de alguma coisa, e não simplesmente aceitar que tal coisa seja certa ou não. O convertido prega sua crença, torna-se um retransmissor, e não apenas um espelho que reflete uma imagem qualquer. O resultado é uma mudança de postura e comportamento, de passivo para ativo. Para isso a SCL comparava dados de todas as mineradoras e tinha acesso aos dados contidos no Facebook (veremos isso em tópico específico). A mudança do comportamento do indivíduo era o núcleo da SCL. O modo de influenciar comportamentos fora herdado de uma empresa, a Behavioral Dynamics Institute (BDI), criada por Nigel e Alex Oakes, e se destinava, incialmente, a fomentar uma cultura contra a violência, especialmente em países africanos em que os conflitos eram sangrentos, principalmente na África do Sul, após o *apartheid*. Logo foi usada, também, para prevenir ou reverter as propagandas e a arregimentação da Al-Qaeda. Transportar esse tipo de análise para a área eleitoral foi o que a SCL buscou, e criar uma ferramenta de alta tecnologia que fosse eficiente era o papel da Cambridge Analytica. O maior problema que a Cambridge enfrentava, contudo, era a necessidade de recursos financeiros, de tal volume que permitisse um investimento em equipamentos e analistas que fossem mais do que simplesmente hábeis, eles teriam de ser os melhores, capazes de criar um modo de filtrar os dados, que chegava a quase 600 pontos de informação para cada indivíduo, e deveriam fazê-lo em massa, para milhões de pessoas, ademais, deveriam possibilitar que esses dados fossem utilizados para uma classificação do chamado sistema OCEAN, que é uma forma sofisticada de avaliação psicológica. Com essa finalidade, o então CEO da Cambridge, Alexander Nix, buscou nos Estados Unidos um mecenas, Robert Mercer, e um novo executivo para a Cambridge, Steve Bannon.

UM CÍRCULO QUE COMEÇA A SE FECHAR

Robert Leroy Mercer é um gênio, formado em física e matemática pela Universidade do Novo México, com doutorado em ciência da computação pela Universidade de Illinois, trabalhou para a Força Aérea Norte-Americana, depois trabalhou na área de pesquisa da IBM. Sua habilidade em trabalhar com algoritmos fez dele um milionário. Foi convidado por Nicholas Patterson e James Simons, respectivamente, o diretor e o fundador da Renaissance Technologies, cujo objeto era a aplicação da matemática em análise financeira, e o foco de Mercer era o uso de algoritmos para prever a flutuação do mercado de ações. Mercer teve grande sucesso e lucros que chegaram a 25 bilhões de dólares. Posteriormente, deixou a empresa e passou a atuar diretamente na bolsa de valores. Sua saída da empresa deveu-se, segundo notícia do jornal *The New York Times*, a seu ativismo político. De fato, o bilionário criou uma organização chamada "O Movimento", cujo objetivo é ajudar partidos nacionalistas europeus em campanhas políticas, incluindo "Donald Trump, nos Estados Unidos, Jair Bolsonaro, no Brasil, Viktor Orbán, na Hungria, Matteo Salvini, na Itália, partido Vox, na Espanha, e Marine Le Pen, na França", o que está em pleno acordo com o desdobramento que se seguiu. Em 2013, tornou-se sócio da SCL e de Alex Nix, o qual então propagandeava que: "Treinamos o exército britânico, a marinha, o exército e as Forças Especiais dos Estados Unidos. Nós treinamos a Otan, a CIA, o Departamento de Estado, o Pentágono, usando recursos para influenciar o comportamento da conduta inimiga", e mais, a Cambridge mantinha contatos próximos com Michael Flynn e John Bolton, auxiliares ligados intimamente a Donald Trump. Seja como for, o perfil de Mercer está concretizado como sendo um bilionário americano, um gênio da matemática, pioneiro no uso de algoritmos para prever comportamentos complexos, especialmente na bolsa de valores, que possui profundas convicções políticas radicais de direita e que está disposto a investir pesadamente para influenciar o espaço internacional com sua ideologia política. Também nos parece claro que Mercer é refratário a aparições públicas e atua sempre através de terceiros. Não dá entrevistas e nunca é visto, sabe-se apenas que coleciona armas e equipamento de guerra, mas não há nada de concreto quanto a isso. Vive recluso, portanto, precisaria de alguém para o exercício dessa atividade de intervenção na política e, por afinidade, encontrou tal pessoa em Steve Bannon.

O MÁGICO

Personagem dos mais controversos por todos os ângulos pelos quais se possa examiná-lo, já de início há dificuldades na grafia de seu nome – Steve, Steven, Stephen, depende da fonte que se consulta –, porém, pouco importa, relevante é apenas entender seu papel nos momentos-chave, no Brexit e na eleição de Trump, eventos nos quais esteve profundamente envolvido, tendo contribuído decisivamente para o sucesso de ambos. Nascido no estado americano da Virgínia, em Norfolk, no ano de 1953, graduou-se em urbanismo na Virginia Tech e entrou para a marinha norte-americana. Seguiu carreira militar durante muito tempo e foi bem-sucedido, ocupou funções relevantes em navios de guerra, especialmente no destróier *USS Paul F. Foster*, realizando vigilância na Ásia, inclusive da China, e também rastreando submarinos soviéticos. Tornou-se oficial e chegou a assistente do estado-maior naval do Pentágono. Formou-se ainda em administração pela Georgetown University, onde fez o mestrado, e concluiu outro mestrado em administração na Universidade de Harvard. Trabalhou com fusões na Goldman & Sachs, prestigiada instituição financeira norte-americana. Foi depois disso que Bannon se aventurou por conta própria e criou uma empresa, a Bannon & Co., voltada para o setor de entretenimento. Logo atraiu grandes clientes, inclusive o político "prima-dona" italiano Silvio Berlusconi. Após diversas publicações criticando o Partido Democrata, acabou por se unir a Andrew Breitbart, fundador do site Breitbart News, com foco na ultradireita.

O ALÉM DA DIREITA E DA ULTRADIREITA

Giulio Cesare Andrea Evola, ou simplesmente Julius Evola, foi um teórico político italiano nascido em Roma (1898-1974), cujas ideias formaram o núcleo de um movimento político denominado tradicionalismo. Era seguidor de outro filósofo, René Guénon, seu contemporâneo, francês, nascido em 1886 e falecido no Cairo, em 1951.

Esse modelo de pensamento é profundamente obscuro – mistura crenças orientais, desde o budismo e o hinduísmo até a filosofia radical de Nietzsche, o que permite opiniões subjetivas de seus seguidores. Nuclearmente, a tradição envolve um conceito cíclico, nesses termos, o ciclo começa de uma explosão original e depois vai se decompondo, de modo a se tornar apenas detritos, e é aqui que uma nova explosão se dá e um novo ciclo recomeça, passando a desgastar-se novamente, até que outra explosão ocorre, e assim por diante. Adotando termos do hinduísmo, Evola define esses ciclos que se perpetuam com o predomínio de quatro castas: guerreiros, sacerdotes, comerciantes e escravos. Estaríamos dentro dessa última, e o desenvolvimento moderno é fruto dessa influência. A ideia é que o desenvolvimento em geral se dá através de castas superiores, capazes de entender os conceitos morais e filosóficos oriundos dessa sucessão. Cada intérprete tem posições próprias em relação ao contexto geral, incluindo a possibilidade de transitar entre as classes dominantes, mesmo pertencendo a outra classe. Nenhum desses filósofos logrou deixar seguidores, pelo menos até o momento, mas, embora os nomes não sejam citados, é muito do que hoje verificamos. Explica-se: o adverso dos tradicionalistas é a modernidade, embora defendam um sentido ainda mais peculiar de tal conceito. Moderno seria, ao que se percebe, tudo aquilo que levou à degeneração dos valores fundamentais, mas não se sabe exatamente de que momento seriam extraídos esses fundamentos, o que parece ter ficado a exame de cada hipótese. Podemos apontar um exemplo claro dentro dessa dialética. Os valores fundamentais dos Estados Unidos seriam os vinculados aos chamados "Pais Fundadores", que declararam a independência e criaram a Constituição americana. Tudo o que veio depois e que seja moderno em relação a esse episódio é visto como uma degeneração. Não obstante, o alcance e a natureza desses valores são analisados a partir da perspectiva dos tradicionalistas, ou seja, é a visão que estes possuem do entendimento que prevalece sobre quaisquer outros valores, o que, por sua vez, é discutível. Resta clara a identidade entre os tradicionalistas e os valores conservadores e também a miscigenação entre ambos; o conservador tende ao tradicionalismo nos termos em que Julius Evola o propõe. Mas os tradicionalistas vão além do conservadorismo e da preservação de valores, pois o que se pretende é a ressurgência desses valores ditos fundamentais em seu estado puro. Isso implica a aversão à imigração, vista como uma forma de corrosão, assim como a radicalização da luta contra o que entendem ser o papel do Estado na sociedade, além das questões de gênero e raça (nesse caso, os movimentos supremacistas seriam aceitáveis, mesmo que em parte). Uma movimentação anticatólica era natural, que deveria ser excluída de sua relação com o Estado, junto com uma afeição profunda aos elementos politeístas. Implicitamente racista, mas dando conta de um racismo espiritual, de difícil compreensão, Julius acolhia o fascismo como um produto das convicções mais puras. Assim, embora fundamentando suas opções em conceitos de natureza diversa, acabava por fazer coincidir as mesmas pretensões, inclusive na esfera antissemita. Durante anos, Bannon tentara de todas as formas buscar um veículo de suporte para suas ideias. O site Breitbart correspondeu a suas expectativas, e a familiaridade de ideias com o então CEO Andrew Breitbart facilitou a aproximação entre ambos. O site Breitbart era um repositório de ideias de ultradireita que envolvia supremacistas brancos, neonazistas e tudo que pudesse ser abrangido pelo conceito de "alt-right", ou direita alternativa. Com a morte de Andrew Breitbart, o site passou a ser dirigido por Bannon e continuou na mesma linha. O interessante é que Bannon não necessariamente aderia a esses ideais nos moldes em que seus defensores apresentavam; na visão dele, e seguindo os argumentos do movimento tradicionalista, a sociedade americana estava se degradando, e todos esses movimentos buscavam, em regra, a recondução de uma sociedade original, ou, em termos, branca. Existe uma sobreposição de valores e atitudes, os quais, embora diferentes de um modo sutil, convergiam, daí porque, independentemente da exata motivação, fosse pela comparação puramente racial ou, ainda, por uma visão de decadência social mais ampla, as atividades convergiam. E foi através do Breitbart que Bannon e Mercer se aproximaram e que o primeiro se tornou o emissário do bilionário engenheiro que era o mago dos algoritmos. E tudo continuava nesse sentido, até que surgiu a Cambridge Analytica.

O CONSERVADOR

A confluência de interesses dos tradicionalistas e conservadores foi a chave que permitiu todo o desenrolar da tecnologia envolvida na campanha de influência do Brexit. A base do raciocínio tradicionalista coincidia com os valores morais conservadores de muitos ingleses, o que fazia com que a defesa das próprias crenças fosse alimentada por outras com uma finalidade muito mais sutil. O tradicionalismo vê a União Europeia como uma traição às identidades nacionais e como uma corrupção dos valores morais e sociais, assim, pouco importa que conservadores discordem e tenham uma motivação diferente, desde que atuem no desmantelamento do que concluem ser uma decadência civilizatória.

O que sempre fomentou a identidade inglesa, em verdade, é o simples fato de que se trata de uma ilha, separada do continente europeu pelas águas difíceis do Canal da Mancha. Não fosse isso, a história inglesa seria outra. Mas nada disso importa, o que importa é que esses valores estão impregnados na sociedade inglesa, mesmo que de modo subconsciente, e foi exatamente a partir disso que Mercer e Bannon apostaram no Brexit como seu primeiro teste no desenvolvimento da arma de dominação mental de massa. E isso não teria acontecido sem a contribuição de um jovem cientista canadense de cabelos cor-de-rosa que vencera uma paraplegia que o deixara anos preso a uma cadeira de rodas. Esse personagem incomum foi o fator decisivo que levou ao sucesso do Brexit, à eleição de Trump em 2016 e ao ressurgimento da ultradireita no mundo.

O PUNK

A principal mente por trás do sistema que usou as tendências conservadoras anglófonas para radicalizá-las ao extremo não era inglês, mas canadense, e, pior, havia iniciado sua atividade técnico-política com Barack Obama e os democratas. Nascido em Vancouver, em 1989, Christopher Wylie é filho de médicos e teve uma infância e uma adolescência muito difíceis. Diagnosticado com uma doença muscular degenerativa rara, perdia sua capacidade física a cada dia que passava e terminou em uma cadeira de rodas, que o acompanhou até o início da vida adulta, quando, após diversos tratamentos, conseguiu se recuperar. Nesse intervalo da vida em que ficou limitado, Wylie desenvolveu um apetite intelectual incomum, e a informática era seu passatempo, o computador seu amigo mais próximo, o desenvolvimento de *softwares* sua atividade mais prazerosa – com certeza, o ambiente familiar, com estímulo intelectual dos pais médicos, ajudou. Seja como for, cedo mostrou uma *expertise* fora do comum. Também mostrou uma face contestatória e um inconformismo inato; logo pintou os cabelos de cores fortes, assumiu a homossexualidade e passou a usar roupas nada comuns. Descobriu também uma vocação para discussões políticas e foi trabalhar para o Partido Liberal Canadense, na área de tecnologia, em uma época em que as redes sociais ainda nasciam. Depois foi trabalhar na campanha de Obama, nessa mesma área. Foi lá que conheceu Ken Strasma, um dos diretores da campanha, o qual, segundo Wylie, teria dito a frase que o levaria a outro patamar de entendimento: "Tudo o que fazemos é entender exatamente com quem precisamos conversar e sobre quais questões". O que implica, basicamente, informação. O sistema de Obama, conhecido por VAN – Voter Activation Network Inc. –, incluía dados básicos como idade, gênero, raça, casa própria, assinaturas de revistas e dados públicos, cuja análise permitia concluir a tendência do indivíduo e a possibilidade de ele votar de uma maneira ou outra. Aqui é importante destacar um detalhe que iria se tornar a pedra angular de todo o método de processamento de dados da Cambridge Analytica: todos esses dados, assim como toda a pesquisa feita antes e depois, são analisados agrupando-se o indivíduo em classes, ou seja, ele tem casa própria e mora em um bairro eminentemente conservador, assina revistas de caça, é homem, branco e tem mais de 60 anos – o perfil é, portanto, de um indivíduo conservador. Esse é o tipo de perfil que se faz para uma análise comercial também: é o tipo de pessoa que se interessa por armas, por determinado tipo de carro, que consome produtos de luxo, etc. Esse método foi originalmente concebido e usado por empresas de seguro, mas, como já dissemos, com o tempo, a informação passou a ser acrescida de outros dados colhidos dos detritos que a navegação cibernética deixa. Já analisamos, nos capítulos anteriores, a mecânica da navegação cibernética – esse entendimento é essencial para que possamos compreender o desdobramento que se seguirá. Seja como for, depois trabalhar no parlamento canadense e na campanha de Obama, Wylie mudou-se para Londres. Após um período de adaptação, começou a trabalhar para os liberais democratas, ou "Lib Dems", um partido que não era conservador nem trabalhista, mas tinha posições de vanguarda, inclusive em questões de gênero. Seu objetivo junto aos "Lib Dems" era criar um *microtargeting*, uma forma de direcionar mensagens em um segmento cada vez menor, até chegar ao nível do indivíduo. Apesar de uma pesquisa incessante, mesmo com bases de dados mais amplas, nem Wylie, nem ninguém mais conseguia formular um algoritmo preditivo com base nos dados colhidos; havia discrepâncias que sugeriam uma "variável latente", ou seja, um elemento de influência que ainda não fora detectado. Wylie partiu em busca de ajuda e encontrou outro pesquisador da área, Brent Clickard, assim como Tadas Jucikas, todos especialistas em inteligência artificial. Juntos, montaram uma empresa própria, a Genus – AI – Artificial Intelligence, que seria uma divisão da SCL de Alexander Nix. Mas isso veio depois; Clickard estava finalizando seu ph.D. em Cambridge, e juntos passaram a desenvolver uma forma de elemento preditivo, já que os dados, da maneira como estavam, não permitiam que se chegasse a nenhuma conclusão. Foi de Clickard que surgiu a ideia de usar o sistema OCEAN, ou também chamado "Big Five". Basta saber que esse tipo de sistema classifica as pessoas conforme cinco características principais: a) aberta a novas ideias; b) conscienciosidade; c) extroversão; d) amabilidade; e e) neuroticismo. A vantagem desse sistema é que esse número de classes e de subclasses, como veremos, é pequeno, sem muitas divisões, de forma que sua análise se torna muito mais fácil. Ademais, é um método que se revelou extremamente eficiente. No entanto, esse tipo de dado não pode ser extraído do modo usual, quando o critério é aquele de agregação extraído do modelo comercial. Isso porque a classificação proposta não é de grupos, mas de indivíduos. Nesse caso, pouco importa serem brancos, homens, mulheres, gays, ricos ou pobres, se têm casa ou não, se são caçadores ou fotógrafos, pois a busca dos dados se dá pela personalidade, entendida como um conjunto de valores mentais ou, como veremos, morais. A ideia não foi bem recebida pelos "Lib Dems". Ademais, Wylie apontou que existia uma falta de identidade entre os eleitores e o partido. No final, a ideia foi rejeitada e Wylie deixou de trabalhar para os "Lib Dems", que sofre uma derrota colossal nas eleições. Fosse como fosse, Wylie não trabalhava mais para os "Lib Dems". Mas, quando Deus fecha uma porta, ele abre uma janela. Através do contato com um amigo, que sabia das pesquisas que Wylie fazia para os "Lib Dems", ele acabou sendo indicado nada mais nada menos que para a

Strategic Communications Laboratories – SCL e foi recrutado pelo CEO, Alexander Nix. Nunca houve uma fusão de interesses tão perfeita. A SCL estava pronta para criar a Cambridge Analytica, e o que a Cambridge buscava era justamente uma nova e mais eficaz ferramenta de influência psicológica, que iria superar as já sofisticadas ferramentas de persuasão que possuía. Por outro lado, Wylie conseguiria recursos praticamente ilimitados para sua pesquisa, afinal, Mercer e Bannon estavam por trás de Nix, na Cambridge, principalmente Mercer, cuja engenhosidade no uso dos algoritmos o tornara bilionário. Era inevitável que Bannon e Mercer vissem as ideias de Wylie com bons olhos. Prosseguiam, então, na busca da variável latente que desafiava a mente dos pesquisadores. O caminho fora apontado por Brent Clickard e Tadas Jucikas, o sistema OCEAN, mas havia outro problema: Mercer dizia que melhor que um banco de dados, somente um banco de dados maior. Mesmo que desenvolvessem um *software*, ele teria de usar um banco de dados gigantesco para ter alguma eficiência, afinal, deveria ser grande o bastante para abranger uma parte significativa ao ponto de influenciar o resultado de uma eleição – nesse caso específico, se o objetivo era o Brexit, como já mencionamos, no mínimo deveria abranger pelo menos 20% do total dos eleitores britânicos para que revertesse o resultado do plebiscito anterior. Mas, como veremos, conseguiram muito mais.

AS MÁGICAS DE MERLIN

O Merlin de hoje se chama Michal Kosinski, professor na Universidade de Stanford e pós-graduado em Cambridge; seu currículo é irrepreensível. Juntamente com outros dois cientistas, Wu Youyou e David Stillwell, ambos também de Cambridge e Stanford, publicaram uma pesquisa na Academia Nacional de Ciências dos Estados Unidos intitulada "Julgamentos de personalidade baseados em computador são mais acurados do que aqueles feitos por humanos". A pesquisa só recebeu o devido mérito após o escândalo da Cambridge Analytica. Resumidamente, a teoria de Michal Kosinski baseia-se na ideia de que o julgamento, ou a medida do julgamento da personalidade alheia, é uma habilidade social necessária, pois dessa percepção desenvolvemos toda a espécie de relacionamento em sociedade. Por meio dessa percepção, também fazemos escolhas, desde relações amorosas até opções político-eleitorais. Quanto maior for nossa capacidade de fazer escolhas corretas, mais sucesso teremos em nossos relacionamentos ou opções. A questão é determinar se um computador pode desenvolver uma percepção da personalidade tão ou mais acurada do que aquela feita por um ser humano. Para desvendar a questão, Kosinski e seus colegas empregaram a análise de dados do Facebook, analisaram os perfis de 70.520 pessoas tomando por base os *likes*, entendidos como sendo sinais usados pelo usuários do Facebook para expressar associações positivas com objetos *online* ou *offline*, tais como produtos, atividades, esportes, músicas, entre outros. Os *likes* revelam gostos, opiniões ou posicionamentos sobre as mais diversas temáticas. Para fins de comparação, pesquisaram-se amigos e familiares de cada um dos participantes, a fim de fazer um retrato da personalidade dos indivíduos objeto da experiência. A classificação de cada personalidade foi feita de acordo com a teoria chamada "Big Five" (a mesma indicada por Brent Clickard para Christopher Wylie na Cambridge Analytica). E havia uma razão para isso: é que os *likes* funcionam como elementos preditivos muito concretos em direção a cada um dos modelos na escala do "Big Five", permitindo uma medição extremamente precisa. Comparados diversos conjuntos, chegou-se às seguintes proporções, dentro de uma escala de 0 a 1: os colegas de trabalho chegam até o índice de percepção social de 0,27, os amigos e coabitantes atingiram 0,45, a família atingiu o índice de 0,50, o computador atingiu a média de 0,56, e a esposa, 0,58. Como são cinco as classificações, essa medida é a média – em três das classificações do "Big Five" a média foi superior até à da convivência íntima da pessoa com a esposa, atingindo 0,70 (abertura a novas experiências), 0,65 (amabilidade) e 0,63 (extroversão), com outras duas abaixo da média, próximo de 0,54 (conscienciosidade) e 0,52 (neuroticismo). A pesquisa indicou que o *software* conseguia estabelecer o indicativo da personalidade com extrema precisão: na média, ficou pouco abaixo do índice da pessoa em regra mais íntima, a esposa, e em todos os casos ficou sempre à frente da família e deixou longe o índice de qualquer forma de companheirismo ou amizade. Assim sendo, utilizando-se apenas os *likes*, pode-se determinar com precisão maior do que qualquer pesquisa estatística a tendência psicológica predominante daquela escala. Por uma questão de capacidade de processamento, foram colhidos 100 *likes* de cada indivíduo, restando claro que, quanto maior o número de dados, mais precisa se tornaria a pesquisa. Segundo o próprio Kosinski: "Nossos resultados mostram que os modelos baseados em dados de computador são significativamente mais acurados do que os humanos em um exercício sociocognitivo: julgamento de personalidade". Ao final, Kosinski faz questão de frisar que: "Entretanto, o conhecimento da personalidade das pessoas também pode ser usado para manipulá-las e influenciá-las. Compreensivelmente, pessoas podem desconfiar de tecnologias digitais ou rejeitá-las depois de perceber que seu governo, provedor de internet, *browser*, redes sociais ou mecanismo de busca podem inferir suas características pessoais mais acuradamente que seus familiares mais íntimos. Nós esperamos que os consumidores de tecnologia, desenvolvedores e políticos enfrentem esses desafios dando suporte às leis de proteção de privacidade e tecnologias, dando aos usuários o total controle sobre seus rastros digitais". Ele tinha toda a razão.

CONTÁGIO

Contágio é transmissão, aquilo que passa de uma pessoa para outra, pode se dar diretamente, por meio do contato entre dois indivíduos, e indiretamente, quando existe um elemento intermediário entre uma pessoa e outra. Como exemplo, alguém que toque um objeto que outra pessoa também tocou. O contágio pode ser, inclusive, emocional, quando um comportamento desencadeia outros idênticos ou não, sendo certo que essa influência pode atingir uma única pessoa ou um grupo de pessoas, todas que sejam expostas ao comportamento influenciador. Mas depois da mágica de Merlin feita por Kosinski, outra pesquisa também causou terremotos no mundo científico e, a princípio, não recebeu a atenção que deveria. Jamie E. Guillory e Jeffrey T. Hancock, da Universidade de Cornell, em Nova York, foram os cientistas que publicaram a pesquisa, que foi aceita e publicada pela Academia Nacional de Ciências dos Estados Unidos. O tema, "Evidência experimental de contágio emocional em escala massiva através das redes sociais", se tornou uma das ferramentas mais poderosas, junto com a análise de dados de Michal Kosinski, para garantir o desdobramento das atividades da Cambridge Analytica. O enunciado do artigo já era impactante: "Estados emocionais podem ser transferidos via contágio, levando pessoas a experimentar as mesmas emoções sem ter consciência". Ou seja, a manipulação das redes sociais pode induzir seus usuários a estados emocionais artificialmente criados, sem que o usuário tenha a percepção disso. É lógico que o impacto dessa pesquisa, estendida para o campo político, é imenso, permitindo uma nova forma de influenciar convicções e opções políticas, sem que o cliente/usuário/eleitor tenha conhecimento de que está sofrendo esse tipo de assédio. O método utilizado foi engenhoso. Em vez de usar estímulos positivos ou negativos para depois verificar se os efeitos se confirmavam ou não, os pesquisadores escolheram outro caminho: passaram a eliminar *posts* positivos ou negativos dos clientes/usuários e verificar se essa eliminação causava algum efeito. Embora a pesquisa tenha se dirigido para essa escolha de modo natural, a consequência é uma aferição muito mais precisa. Realmente, o cliente/usuário não foi exposto a alguma forma de estímulo que o conduzisse, ele simplesmente permaneceu em seu próprio universo de comunicação, portanto dentro de seu ambiente de conforto, sem nenhum estímulo adicional. E o resultado foi espantoso. Quando os *posts* positivos eram reduzidos e, portanto, o cliente/usuário era exposto a mais *posts* negativos, dos quais já era alvo antes, ele simplesmente passava a postar fatores negativos, expressando-se em uma linguagem negativa. Por outro lado, quando os *posts* suprimidos eram os negativos e os positivos cresciam, o cliente/usuário passava a se manifestar mais positivamente. O estudo partiu do ponto de vista de que a convivência pessoal influenciava os indivíduos, mas a pergunta é se esse contágio poderia se dar também sem que houvesse contato pessoal, simplesmente através da comunicação basicamente escrita. Foi assim que a pesquisa demonstrou:

a) contágio emocional ocorre por meio de comunicação via texto baseada em mídias computadorizadas;

b) contágio de qualidades psicológicas ou fisiológicas tem sido sugerido com base em dados correlacionados por redes sociais genericamente; e

c) expressões pessoais de caráter emocional usadas no Facebook preveem expressões emocionais em seus amigos mesmo dias depois.

Essa conclusão impacta inclusive o uso dos algoritmos pelas mídias sociais, que controlam aquilo que o cliente/usuário vê e que pode induzi-lo a um estado emocional sem que ele tenha sequer consciência da manipulação dos estímulos aos quais está exposto. A pesquisa foi consistente e os resultados, conclusivos. O interessante é que nenhum estímulo extra, positivo ou negativo, foi introduzido no universo do cliente/usuário, mesmo assim, apenas pela supressão dos temas, o efeito ocorreu, o que mostra como o cliente/usuário é suscetível à influência pelo controle das informações que recebe. E tudo sem necessidade de contato pessoal. O conceito de negatividade ou positividade é extraído a partir do uso de palavras-chave, e a pesquisa examinou 3 milhões de comentários e 122 milhões de palavras, sendo que 4 milhões de palavras foram dadas como positivas e 1,8 milhão como negativas, frisando-se que o conteúdo não foi avaliado por contraposição entre negativo/positivo, e sim por cada espectro em suas próprias características. É importante frisar a principal característica do estudo, que a interação entre o lado positivo e o negativo não foi vinculada a nenhum fato em particular, e sim no controle da frequência de citações dessa natureza. Daí porque não há como vincular o resultado a algum sintoma específico por parte da comunicação, por provir de um interlocutor ou fonte específica, o que se traduz em especial confiabilidade no resultado. Consequentemente, nenhum argumento divergente foi diagnosticado. Ao final, os autores são claros: "Mensagens *online* influenciam nossa experiência emocional, a qual pode afetar uma variedade de comportamentos *offline*". Com essa confirmação, a possibilidade de conversão de um eleitor para que se torne um retransmissor de emoções fica explicado. E fica claro que a manipulação emocional pode ser feita através da comunicação escrita, principalmente, criando um efeito manada, desde que seja possível identificar o estímulo certo e veiculá-lo da maneira correta também. Assim, a Cambridge deu mais um passo à frente: primeiro, determinou que poderia diagnosticar a personalidade de cada indivíduo através de suas manifestações nas redes sociais, especialmente no Facebook, depois, que poderia influenciar emocionalmente grandes grupos com publicações. Mas há um grande gargalo: para que isso seja feito e tenha grandeza suficiente para influenciar uma eleição, é necessária a coleta de dados em massa, o que seria especialmente difícil. Mais precisamente, seria necessário coletar milhões de dados de milhões de pessoas que fossem extensos o suficiente para permitir que fosse feita uma análise. No caso de Kosinski, foram pelo menos cem *likes*, no caso de Kramer e seus colegas, cerca de 22 milhões de palavras. O obstáculo seria vencido de maneira mais fácil do que poderiam imaginar, com a ajuda de um cientista russo com vínculos obscuros que se uniria à Cambridge Analytica.

O CONSELHEIRO IAGO

Aleksandr Kogan, nascido na União Soviética, mais precisamente na Moldávia, em 1986, é psicólogo, desenvolve pesquisas sobre estados emocionais e processos sociais e acabou se vinculando à Universidade de Cambridge. Fundou duas empresas, a Global Science Research (GSR) e depois a Philometrics. Antes disso, trabalhara no próprio Facebook, como consultor em psicologia comportamental. É interessante notar que Kogan estava vinculado à Universidade de São Petersburgo, na Rússia, de onde recebia os recursos que eram investidos em sua pesquisa, tornando esse vínculo concreto. Quando o escândalo do vazamento dos dados veio à tona, Kogan desapareceu; ao que se sabe, mudou seu nome e radicou-se nos Estados Unidos. Nada mais se soube dele. Se não trabalhava para o GRU ou o FSB russos, parece agir como se trabalhasse, afinal, mudança de identidade e desaparecimento não são fatos corriqueiros em nenhum lugar do mundo. Posteriormente, a executiva da Cambridge Analytica Brittany Kaiser afirmaria que ele tinha ligações com a Rússia. Seja como for, o problema dos dados foi resolvido a partir da GSR. Ao que se sabe, Kogan empregou funcionários do próprio Facebook em sua empresa e também contava com o apoio de programadores com alto grau de *expertise*. Não se pode descartar que o próprio setor cibernético do GRU tenha participado desse desenvolvimento, mas existe a certeza de que criou *softwares* capazes de coletar dados dos usuários do Facebook. Em primeiro lugar, a GSR tinha acesso total para desenvolvimento de projetos junto ao Facebook. Isso fazia parte do próprio conceito de Zuckerberg, que queria criar um sistema transparente, em que outros desenvolvedores pudessem criar seus próprios projetos dentro da plataforma do Facebook. Já mencionamos isso quando analisamos brevemente as redes sociais. Algo com que ele não contava é que alguém pudesse usar esse privilégio de acesso para subtrair os dados dos usuários para outros fins que não o desenvolvimento de projetos dentro da própria plataforma. Seja como for, Kogan (e aqueles que o auxiliavam) usou o mesmo raciocínio de Sergei Rasturguyev, o de que basta fazer com que a tartaruga queira sair do casco, ou seja, que o usuário queira dar suas informações. E foi relativamente simples. A premissa da plataforma do Facebook é o partilhamento de experiências, formam-se grupos de amigos com interesses comuns, assinalamos o que gostamos com um *like*, comentamos publicações de outros e postamos as próprias. Quando temos amigos, estes veem nossa página, assim como vemos as deles. Quando vemos as deles, vemos as publicações que os amigos de seus amigos fazem para ou com ele. Muito simples. O que a GSR fez foi postar em redes sociais *softwares* que atraíam a atenção dos usuários. Uma dessas postagens oferecia um teste psicológico gratuito, outra pagava um dólar a quem fizesse um teste. Outras ofereciam brincadeiras como jogos ou algum tipo de atrativo, como manipular uma fotografia para mudar a aparência ou coisa assim. Algumas eram divertidas, dando prognósticos sobre a personalidade, profissão ou outra coisa qualquer. Quase ninguém resistia, afinal, o Facebook era um campo aberto e supostamente controlado. A GSR então lançou os *posts*, e os usuários/clientes clicavam sem maiores preocupações. O que eles não sabiam é que quando clicavam em tais *posts* autorizavam, automaticamente, o desenvolvedor, nesse caso a GSR, a ter acesso total à sua página, podendo ver e coletar todas as informações que entendesse necessárias, sem absolutamente nenhuma restrição. Quando o cliente/usuário entrou no Facebook, permitiu que a plataforma mantivesse controle de suas informações, e não havia nada de ilegal nessa coleta, pelo menos enquanto dentro do ambiente da plataforma. Então, a pessoa que clicava permitia acesso completo ao seu *feed* de notícias, por exemplo. Porém o mais importante é que, como o usuário/cliente tinha amigos, que é, repito, a própria razão de ser da rede, o usuário/cliente tinha acesso às páginas deles, da mesma maneira que eles tinham à sua. Resumindo, a GSR entrava na página do cliente/usuário e de todos os amigos dele, e depois, dos amigos dos amigos, e assim por diante. Isso significa que acessaram informações de praticamente todos os usuários do Facebook. Podemos concluir que tal acervo de dados incluía praticamente toda a população mundial economicamente ativa. E foi então que Aleksandr Kogan entregou ou vendeu esses dados para a Cambridge Analytica. Como foi feita a ligação entre Kogan e a Cambridge é um fato não suficientemente esclarecido.

Como veremos depois, o GRU estava profundamente envolvido com o Brexit e, mais especialmente, com a Cambridge Analytica, tanto que oficiais russos frequentavam a sede com assiduidade. Kogan possui indicativos de que tinha ligações com Moscou, recebendo dinheiro russo para efetuar suas pesquisas. Para todo lugar onde se voltam os olhos, estão a Rússia e seus sistemas de inteligência. Mais tarde foi instaurada uma comissão parlamentar, na tentativa de esclarecer a influência russa no Brexit. Veremos isso com mais detalhes posteriormente. Quando o escândalo da Cambridge Analytica foi para os jornais, o nome de Kogan foi junto, assim como o de Zuckerberg. Emitiram-se declarações, realizaram-se audiências, o Facebook se disse traído, Kogan afirmou que a venda dos dados foi lícita e, ao final, a discussão não chegou a nenhuma conclusão. Seja como for, os dados foram extraídos da plataforma Facebook, e, se depois Kogan agiu por conta própria ou não, reputo como questão secundária. A plataforma exigiu que a Cambridge Analytica destruísse quaisquer dados que tivesse recebido de Kogan. A Cambridge primeiro negou ter tais dados e, depois, que foram destruídos. Aliás, a própria Cambridge encerrou suas atividades após o escândalo, portanto não há como saber se tais dados foram preservados ou não. Tudo leva a crer que ainda estão armazenados em algum lugar, talvez, ainda, em sistemas russos. Seja como for, os dados foram parar nas mãos de Christopher Wylie. Ele tinha, agora, o material necessário para trabalhar com a "variável latente", visto que, como Mercer previra, melhor que um banco de dados, somente um banco de dados maior. O mais ambicioso projeto de manipulação mental da história tinha agora a ideia exata do que fazer e um projeto concreto: buscar o maior banco de dados da história humana, com o acréscimo de que esses dados eram espontâneos e de enorme diversidade.

A ARMA DE DOMINAÇÃO MENTAL DE MASSA

A descrição que faço a seguir é um resumo das informações contidas no livro *Mindf*ck – Cambridge Analytica and the Plot to Break America*[8*]. O fato é verídico.

– Me dê um nome.

---

8 WYLIE, Cristopher. *New York: Random House*, Kindle Edition, 2019.

O ano é 2014, Londres, sede da Cambridge Analytica. Christopher Wylie, Tadas Jucikas e Alexander Nix, o CEO da empresa, estavam em uma sala defronte a um monitor gigante. Havia um homem mais gordo sentado com eles, fartos cabelos longos, usando uma jaqueta surrada que era sua marca registrada, olhos azuis, rosto largo, com uma expressão sempre séria. Era o vice-presidente da empresa, Steve Bannon, indicado por Robert Mercer para controlar a Cambridge Analytica, criada exclusivamente para o desenvolvimento de uma nova tecnologia de comunicação de massa. Uma subdivisão da Strategic Communications Laboratories – SCL, da qual Nix era CEO. Bannon estava lá para avaliar os resultados do projeto depois que Kosinski e Kogan haviam entregado todo o material que possibilitaria a pesquisa. A ida de Bannon ali era uma cobrança. Foi Jucikas quem fez a pergunta. Bannon pareceu confuso, mas deu um nome qualquer.

– Agora me dê o nome de um estado – continuou Jucikas, referindo-se a estados norte-americanos.

– Nebraska – respondeu Bannon, incrédulo.

Jucikas então inseriu o nome no sistema. Havia várias pessoas e escolheu-se uma aleatoriamente; bastou um clique e a tela gigante da sala de reuniões iluminou-se com uma foto. Mais informações apareceram: onde a pessoa trabalhava, onde morava, quem eram seus filhos, qual era sua escola, havia a informação de que havia votado em Mitt Romney na eleição de 2012, seu gosto por músicas de Kate Perry, o carro que dirigia era um Audi, e mais e mais pequenos pedaços de informação eram juntados. Havia também dados de outras fontes, inclusive do censo oficial dos Estados Unidos, dados estatais e bancários retirados de quaisquer outras fontes por meio das mineradoras de dados, inclusive aplicações bancárias, hipotecas, ela não possuía armas, sabia-se até mesmo seu programa de milhagens aéreas e qual companhia ela usava geralmente quando viajava, estado civil, uma ideia de seu estado de saúde e até mesmo uma foto de satélite de sua casa. Um perfil mais do que completo.

Bannon parecia não acreditar no que estava vendo. A cereja do bolo é que os dados eram atualizados *online*, ou seja, se fosse feita alguma publicação no Facebook, ela seria automaticamente incorporada ao perfil. Isso sem que ela soubesse de nada. Mas Jucikas continuou:

– Me dê outro nome.

E Bannon deu, vários outros nomes foram dados, e a cada menção a tela se enchia com um perfil muito diferente do que havia existido até então. Não se tratava de informações de consumo, o que se exibia era um completo perfil pessoal, o qual permitia uma análise psicológica comportamental que poderia ser executada através do sistema de Kosinski. Conforme já dissemos, com cem pontos o sistema era capaz de identificar a personalidade de um usuário no mesmo grau e profundidade de conhecimento de sua esposa, por exemplo, e ali estavam chegando a mais de trezentos (e depois chegariam a 540), o que faria com que a análise fosse tão profunda que chegaria ao próprio inconsciente e permitiria que o indivíduo fosse praticamente dissecado, de modo ainda mais profundo do que faria qualquer pessoa com a qual convivesse, por maior que fosse a intimidade. Isso porque as escolhas do cliente/usuário eram reflexo direto de suas opções, e não de uma representação social ou familiar. Foi Nix quem falou depois:

– Espere, quantos desses nós temos?

– Nós estamos na casa das dezenas de milhões e, nesse ritmo, se tivermos fundos suficientes, teremos 200 milhões até o fim do ano.

– E nós sabemos literalmente tudo sobre essas pessoas? – Nix somente agora se dava conta da extensão do trabalho. Foi Wylie quem respondeu:

– Sim, esse é exatamente o ponto. – Foi nesse momento que Nix teve um *insight* brilhante:

– Wylie, nós temos o número dos telefones dessas pessoas?

– Sim, claro.

Nix forneceu um número aleatório nos Estados Unidos, Jucikas inseriu o nome no sistema e o nome de Jenny Smith surgiu na tela, com todos os dados, da mesma forma que havia acontecido antes. Só que desta vez Nix simplesmente pegou o telefone da sala de reunião e ligou para o número. Uma voz feminina atendeu:

– Alô?

– Alô, senhora. Eu peço desculpas por incomodá-la, mas estou ligando da universidade de Cambridge. Nós estamos conduzindo uma pesquisa. Eu poderia falar com a senhora Jenny Smith?

– Sou eu.

– Sra. Smith, eu gostaria de saber sua opinião sobre o seriado *Game of Thrones*.

Nix sabia, pelo arquivo que aparecia na tela, que Jenny era fã do programa, e as respostas vieram de acordo com o arquivo, afinal, este era fruto de suas postagens. Nix ainda perguntou sobre os filhos e a escola e todos os outros detalhes do arquivo produzido pelo sistema desenvolvido por Wylie, Jucikas, Kogan e outros cientistas do grupo. Com um largo sorriso estampado no rosto, Bannon não resistiu:

– Deixe-me fazer uma vez!

Foi assim que o sistema foi criado. Wylie mal conteve o orgulho, e todos ali pensavam a mesma coisa: quais seriam as consequências que poderiam ser extraídas e como fazê-lo. Fato consumado, a primeira arma de controle mental com impacto de massa do mundo havia sido criada, e nada seria igual a antes. Wylie afirmou que havia reconstruído milhões de pessoas "in sílico", ou seja, artificialmente, através de chips de silício. Era verdade. Mas o pior veio depois.

MATRIOSHKA – VÁRIAS EM UMA SÓ

Em meados de 2014, a Cambridge Analytica foi contatada pela empresa de petróleo russa Lukoil, por meio do CEO Vagit Alekperov, mais um dos *siloviki* de Putin. O tema era a realização de operações de desinformação em mídias sociais, especialmente através do Facebook e do Twitter, mais capazes de construir credibilidade e criar seguidores. Por qual razão a empresa pretendia ações dessa natureza, não ficou explícito. Mas a Lukoil é reconhecida como uma empresa de cobertura para agentes do serviço de inteligência russo, o FSB e o GRU. Foi então que o GRU entrou na Cambridge Analytica. O contato foi feito através de um intermediário chamado Sam Patten, um provável agente da inteligência russa que atuava na Ucrânia e havia trabalhado para a Lukoil no Cazaquistão. O representante do GRU foi um antigo oficial chamado Konstantin Kilimnik, o qual, naquela época, trabalhava também com Paul Manafort, que seria um dos mais influentes membros da futura campanha de Donald Trump. Não era coincidência que, ao mesmo tempo, Kogan trabalhava para o governo russo no desenvolvimento de projetos cujo objetivo era identificar pessoas com transtornos mentais e explorar seu comportamento como *trolls* nas redes sociais. Sua pesquisa havia identificado que indivíduos com alto grau de psicopatia eram os que mais gostavam de postar sobre questões políticas ligadas ao autoritarismo. Ou seja, trata-se de induzir ao ódio e à paranoia aqueles que tenham inclinação e, portanto, possam ser influenciados nesse sentido. Wylie narra também que Nix se reunia com membros da inteligência russa, embora não soubesse exatamente de qual órgão, GRU, FSB ou outro. É certo, porém, que através de Kogan eles tinham acesso a todo o sistema. A Cambridge Analytica estava profundamente comprometida com a inteligência e os interesses russos. É interessante observar que, nesse momento, elaboraram uma pesquisa com o público americano sobre a imagem de Putin, e a resposta foi surpreendente: para a maioria dos americanos, Putin era considerado um líder positivo para a Rússia. Vale a pena observar que, tempos depois, Sam Patten foi condenado nos Estados Unidos por atuar como um agente russo durante as eleições de 2016, em que Trump foi vencedor, assim como Konstantin Kilimnik, ambos ligados a Paul Manafort, outro dos diretores da campanha de Trump.

LADY MACBETH

O nome Macbeth dispensa apresentações. A história de Shakespeare é um retrato da ambição, da vaidade, da traição e da culpa. Resumidamente, Macbeth recebe a profecia de que será rei e pensa em assassinar o atual monarca e tomar-lhe o lugar. É perseguido por dúvidas e temores, e sua esposa, Lady Macbeth, então se torna a voz sombria que influencia o general, tramando, convencendo e, sobretudo, conspirando. É Macbeth quem mata o rei a golpes de faca e lhe toma o trono, mas a mão de Lady Macbeth estava tão manchada de sangue quanto a dele. É ela quem diz ao marido que um pouco de água limpará o sangue de suas mãos, mas, consumido pela culpa, Macbeth passa a lavar as mãos compulsivamente e, no entanto, continua a ver as manchas e a sentir o cheiro de sangue. É curioso que a psicologia denominou "efeito Macbeth" a compulsão para lavar as mãos que indivíduos geralmente têm quando manifestam sentimento de culpa. Talvez Shakespeare tenha antecipado a descoberta psicológica, porém, com certeza, jamais poderia imaginar o que aconteceria na Inglaterra séculos depois. Seria interessante, no entanto, pensar que peças ele escreveria com o farto material disponível na internet. Seja como for, poderíamos ter uma candidata a Lady Macbeth: Brittany Kaiser. Alex Nix, CEO da SCL e também da Cambridge, contratou Brittany por dois motivos: primeiro, porque tinha experiência com política, tendo trabalhado na campanha da eleição do presidente americano Barack Obama, e depois porque seu trabalho estava vinculado às mídias sociais. Obama foi um dos pioneiros no uso desses recursos. Era, portanto, a candidata ideal. Quando ela entrou, Wylie acabara de sair e ambos não se cruzaram. O trabalho de Wylie, Jucikas e dos outros cientistas já estava finalizado e começava a ser testado. Kogan continuava na empresa, portanto o GRU continuava acompanhando o desenvolvimento da nova arma da Cambridge. Finalmente, David Cameron abriu a caixa de Pandora e decidiu realizar o segundo plebiscito sobre o Brexit. A notícia soou como música para a Rússia. A estratégia russa desde o discurso de Putin em Munique não deixava margem a dúvidas: qualquer enfraquecimento europeu seria um ganho russo. Retirar a Inglaterra da União Europeia seria o golpe de mestre, enfraqueceria o bloco europeu de modo decisivo, pois a Inglaterra é uma das principais economias do bloco e uma liderança política incontestável. Se não era a potência mundial que fora antes da Segunda Guerra Mundial, não deixava de ser uma liderança europeia, uma das três grandes, junto com a França e a Alemanha. O afastamento traria alguns bônus, poderia servir de germe para o desfazimento da Otan, cuja existência era contestada pelos russos, e traria ruídos para o relacionamento com os Estados Unidos, que teriam de tratar com "duas" Europas, sendo que uma reduzida a apenas um país. O interesse russo era grande, a relação com a Inglaterra era uma obsessão russa, especialmente porque era ali que espiões ocidentais costumavam se refugiar (e onde a Rússia os matava ou tentava matar). Brittany faria a ponte entre a Cambridge, a campanha do Brexit e os serviços de inteligência russos. Ela não contava que, tal como aconteceu com Lady Macbeth, tudo viesse a acabar em tragédia.

A FLORESTA QUE SE MOVE

"Macbeth jamais será vencido enquanto a floresta de Birnam não subir contra ele em Dunsinane", diz um oráculo na forma de uma criança coroada. E Macbeth se sente invencível, porque florestas não se movem.

Da mesma forma, David Cameron pensava que um referendo que já havia sido feito antes, com quase 70% dos votos a favor da permanência da Inglaterra na União Europeia, o colocava em posição vantajosa demais para ser perdido. Seu erro, fatal, foi não perceber que se tratava de uma guerra, e não de uma simples campanha. Nesses termos, diferenciamos campanha de guerra na concepção que propusemos como sendo a continuidade da política, no caso, russa, entre várias, por outros meios, nos exatos termos propostos por Clausewitz. Não obstante, mesmo em se tratando de um confronto de caráter mental e de natureza moral, é preciso um exército, ou melhor, um corpo, para que as ações possam ser executadas. Nesse caso, mais especificamente, uma organização que trouxesse para si a responsabilidade de lidar com o uso dos meios de convicção informacionais de modo legítimo em aparência. O veículo ideal para essa movimentação era o United Kingdom Independence Party – UKIP, fundado em 1993 e liderado por Nigel Farage. Nigel era muito próximo da Rússia, participava do principal meio de comunicação de massa russo, o Russia Today (RT), e seu interesse no Brexit era igual ao interesse russo. O UKIP seria o veículo para a campanha do Brexit. Na verdade, foram formadas duas campanhas oficiais reconhecidas pela Comissão Eleitoral do Reino Unido; a primeira era o "Vote Leave", formado pela liderança tradicional, que incluía os parlamentares do Partido Conservador, do Partido Trabalhista e do Partido Unionista Democrático da Irlanda do Norte. Todos eram eurocéticos havia tempos. Havia ainda políticos que se moviam na incerteza e esperavam o último momento para decidir, a fim de apostar em quem provavelmente venceria. Naquele momento, o político mais popular do país e que seria nomeado depois como primeiro-ministro, o deputado Boris Johnson, ocupava essa posição. A outra campanha reconhecida era a "Leave.EU". Esta era liderada por Nigel Farage e pelos membros do UKIP, cujo mote sempre teve uma tendência agressiva, publicando imagens consideradas racistas até mesmo pelos eurocéticos. Buscavam um nacionalismo extremista. Moviam informações falsas, tais como o valor de 350 milhões de libras por semana que a União Europeia custava, ou a informação de que 76 milhões de turcos poderiam entrar na Europa (essa é a população total da Turquia), em um evidente jogo de palavras. Boris Johnson afirmava que a União Europeia estava seguindo o caminho de Hitler e seu nazismo ao tentar unificar a Europa. Porém, Nigel Farage tinha uma conexão que seria chave: era um amigo próximo de Steve Bannon, o VP da Cambridge. Em defesa da permanência da Inglaterra na União Europeia havia apenas uma campanha, "Remain" ou "Stronger In", que contava com o primeiro-ministro Cameron e todos os apoiadores da União Europeia. Mas não bastava um corpo, havia necessidade de uma alma para que as mensagens fossem enviadas, o custo era alto e o UKIP não tinha como arcar com essas despesas. Por outro lado, contribuições russas diretas ou mesmo indiretas, via Lukoil, como feitas até aquele momento, seriam muito arriscadas, pois confirmariam a influência russa no referendo. A solução tinha um nome: Arron Banks.

BUSINESS IS BUSINESS

Arron Banks doou para a campanha "Leave.EU" cerca de 12 milhões de libras esterlinas, tornando-se o maior contribuinte de uma campanha na história inglesa e, talvez, do mundo. Banks é um milionário que fez fortuna explorando minas de diamantes na África do Sul. É o típico sujeito de quem ninguém ouviu falar, até que fosse tarde demais. Porém, mesmo sendo milionário, seria duvidoso que Banks doasse 12 milhões de libras esterlinas a fundo perdido para uma campanha cujo resultado era incerto e que da última vez havia sido desfavorável. Mas os russos sabiam que não há nada que um milionário deseje mais do que mais milhões em seu cofre. Tempos depois, uma reportagem investigativa produzida pelo jornal *The Guardian* e assinada pela jornalista investigativa Carole Cadwalladr mostrou que nessa época estreitaram-se as ligações entre Banks e o governo russo, que acenou ao magnata com a possibilidade de explorar minas no território russo. Idealmente, as chances de lucro na exploração de jazidas no rico território russo são imensas. A probabilidade de fazer explorações traria lucros tanto para os russos quanto para Banks. Os primeiros receberiam sua parte sem nenhum investimento e Banks estaria certo de que seu negócio se expandiria, com lucros consideráveis. Ademais, os russos não pagariam sequer um centavo, podendo negar que tivessem alguma relação com a campanha do "Leave.EU". As reportagens de Cadwalladr caíram como uma bomba. A jornalista descobrira que líderes do "Leave.EU" haviam feito inúmeras reuniões com oficiais russos de alta patente, duas delas na mesma semana em que a campanha do "Leave.EU" foi lançada. Em 17 de novembro de 2015, Arron Banks foi recebido pelo embaixador russo na Inglaterra, Alexander Yakovenko, que o apresentou a um grupo de empresários russos que exploravam minas de ouro na Rússia. Nessa ocasião, segundo publicação do jornal *The Guardian* de 9 de junho de 2018, foi apresentada uma proposta que lhe dava a chance de investir em um plano para comprar seis empresas de exploração de ouro e realizar uma fusão entre todas elas, com um potencial de lucros que poderia chegar a um bilhão de dólares. As reportagens de Cadwalladr eram cada vez mais precisas e cada vez mais dados eram escavados. No final das contas, revelou-se um personagem-chave, que levou a seguidas publicações dos jornais *The Guardian* e *The Observer*, que estão entre os mais importantes da Inglaterra. Tratava-se de um ex-funcionário da Cambridge, o qual teve amplo acesso a todo o sistema que havia sido criado e que levaria informações até para o Federal Bureau of Investigation (FBI), nos Estados Unidos: Christopher Wylie. Banks sempre negou qualquer conexão entre as doações feitas para a campanha do "Leave.EU" e as conexões com a Rússia. Processou Cadwalladr pelas afirmações, porém perdeu. Se Banks era vinculado à atividade de espionagem russa, provavelmente jamais se saberá, porém, pelo teor do que a imprensa demonstrou, agiu como se fosse. O mecanismo estava pronto para ser usado; o sistema criado por Wylie, Jucikas e Kogan, entre outros, estava operacional, Bannon tinha o comando, os russos tinham objetivos idênticos e participavam do projeto financiando-o indiretamente, através de Kogan, na criação do superbanco de dados e do sistema de diagnóstico do "Big Five". A campanha do "Leave.EU" era perfeitamente adequada como corpo material do sistema e iria operar como exército de campo, visível e legítimo. Nem Shakespeare pensaria nisso; tal como em Macbeth, a floresta começou a se mover em direção a Londres, onde o primeiro-ministro Cameron nem sequer tinha ideia do que viria a enfrentar na luta pelo referendo do Brexit.

APLAUSOS PARA LADY MACBETH

Um dia depois que Arron Banks se encontrou com o embaixador russo, o Leave.EU deu seu pontapé inicial em uma festa de lançamento, na mesa principal, com todos os líderes do movimento, e Brittany Kaiser

Pós-verdade e fake news

estava presente, representando a Cambridge Analytica. Após o escândalo que tomou conta da Inglaterra quando se descobriram as atividades ocultas da Cambridge Analytica, tanto Brittany quanto Alex Nix negaram que tivessem prestado qualquer auxílio para a campanha do Leave. Ao ser questionada sobre o que fazia na festa de lançamento da campanha, sentada à mesa principal ao lado dos líderes do Leave, Brittany defendeu-se, afirmando que naquele momento havia só um compromisso, que não foi levado adiante. A negativa tinha lá sua razão de ser, até porque, se fosse admitida, poderia levar a um processo criminal. Novamente a imprensa livre mostrou sua razão de ser, novamente Carole Cadwalladr e os jornais ingleses *The Guardian* e *The Observer* aprofundaram o tema e concluíram que a participação da Cambridge na campanha do Leave. EU ficara mais do que evidente. O escândalo gerou um documentário, *Privacidade hackeada*, disponível na plataforma de *streaming* Netflix. Faltando cerca de uma hora para o fim do documentário, Cadwalladr exibe todas as declarações, inclusive de Alexander Nix, confirmando a participação da Cambridge no referendo. Uma dessas declarações foi dada pelo próprio Alexander Nix para a revista *Campaign,* em que informou que chegavam a ganhar 3 mil novos seguidores por dia. Quando perguntado por qual razão havia dito isso, Nix não soube explicar.

REDENÇÃO A SHAKESPEARE

Nos dramas de Shakespeare a tragédia se anuncia de antemão. Macbeth morre, Lady Macbeth também, por suicídio ou não. No mundo real, as situações não são tão agudas (em regra), e há quem busque se redimir de condutas com as quais é difícil arcar ou, ainda, para tentar se furtar das consequências ou diminuir seus prejuízos. Brittany teve seu momento de redenção – colaborou com o documentário *Privacidade hackeada* e escreveu um livro, *Manipulados*, no qual conta, conforme lhe convém, os bastidores da Cambridge Analytica, que descreve como uma agência não de propaganda, mas de mudança de comportamento, o que é bem diferente. A ideia, segundo ela, não era a validação social do comportamento, o qual, em regra, reforça uma tendência preexistente, mas converter o eleitor. Uma das diferenças, nada secreta, deriva do fato de que o sistema antigo possuía uma ideia ou produto e os vendia;

a novidade, agora, era que primeiro se determinava o que as pessoas queriam, quais eram seus desejos e motivações, e, a partir disso, montava-se exatamente o que se desejava que existisse e correspondesse exatamente às necessidades de cada um. Isso somente foi possível a partir do momento em que as redes sociais permitiram que o indivíduo fosse escrutinado pelos dados que espontaneamente informava. A pergunta era: o que a pessoa quer ouvir para ser influenciada "a ir na direção em que você, o cliente, queria que fosse?". A mudança de foco é evidente, não se concentra no candidato nem no produto, concentra-se no público. Conforme observamos anteriormente, o professor Michal Kosinski (que trabalhou para a Cambridge) conseguira determinar as tendências comportamentais e as personalidades de usuários do Facebook com cerca de 100 (cem) pontos de referência. Isso lhe permitiu fazer avaliações tão efetivas quanto a pessoa que ocupa o espaço de maior intimidade do indivíduo, seu cônjuge. Brittany dá conta de que a Cambridge dispunha de 570 pontos de dados de cada usuário/cliente do Facebook e que, com a soma dos demais pontos de informações captados de outras fontes (as mineradoras), chegaram até a 5 mil pontos, em alguns casos (maiores de 18 anos nos Estados Unidos), o que lhes permitia um perfil mais preciso do que aquele que o próprio usuário/cliente tinha em seu consciente. Só nesse universo, o americano, a Cambridge tinha 240 milhões de perfis, algo que nenhum serviço de inteligência ou instituição política possuía, exceto, agora, o GRU russo, que partilha esse universo informacional com a Cambridge. Com todos esses dados era realizado um perfil pelo sistema OCEAN, para depois determinar que tipo de comunicação ou propaganda tornaria tais pessoas mais suscetíveis ao convencimento. Isso diferenciava as pessoas, que, em tese, apresentavam comportamentos semelhantes, contudo, eram profundamente diferentes. Era a variável que Christopher Wylie tanto lutou para determinar e que agora ficava a descoberto. Mas o sistema continuava sendo aperfeiçoado, mesmo depois da saída de Wylie e seus colegas. O desenvolvimento foi tão longe que conseguiram determinar a quantidade de anúncios ou notícias necessária para gerar um engajamento. Nos termos que determinaram, o indivíduo estará engajado a partir do momento em que for exposto pelo menos trinta vezes a variações do mesmo anúncio – depois de trinta exposições a versões diversas, o indivíduo acabará clicando e se exporá

Pós-verdade e fake news

ao conteúdo produzido especificamente para atender a suas necessidades emocionais e morais. E mais formas de captação de dados eram criadas e executadas. O sistema crescia. Tudo isso somente chegou a conhecimento público porque, depois do escândalo das revelações feitas pelos jornais *The Observer* e *The Guardian*, Brittany Kaiser decidiu publicar o livro citado, no qual narra os detalhes de sua participação. Mesmo assim, o que revelou deveria acender um sinal de alerta para todos os países nos quais a democracia ainda é a forma legítima de governo.

ALÉM DA LENDA

Uma das revelações mais perturbadoras que Brittany Kaiser fez foi do uso do sistema OCEAN como determinante da identificação de pessoas com alto grau de neurose, ou seja, neuróticas. Todo indivíduo possui características psicológicas de um espectro muito grande, inclusive traços de neurose que são usuais. O que a Cambridge fez, a partir da criação do psicólogo David Coombs, professor emérito da Universidade do Alabama, com vários trabalhos na área de comportamento, foi um modo de influenciar de forma especialmente eficaz indivíduos que tenham um alto grau de neuroticidade, mesmo que não sejam considerados patológicos. Por meio de pesquisas feitas com o envio de e-mails e a análise das respostas, concluiu-se que o envio de mensagens assustadoras ou, mais precisamente, causadoras de temor, têm um grau de eficiência 20% maior nessas pessoas. Isso por uma razão muto simples: atingia um instinto básico, o medo – o que, para quem já tinha uma propensão a essa angústia, funcionava muito bem como um amplificador. Ainda segundo a própria Brittany, isso alimentava a segregação e o ódio. Com base nessas conclusões, os testes OCEAN serviam de parâmetro para subgrupos com tendências comuns, raciais, por exemplo, e especialmente, explorando os medos de cada grupo separadamente. É claro que o incitamento desse tipo de emoção, o medo, bem como todos os demais sentimentos negativos ligados a ele, causava também raiva, e as reações seriam evidentes. Deixa-se claro que o resultado pretendido é causar estresse emocional suficiente para alterar o comportamento do indivíduo. Mas, até aqui, nada surpreende, até porque a lógica é evidente, mas há uma questão subjacente que condiciona todo o estudo a essas conclusões.

Mesmo que se tenha chegado à conclusão de que estabelecendo os perfis de cada um é possível gerar influência mental suficiente para alterar seu comportamento, especialmente pela manipulação dos medos ou de sentimentos negativos, empregando mensagens que causem temor ou emoções desse tipo, quais seriam as narrativas, as mensagens, os avisos que poderiam ser produzidos continuamente e que viessem a gerar esse estado de estresse não é matéria afeta apenas aos psicólogos. Identificados os medos, modelada a propaganda, cabe estabelecer qual é o conteúdo que se encaixa nesse paradigma. Isso com a agravante de que, vindo a modelagem "de baixo para cima", ou seja, a partir dos desejos do indivíduo e não daquilo que se propõe, há uma restrição naquilo que se pode produzir. Mas esse dilema foi resolvido de modo muito criativo.

VOCÊ VÊ O QUE QUER VER

A solução apresentada foi simples: a narrativa a ser apresentada é indiferente, qualquer uma serve, desde que cause o estresse necessário para que seja acionada, ou melhor, consumida. Não interessa se é verdade, mentira, meia verdade ou meia mentira, se é uma fantasia, se é feita com a manipulação de imagens, com o uso de sofisticadas técnicas de marketing, isso não importa, pode assumir qualquer formato ou dimensão, qualquer meio, nada tem relevância, exceto uma coisa: deve atender à expectativa do indivíduo de modo a lhe causar estresse, levando-o a modificar seu comportamento. Nesse preciso momento surgiram as *fake news*. Na verdade, *fake news* não é notícia, ou "new", é um indutor de estresse, um indutor de medo que gera no indivíduo a perspectiva de responder por meio de seu comportamento. E aqui as pesquisas em parte se perderam; não estamos falando de mentira (geralmente é), de contrainformação, subversão (podem ser usadas para isso) ou coisas semelhantes. As *fake news* não se esgotam em si, simplesmente servem como tijolos para a construção de uma narrativa que atenda à expectativa de uma determinada classe de indivíduos. Sozinho, falso ou não, um anúncio não é nada, um influenciador digital que defenda determinada versão de um fato é, caso sozinho, uma gota em um oceano eleitoral. Para que uma *fake news* funcione como relevante, é preciso que seja uma peça dentro de um conjunto que venha a cercar um indivíduo de modo a forçá-lo ao consumo da ideia, e, se der certo (e dá, na maioria das vezes), gere um processo de conversão para essa narrativa. Note-se que o termo não é adesão ou filiação, pois estas permitem um posicionamento passivo; o termo mais adequado é conversão, até pela semelhança que possui com a questão religiosa. A emoção gera uma conversão de fé. A aparência das *fake news* é idêntica à de qualquer outra propaganda, os meios de convencimento de marketing são os mesmos (como veremos a seguir), mas as consequências são diferentes, primeiro porque visam gerar um estresse, uma pressão emocional geradora de um desequilíbrio mental que pode se tornar patológico ou não. Essa pressão tem por base mecanismos de sobrevivência, tais como o medo, a agressividade, etc. Há quem defenda que esse tipo de perspectiva não é em nada inovadora, e que esse tipo de teoria é recorrente na história. Na verdade, não, pois esse modo de influenciar utiliza como ferramenta, ou arma, um mecanismo nunca visto em nenhuma civilização: as mídias sociais. Esse modo de comunicação e interação nunca existiu e permite uma aproximação entre indivíduos e um grau de contágio que nunca existiu. Goebbels e a Alemanha nazista ou Stálin e seu domínio da mídia de então não são parâmetros, porque eram limitados a ambientes totalmente controlados, mesmo que artificialmente, e nas mídias sociais não há controle de local, somente de afinidade; além disso, permitem o contágio (que já vimos), assim como a reunião de imensas bolhas que reverberam e confirmam as ideias já existentes. Isso é muito mais do que já houve em qualquer momento. E é justamente o que permite a disseminação de *fake news*, que poderíamos chamar de "tijolos narrativos" que constroem toda uma narrativa que acaba por prender o próprio indivíduo. A melhor imagem que pode ser construída é a do indivíduo que constrói um quarto de tijolos em torno de si e acaba por ficar preso entre quatro paredes. Logicamente, a eficácia do uso desse tipo de instrumento não é de 100% – as frases assustadoras fizeram efeito em 20% das vezes, logo, atinge uma minoria, mas grande o suficiente para alterar eleições. Adianta-se, ainda, que esse tipo de influência se exerce entre os indecisos, porque, não tendo uma opção explícita, ficam mais abertos a influência. É puro bom senso. Como o modelo busca trazer ao indivíduo a resposta a suas próprias expectativas, aqueles que já têm essa resposta ou serão imunes, se contrários, ou tenderão à radicalização, que pode ser extremada, dado que o estímulo se sobreporá às próprias tendências que predominam no indivíduo.

1 + 1 = 20%

Veio a data fatal: no referendo, o Brexit venceu, com 52% contra 48% dos Reminders. Retornando ao início, lembremos que, tomando como parâmetro o primeiro referendo, para que o Brexit fosse vitorioso seria necessário que 20% do total do eleitorado mudasse de opinião e votasse pela saída, e foi isso que a Cambridge Analytica mirou. E acertou: o percentual é esse, com uma variante mínima. Os pretendidos 20% de fato mudaram de opinião, e o pêndulo oscilou para o Brexit. Muitos questionam se essa mudança teria sido possível se a campanha não tivesse sido instrumentalizada do modo como foi. O que poderia ter acontecido ou não é mera especulação; o fato é que aconteceu e que está exatamente dentro daquilo que foi proposto com o uso desse método. É indiscutível a influência, logo, até prova em contrário, está claro que o brinquedo tecnológico financiado por Mercer, idealizado por Bannon e criado por Wylie, Jucikas, Kogan e outros cientistas funcionou exatamente como se queria que funcionasse.

LONDONGRADO

É uma piada frequente: dizem que há tantos milionários russos em Londres que até o nome da capital mudou. A questão que merece destaque é o uso do Brexit como uma ferramenta, uma arma, ou seja, se o que aconteceu foi uma guerra moral (ou mental) nos exatos termos colocados de início. A Rússia, então, através de uma arma de influência moral (ou mental), deu continuidade ao seu conflito com a Inglaterra, enfraquecendo-a econômica, moral, social e politicamente. Uma guerra teria como efeitos perdas econômicas, sociais, políticas e morais, e foi exatamente isso que aconteceu. Então, dentro do conceito básico de Clausewitz, se "a guerra é a continuação da política por outros meios", os requisitos foram plenamente atendidos. A arma utilizada foi o controle e a influência mental, o objetivo era separar a Inglaterra

SEM PASSEIO EM VENEZA

da União Europeia, enfraquecendo-a, e foi atingido, enfraquecendo, indiretamente, até mesmo a Otan.

SEM PASSEIO EM VENEZA

Se o filme *Moscou contra 007*, de 1963, terminou com um passeio em Veneza, a investigação inglesa não chegou a lugar nenhum. Em parte isso pode ser creditado ao fato de que não tinham, em absoluto, noção da amplitude e da ideia que estava por trás do controle e da influência do tráfego de informações nas redes sociais. O comitê se manteve dentro das formas "clássicas" de influência, por meio de anúncios e propagandas, e nem chegou perto de verificar o que teria ocorrido na Cambridge Analytica. Apesar de terem ouvido Brittany Kaiser, Wylie e Nix, não perceberam o mecanismo que havia sido criado e muito menos buscaram entender qual efeito teria. Pode-se, de certa forma, entender que muito embora hoje a narrativa esteja claramente delineada, não estava naquela época, até porque se tratava de uma forma de agir sem nenhum precedente, não havia parâmetro de comparação com qualquer outra forma de influência anterior. Há quem diga que a propaganda ou o uso da mídia não seja novidade e que o impacto da influência mental não seria tão grande assim. Devemos apontar, todavia, que muito embora o sistema criado pela Cambridge pertença a esse gênero, sua amplitude e capacidade estão muito além de tudo quanto havia existido até então. Para que isso seja entendido, façamos uma comparação simples. Uma bomba atômica é uma bomba como todas as outras, foi lançada em Hiroshima e Nagasaki, porém, os efeitos de sua explosão não são comparáveis a nenhum outro bombardeio que havia ocorrido até então. Isso significa que todo o conceito de guerra mudou em razão do parâmetro de uma arma a qual, em sua essência, já existia, mas foi modificada sua capacidade de gerar danos. O mesmo se dá nas redes sociais e com a capacidade de mensurar o comportamento do indivíduo e suas fraquezas mentais, sua suscetibilidade a ser influenciado, quando em comparação com qualquer anúncio ou propaganda que tenha sido feita até então. Devemos considerar, ainda, que a SCL, empresa controladora da Cambridge Analytica, como já vimos, prestava serviços às forças armadas britânicas e participava de projetos secretos junto com os organismos de inteligência, com ações antiterroristas espalhadas pelo mundo. Isso pode ter contido o interesse de alongar a apuração em direção à SCL, o que parecia bastante claro na ocasião. Há também o fato de que, tradicionalmente, desde a época dos "Cambridge 5", que espionaram a Inglaterra por décadas em benefício da União Soviética, os britânicos não se destacam por apurações rigorosas, tanto assim que, tal como naquele tempo, atualmente também não conseguimos descobrir se existiu alguma forma de apuração sobre as atividades da Cambridge Analytica, e, se ocorreu, não encontramos nenhum sinal e, aparentemente, não teve consequência alguma. O relatório levou à inusitada conclusão de que nada foi apurado nem percebido na ocasião porque ninguém tinha a responsabilidade de fazê-lo, nem existe, hoje, alguma organização com essa responsabilidade. Sem dúvida, é um modo de ver as coisas.

REPÚBLICA SOVIÉTICA DA INGLATERRA

O Brexit contou, para seu resultado final, com uma invasão mental produzida por uma máquina publicitária elevada à condição de arma de influência de massa. Essa nova tecnologia, elaborada de modo cuidadoso por cientistas do comportamento americanos, ingleses e russos, e que contou com a colaboração de empresas de mídia, especialmente o Facebook e o Twitter, financiada em sua maior parte por intermediários que depois lucraram grandemente com projetos de mineração na Rússia, levou exatamente ao resultado pretendido. Os russos não precisaram mobilizar soldados ou armas para que a União Europeia fosse enfraquecida e todas as demais formas de aliança ou colaboração entre os países europeus fossem minadas. Foi uma guerra no sentido que Clausewitz definiu; a política russa de desmembramento da União Europeia prosseguiu por meio de um combate travado unicamente no mundo mental, mas que envolveu exércitos e armas que nunca haviam sido usados desse modo antes. Desta vez o Canal da Mancha não foi suficiente. Estamos diante de uma nova era, em que, pela primeira vez, como consequência de um mundo informacional do qual Castells tanto fez por explicar, foi travada uma guerra mental de cunho político entre dois países, em que um deles foi derrotado e está sofrendo consequências semelhantes às de uma guerra cinética. Temos a Primeira Guerra Mental da história, uma guerra sem qualquer perfil físico. Bem-vindo ao novo mundo, ele espera por você.

A SEGUNDA GUERRA MORAL: OS ESTADOS UNIDOS RUSSOS DA AMÉRICA DO NORTE – LARANJA É A COR

Eles escolheram Trump. Na verdade, quem fez a escolha foi Putin. Não foi uma escolha por afinidades, muito pelo contrário, Trump tinha características pessoais totalmente contrárias às do líder russo. Era, em essência, narcisista e egocêntrico. Não tinha ideologia que não fossem seus próprios interesses e era absolutamente inescrupuloso, capaz de fazer uma afirmação e depois desmenti-la sem nenhum pudor. Confiava apenas na sua própria família, especialmente na filha Ivanka e no genro, Jared Kushner. Sua visão de mundo era uma imagem de si mesmo. Putin era o oposto – inteligente, preparado, fluente em alemão, culto, disciplinado ao extremo. Outra diferença os divide, Trump é carismático, domina a televisão e a mídia, e Putin, apesar de controlar todos os veículos de comunicação, não é um comunicador, parece sempre deslocado e tem o carisma de uma geladeira. Em comum, apenas o fato de não confiarem em ninguém – no caso de Putin, nem sequer na família –, porém, o que mais importa: ambos se destacam pelo fato de serem manipuladores natos e competentes. Antes de Trump, o preferido era Ted Cruz. De ascendência cubana, nascido no Canadá, foi o mais novo procurador-geral do Texas, estudou em Princeton e na Harvard Law School e seus posicionamentos eram tão ou mais extremistas que os de Trump. Porém, pesava contra ele o fato de ser um político profissional, de ser alguém efetivamente convicto de suas posições e independente demais. Definitivamente, Cruz não era tão suscetível a sofrer pressões ou manipulações. Quando, em 2020, apoiou a invasão do Capitólio pelos apoiadores de Trump, o fez pelas próprias convicções, e não porque alguém o instigara a isso. Em princípio, o bilionário Mercer, que era dono da Cambridge e operava por meio de Steve Bannon, apoiava Cruz e o financiava. O senador pelo Texas apresentou-se como candidato para a corrida presidencial – e tinha preferência, começou até a crescer na corrida presidencial, mas logo depois desistiu e passou a apoiar Trump.

Este, no entanto, o atacava ferozmente, dizendo, inclusive, que não queria o apoio do texano, mas depois agradeceu o auxílio e ambos mantiveram a aliança até o último minuto do governo do nova-iorquino. Malcolm Nance é um ex-oficial da marinha norte-americana que trabalhou vinte anos no setor de criptografia, principalmente na área de inteligência e contraterrorismo. Também lecionou para os exércitos da Austrália e da Nova Zelândia nessa área e é autor de diversos livros, especialmente sobre as atividades do Estado Islâmico e da Al-Qaeda. Aposentado, escreve para vários jornais e criou sua própria organização de inteligência, Special Readiness Services International (SRSI). Entre seus últimos livros, está *O complô para destruir a democracia*. Seria um livro tal como outros tantos (depois ele escreveu uma continuação, à qual iremos nos referir), inclusive porque usa o conceito americano de guerra híbrida e não o modelo russo, mas atinge exatamente o ponto que faz a conexão entre a Cambridge e Trump, apontando justamente o elemento que fez pender a linha de Ted Cruz para Trump. Segundo o autor, de acordo com o ex-oficial da KGB Yuri Bezmenov, os russos procuravam como alvos a serem recrutados pessoas "egocêntricas, com baixos princípios morais e que são também ambiciosos demais ou que só pensam em si próprias". Em outro texto, aborda o conceito já conhecido de "ativo involuntário", definido como o indivíduo que nem sequer sabe que está sendo manipulado e, mesmo assim, tem sua ação determinada por um controlador. Por outro lado, se o indivíduo percebe que está sendo manipulado e continua agindo, agora conscientemente, torna-se um "ativo voluntário", e não é incomum que essa passagem seja feita. Esse tipo de termo é usual na área de inteligência, um jargão dos mais comuns, mas perfeitamente adequado a esse perfil. Quando o livro de Mance foi publicado, o escândalo da Cambridge ainda não havia estourado, e as previsões de Mance adquirem uma relevância extraordinária, até porque, mesmo em outro contexto, fazem uma conexão perfeita entre os fatos, de modo que um acaba por validar o outro. Putin escolheu Trump, Merce passou a irrigar a campanha com dinheiro e enviou seu braço direito, Steve Bannon, para comandar a estratégia da campanha. Junto com Bannon foram Alex Nix, Brittany Kaiser e todo o sistema que havia sido criado por Wylie, Jucikas e Kogan, entre outros. A essa altura, de modo interessante, Kogan já havia mudado de nome legalmente e fora para os Estados Unidos. E, como se não bastasse, Nigel Farage e os demais líderes do UKIP também foram apoiar a campanha de Trump. Na verdade, não seria uma campanha, mas outra guerra, a Segunda Guerra Moral, em que a Rússia de Putin tentaria impor sua escolha para o cargo de presidente dos Estados Unidos, e o conseguiria sem grandes dificuldades. Fariam da mesma forma que a Cambridge fez no Brexit, pesquisando e trabalhando conceitos do grupo tradicionalista que era liderado por Bannon, mas com muito mais vigor. De plano, não existia um símbolo filosófico do conservadorismo que pudesse assumir o papel que Scruton[9] teve na Inglaterra. Mas era preciso identificar os valores morais americanos, derivados essencialmente de sua história, para que o modelo proposto correspondesse exatamente ao perfil desejado. Era exatamente o que havia sido feito na Inglaterra, a identificação dos medos e tensões de uma fatia da população que pudesse ser afetada por uma propaganda calcada em estresse, levando em consideração que a população já estava em grande parte – na verdade, maciçamente – mapeada e suas tendências psicológicas individualmente caracterizadas. A Cambridge abriu uma sede nos Estados Unidos, inclusive com Brittany Kaiser. Wylie Christopher passou tempos fazendo entrevistas antes mesmo de deixar a Cambridge. O resultado é muito simples: os valores morais e políticos americanos estão sobrepostos à sua percepção histórica. Para que sejam compreendidos, é preciso que o analista tenha um conhecimento geral da história americana e de suas tradições, e não é por outro motivo que esboçaremos um breve desenho com um mínimo de conteúdo para que o desdobramento possa ser dado. A questão da liberdade é um item fundamental na percepção política americana, embora o grande desafio seja o que cada americano entenda o que isso signifique. A variação do conceito é profunda e leva a fenômenos que se misturam com o racismo, inclusive com ideais dos próprios grupos de supremacistas brancos. Por tal motivo é necessário citar também as ações supremacistas e suas complicações, como a tragédia de Ruby Ridge, o cerco de Waco e, principalmente, o atentado de Oklahoma. Todos esses acontecimentos, que envolvem também a figura dos "pais da pátria" e variados fatos históricos, são sintomas de uma visão moral que podemos

---

9 Roger Scruton, filósofo conservador inglês que se destacou como o mais famoso desde Edmund Burke.

chamar de conservadora. Foi por esse motivo, também, que à campanha presidencial de Barry Goldwater, apesar de fragorosamente derrotado, lançou as sementes que permitiram que Richard Nixon, Ronald Reagan e ambos os Bushes (pai e filho) se tornassem presidentes. Goldwater lançou a "Southern Strategy", que foi adaptada e radicalizada até o extremo por Trump, um misto de redução extrema do Estado político com um conservadorismo de costumes radicalizado. Manobrando com conceitos morais de cunho histórico, dando a cada um desses sua própria versão, a Cambridge poderia usar sua estratégia de entregar o candidato que atendesse a essas expectativas. Mais ainda, poderia usar as suscetibilidades psicológicas de cada um para criar exatamente o eleitor convertido que havia conseguido com o Brexit. Para tornar tudo ainda mais fácil, o presidente que se despedia era Barack Obama, o primeiro presidente negro da história americana. Houve inúmeros incidentes que ocorreram na posse de Obama e também a aversão republicana, que atingiu um grau que nunca se viu antes. Os republicanos levaram o conflito até o legislativo e lutaram sem trégua contra qualquer projeto do presidente, inclusive recusando a nomeação de ministros da Suprema Corte. Uma luta sem trégua. Uma parte desses republicanos estava frustrada, pior, odiava tudo o que Obama podia representar. Eram avessos a tudo, desde as políticas para as minorias até questões como a reconhecida legalidade do aborto (que depois viria a cair, com os votos dos novos ministros indicados por Trump para a Suprema Corte). Finalmente, o que uma boa parte dos republicanos queria era o ressurgimento do partido e de seus valores mais tradicionais, ou seja, conservadores. Não é surpresa que os Mercers, os quais inicialmente apostavam suas fichas em Ted Cruz, mudaram de opinião e enviaram Bannon para gerir a estratégia da campanha de Trump. Este, por sua vez, apresentava um bônus extra: era por si só disruptivo, arrogante, mentiroso, agressivo ao extremo e rompia qualquer limite de ética, difamando seus adversários ou humilhando-os da forma que podia. Para quem buscava uma quebra da conduta dos democratas, sem dúvida ele era o candidato ideal. A questão, todavia, era outra: ele era o candidato ideal para os republicanos, mas teria que ganhar vantagem sobre os democratas, que vinham de uma administração presidencial considerada bem-sucedida e tinham como candidata a ex-secretária de Estado e

Pós-verdade e fake news

primeira-dama Hillary Clinton, uma democrata de sangue azul. Não seria apenas com sua grosseria e atendendo aos anseios dos radicais republicanos que Trump seria vitorioso. Já vimos anteriormente, também, o movimento Tea Party e suas particularidades, e o modelo de Trump vestia exatamente esse discurso. Logo, trouxe para si, sem aliados ou apoiadores que o ajudassem, a parte mais ativa e influente dentro dos republicanos. Não fez isso conquistando lideranças, fez isso conquistando a base. Isso o colocou (e o coloca até hoje) como uma liderança por si. Ele não pede apoio a ninguém, ele dá apoio a quem o interessar, porque, exatamente como projetava a Cambridge Analytica, ele é um representante "bottom-up", da base para o topo. Mas era necessário expandir o apoio dentro do GOP para eleitores mais ao centro. Esse era o trabalho da Cambridge. Ficou patente depois, pelo resultado das eleições, que muito do foco foi posto nos estados conhecidos como o "Cinturão da Ferrugem" (Rust Belt) – Michigan, Indiana, Ohio, Illinois, Virgínia, entre outros. Em todos esses estados o desemprego era alto, e o globalismo, com a transferência de fábricas principalmente para a China, trouxe a decadência urbana e econômica. É certo que os democratas também tinham essa percepção, e o próprio plano de governo contemplava medidas para tentar recuperar a atividade econômica dessa região. Porém, por mais técnico e preciso que fosse o plano democrata, nada melhor que um candidato a presidente que diga "vamos fazer a América grande de novo", ao mesmo tempo que jogava sobre os ombros de Hillary todas as consequências do globalismo e da decadência da indústria pesada. Não importa aqui quem tinha razão, frise-se, mas o fato de que a técnica utilizada era emocional e dirigida justamente para aqueles que se tornariam convertidos e contagiariam outros também. Mas era preciso mais. Para conquistar os eleitores mais ao centro, seria necessário lidar com esses conceitos morais/históricos da sociedade americana. Mas os republicanos tinham a vantagem de saber exatamente o que dizer, para quem e como, que era o serviço que a Cambridge dirigia e justamente o motivo pelo qual Bannon tornou-se o estrategista da campanha. Devemos fazer mais uma observação: a eleição americana não é necessariamente vencida pelo voto popular, pelo menos não diretamente. Como se sabe, cada estado possui um número de delegados, e, quando um partido vence, leva todos. Isso significa que um estado que tenha vinte delegados e dê 1 milhão de votos para Hillary e 1 milhão e um votos para Trump, irá entregar todos os vinte votos para Trump. Os delegados formam um colégio eleitoral, e quem conseguir mais votos nesse colegiado é eleito presidente. Isso é ideal para quem trabalha com manipulação política, pela simples razão de que permite conquistar uma extensa maioria sem ter que necessariamente obtê-la no voto direto. Ambos os candidatos, Hillary e Trump, tinham plena ciência disso e cada um fez seus planos. A diferença é que Hillary iria disputar uma eleição e Trump iria disputar uma guerra.

A PESCA DA TRUTA AMERICANA

John David Podesta parece ser uma pessoa simpática. Na maioria das fotos que tira está sorrindo, às vezes faz caretas, mas seu rosto é sempre desanuviado. Magro, com pouco cabelo, rosto triangular, usa óculos de aros finos. Advogado, professor da Universidade de Georgetown, sempre foi um democrata convicto. Colunista do jornal *The Washington Post*, foi chefe de gabinete da Casa Branca na gestão Bill Clinton, conselheiro na gestão Obama e presidente da campanha presidencial de Hillary Clinton. Defendeu sempre uma maior transparência do Estado governamental e ficou famoso por declarar ser favorável à abertura de todos os arquivos secretos relacionados aos UFOs. Sempre foi reconhecido por sua competência e habilidade política e sempre esteve dentro das lideranças do Partido Democrata. Criou o Center for American Progress, que presidiu até 2011, uma organização que dá estrutura ao Partido Democrata. Sem dúvida, um homem de influência e experiente, especialmente quando se empenhava na liderança da coordenação da campanha de Hillary Clinton. No dia 19 de março de 2016, um sábado, às 4h34 da manhã, John recebeu em seu e-mail pessoal uma mensagem do próprio Google. Nessa mensagem, a equipe do Google avisava que tinha ocorrido uma tentativa de invasão em sua conta do Gmail e que tal tentativa havia sido identificada como procedente da Ucrânia. O aviso veio nos seguintes termos:

SUBJECT: *SOMEONE HAS YOUR PASSWORD*

Hi John

Someone just used your password to try to sign in to your Google Account john.podesta@gmail.com.

Details: Saturday, 19 March, 8:34:30 UTC

IP Address: 134.249.139.239

Location: Ukraine

Google stopped this sign-in attempt. You should change your password immediately.

CHANGE PASSWORD

Best,

The Gmail Team [10]

John não era incauto. Encaminhou o e-mail para a chefe de gabinete Sara Latham, a qual, por cautela, remeteu o e-mail para Charles Delavan, analista de TI, para que verificasse a legitimidade do e-mail. A resposta veio na mesma manhã.

Sara,

This is a legitimate email. John needs to change his password immediately, and ensure that two-factor authentication is turned on his account.

He can go to this link: https://myaccount.google.com/security to do both. It is absolutely imperative that this is done ASAP.

---

10 *Assunto:* *Alguém tem sua senha*]
Oi John. Alguém acabou de usar sua senha para tentar fazer login na sua Conta do Google john.podesta@gmail.com.
Detalhes: sábado, 19 de março, 8h34min30 UTC
Endereço IP: 134.249.139.239
Localização: Ucrânia
O Google interrompeu esta tentativa de login. Você deve alterar sua senha imediatamente.
ALTERAR A SENHA
Atenciosamente
Equipe do Gmail

> *If you or he has any questions, please reach out to me at [redacted]* [11]

A chefe de gabinete repassou, então, o e-mail para John Podesta. Este, seguro de que o e-mail havia sido checado e de que era legítimo, clicou no *link* e redefiniu as senhas de sua conta, a qual operava dentro do Comitê Nacional Democrata. O único erro de Podesta, que não pode ser considerado bem um erro, foi o fato de ter usado o *link* do próprio e-mail para modificar suas senhas, quando deveria ter usado o link do e-mail que Delavan lhe havia enviado. Todavia, como o e-mail fora dado como legítimo e havia urgência para que as senhas fossem trocadas, Podesta usou o primeiro recurso disponível e procedeu de acordo com os protocolos de segurança. Enquanto isso, do outro lado do planeta, mais precisamente no quartel do GRU conhecido como Aquário, os "Ursinhos Carinhosos" não conseguiam conter a excitação. A pescaria do Aquário russo havia fisgado um peixe, e era dos grandes.

O ATAQUE DOS URSINHOS CARINHOSOS

Qualquer um agiria como John Podesta agiu. Uma boa parte dos usuários clica em *links* dessa natureza, especialmente quando os e-mails apresentam características idênticas às dos originais. Nesse caso, como o e-mail foi checado pelo departamento de tecnologia e informação e dado como legítimo, o clique se tornou inevitável. Para qualquer um que tivesse recebido uma mensagem confirmada pelo departamento de TI, todas as defesas cairiam, tal como se ensinava no GRU, como vimos, assim se venciam as guerras. É certo que o analista, Delavan, encaminhou outro *link* para que a troca das senhas fosse feita, mas, como o e-mail foi dado como verdadeiro, o que o experiente político fez foi o que praticamente qualquer um faria, e não pode ser recriminado por isso. Aliás, o e-mail era tão perfeito

---

11 Sara,

Este é um e-mail legítimo. John precisa alterar sua senha imediatamente e garantir que a autenticação de dois fatores esteja ativada em sua conta.

Ele pode acessar este link: https://myaccount.google.com/security para fazer as duas coisas. É absolutamente imperativo que isso seja feito o mais rápido possível.

Se você ou ele tiver alguma dúvida, entre em contato comigo em [redigido]

Pós-verdade e fake news

que, mesmo depois de sua falha, Delavan continuou trabalhando no comitê democrata. Mas a descoberta do que estava acontecendo se deu muito tempo depois, quando já era tarde demais. Assim que trocou as senhas, John acordou o Ursinho Carinhoso. Ursinho Carinhoso, uma tradução livre da expressão *Cozy Bear*, é também conhecido como APT29, ou Advanced Persistent Threat, Ameaça Persistente Avançada número 29, um *malware* criado no Aquário pelos especialistas do GRU. É um *software* muito sofisticado, que contamina o computador e se espalha pela rede, se estiver conectado. É hostil, pode prejudicar o hospedeiro de todas as maneiras possíveis, destruindo dados ou até mesmo os próprios computadores, "fritando" a memória. Mas, como era um Ursinho Carinhoso, o APT29 não fez nada disso. Simplesmente passeava pela rede, colhendo todos os dados possíveis, especialmente copiando todos os e-mails em que pusesse as patas, colocando-os dentro de um cesto. Como não queria incomodar ninguém, Carinhoso não se fazia notar, não prejudicava em nada as atividades cotidianas do Comitê Nacional Democrata (DNC), e, quando ficava com saudades da mamãe GRU, abria um canal de comunicação e enviava todos os arquivos coletados para sua origem. APT29 esperava um momento em que o sistema do DNC estava sendo pouco usado, à noite, e abria um contato com o GRU, enviando todas as informações. Não modificava nada, não causava dano nenhum, não acarretava nenhum prejuízo, apenas se mantinha ali, quieto, colocando dados em um cesto que depois enviaria ao GRU, de modo quase imperceptível. Assim, por quase dez meses os agentes do GRU tiveram acesso a praticamente tudo o que havia no sistema de computadores do Partido Democrata. Pouco tempo depois, o Ursinho Carinhoso deixou de ser solitário, passou a ter a companhia do Ursinho Divertido, em uma tradução um tanto quanto livre de *Fancy Bear*. Ambos são primos, Cozy nasceu no GRU, já Fancy nasceu no FSB, o Serviço Federal de Segurança da Rússia, o principal sucessor da antiga KGB. Embora sejam independentes um do outro, existe uma convergência de ações e ambos atuam fora da Rússia. Ursinho Divertido agia da mesma forma; não se mostrava, não prejudicava, não dava qualquer sinal de interferência. A única diferença entre Cozy e Fancy, Carinhoso e Divertido, era que Divertido tinha uma função específica, buscava apenas um dado específico, um arquivo, e tudo o que se relacionasse a ele, antes de se conectar com a mãe russa e enviar todo o pacote de informações –

buscava tudo o que se relacionava a uma pessoa específica: Donald Trump. O FSB queria saber exatamente tudo o que poderia prejudicar Trump e pudesse ser levantado contra ele nas eleições. Fosse lá o que fosse, estaria guardado na memória dos computadores do DNC. Se não houvesse nada, Trump (e os russos) estariam mais seguros e prontos para desenvolver uma estratégia de campanha. Frisamos que Fancy e Cozy trabalhavam de modo completamente independente, um ignorando o outro, de maneira que cada qual buscou e atingiu o objetivo a que se propunha. Carinhoso e Divertido foram evidentemente produzidos pelos serviços de inteligência russos. Usavam recursos que eram conhecidos e outros que eram específicos e inéditos, e também haviam sido detectados antes em ataques contra a Otan e contra as forças militares norte-americanas, especialmente o Estado-Maior conjunto, o que comprovava uma atividade contínua e focada em atingir informações cuja natureza era de interesse russo. Isso os classificava como APTs, Advanced (uso de recursos avançados), Persistent (orientados objetivamente para um determinado objetivo) e Threat (busca de uma determinada informação de modo obstinado). Usam uma espécie de engenharia social, ou seja, o manejo psicológico de indivíduos para gerar quebras de segurança. Nesse caso, o e-mail cria no destinatário um sentimento de ansiedade, vaidade, ganância ou qualquer outro tipo de emoção/sentimento que o leve a clicar em um *link* ou baixar um arquivo infectado com um *malware*.

DESCOBERTOS

Foi em março de 2016 que agentes do FBI foram até o Comitê Nacional Democrata e pediram para falar com quem estivesse no comando naquele momento. Foram atendidos por Robby Mook, uma das gerentes de campanha que ali estavam. Os agentes do FBI informaram, então, que o comitê estava sendo *hackeado*, provavelmente por russos ou chineses. Isso gerou uma explosão no comitê. Não se sabe exatamente como o FBI chegou a tal descoberta, certo é, contudo, que Cozy e Fancy chamavam a "mãe", abriam uma linha e nela despejavam enormes quantidades de dados. O DNC buscou a melhor ajuda possível, a CrowdStrike, uma empresa de cibersegurança, especializada em análise forense de crimes cibernéticos e identificação de agentes estrangeiros que atacavam redes norte-americanas, e que tinha como membros Shawn Henry, ex-diretor da divisão Cyber do FBI, e Dmitri Alperovitch, um *expert* nascido na Rússia e especialista na invasão de redes. Alperovitch, inclusive, atuou nas invasões de redes europeias tanto pelos russos quanto por norte-coreanos no famoso caso de invasão da Sony, em 2014. A recomendação foi de que o comitê continuasse seus trabalhos normalmente, para que os invasores não percebessem que haviam sido descobertos e causassem mais danos. Nesse caso, foi Dmitri que acabou localizando Cozy e Fancy (APTs 29 e 28), imobilizando-os, até porque já conhecia ambos os programas, que haviam sido usados em outras ocasiões pela Rússia. Foi também ele que conseguiu determinar que eram dois os *malwares*, ambos com objetivos completamente diferentes. Os Ursinhos Carinhosos não sorriam mais, mas haviam causado um dano espetacular.

O IMPOSTOR

Os mais de cem mil e-mails democratas acabaram caindo nas mãos do GRU. Agora restava o trabalho de examiná-los, separá-los e usá-los de forma a prejudicar Hillary Clinton, diminuindo a possibilidade de que ela fosse a vencedora do páreo eleitoral. O uso de material comprometedor é uma especialidade dos serviços de inteligência russos; esse instrumento é denominado "Kompromat", material destinado a, como o próprio nome diz, comprometer o alvo de tal forma a prejudicar sua imagem. Esse material pode ser verdadeiro ou falso, pouco importa, o que é relevante é que produza o efeito desejado ao ser obtido. Idealmente, o Kompromat podia levar a chantagem, mas nem sempre esse era o objetivo, e sim causar um dano moral, de modo a destruir a credibilidade de alguém. Porém, para que esse sistema funcione, é necessário que o material seja levado a público; o termo mais adequado advém do crime organizado: a informação deve ser "lavada", ou seja, publicada de algum modo que não comprometa aquele que produziu o Kompromat. Nesse caso, os russos criaram uma figura baseada em um *hacker* legendário: Guccifer. Se alguém pensar em um verdadeiro *hacker* que está na história, encontrará Marcel-Lehel Lazăr. Por incrível que pareça, Marcel, doravante apenas Guccifer, não tinha qualquer formação em tecnologia, não era um programador, nem sequer sabia escrever uma linha de programação, nunca trabalhou na área nem era um autodidata em informática. O *hacker* mais famoso do mundo era um motorista de táxi em Bucareste, capital da Romênia, e tinha ao seu dispor um computador dos mais básicos e um telefone celular. Ficou famoso depois de *hackear* (invadir) os e-mails do presidente norte-americano George W. Bush e de seus familiares, do primeiro-ministro inglês Tony Blair, da própria Hillary Clinton, além de diplomatas europeus. Sua maior vitória, entretanto, foi a invasão dos e-mails de Colin Powell, secretário de Estado norte-americano. Guccifer não usava nenhum método extraordinário de invasão, somente bom senso e uma enorme teimosia, até obter sucesso. Apenas aplicava, instintivamente, uma técnica de engenharia social que dispensava a necessidade de buscar brechas nos sistemas de defesa ou iscas nas quais o destinatário teria de clicar. Ele escolhia um alvo e coletava todos os dados públicos dessa pessoa, seus parentes (especialmente filhos e netos), seus pets (cachorros e gatos eram especialmente visados), cidade, estado e país de nascimento e, especialmente, gostos, *hobbies* e interesses. Então, o que fazia era simplesmente conectar-se ao e-mail, digitar a opção "esqueci a senha", esperar as perguntas de segurança e, com base nos dados que possuía, responder a elas, tentando adivinhar a resposta certa. Ele passava meses e noites insones até conseguir acertar a resposta e, quando isso acontecia, ganhava acesso integral a todos os e-mails do alvo. Para se ter uma ideia, em pelo menos uma das oportunidades, ele passou seis meses tentando descobrir a chave de acesso de uma deputada europeia, praticamente passando o dia na frente do computador. Foi assim que ele teve sucesso. Mas Guccifer foi identificado e preso, levado aos Estados Unidos e condenado a pouco mais de quatro anos de prisão. Há boatos de que após a prisão ele passou a trabalhar para o governo norte-americano, mas não há comprovação disso; o que se pode afirmar, entretanto, é que depois de tudo isso o *hacker* romeno nunca mais foi visto. O mais interessante foi saber qual era o motivo de Guccifer agir daquela maneira. Ele era neurótico e acreditava em um grupo secreto que controlava o mundo. Procurava, então, indícios desse movimento internacional e pensava que invadindo os e-mails de autoridades políticas poderia acabar descobrindo uma conspiração internacional que ameaçava o mundo. Sabendo disso, os russos criaram outro personagem: Guccifer 2.0. Evidentemente, Marcel-Lehel Lazăr não era o autor dessas

Pós-verdade e fake news

invasões, porque, como vimos, ele era tecnicamente analfabeto; não poderia ter criado os Ursinhos Carinhosos. Posteriormente, Guccifer 2.0 foi identificado como um personagem criado pelo GRU, mas, seja como for, ninguém deu importância à divulgação. Isso porque esse novo personagem não tinha nenhuma credibilidade, ninguém sabia quem era Guccifer 2.0, ele nunca tinha aparecido antes, nunca provara que tivesse acesso real a qualquer coisa, em resumo, era preciso que se fizesse a lavagem da informação através de alguém com credibilidade suficiente. Havia uma pessoa ideal para isso: Julian Assange.

O FOFOQUEIRO

Julian Paul Assange é australiano e, ele sim, um virtuose no campo da programação. É jornalista, mas, sobretudo, é um defensor do que chama de livre informação, criticando e procurando divulgar informações consideradas sigilosas pró-governos, especialmente os Estados Unidos, através de um site mundialmente conhecido: o WikiLeaks. Magro, de cabelos brancos, olhos claros e boa aparência, tem carisma e coragem, publicando dados que sabia viriam a torná-lo um fugitivo internacional. Sua reputação consolidou-se com a divulgação de informações secretas obtidas através do então soldado Bradley Manning (que depois mudou de sexo e passou a se chamar Chelsea Manning), o qual conseguiu repassar centenas de milhares de documentos, inclusive mensagens diplomáticas, envolvendo as atividades americanas no Afeganistão e no Iraque. Por conta disso, Manning foi condenado a 35 anos de prisão e submetido a condições consideradas desumanas, tendo sido equiparadas a tortura. Posteriormente, o presidente Barack Obama comutou a sentença para sete anos de reclusão e Manning foi solto em 2017, dez anos após sua prisão. Assange teve seu pedido de extradição feito na Inglaterra, e foi acusado também de estupro, acusação que foi retirada, mas acabou tendo de se refugiar na embaixada do Equador, onde permaneceu por anos, até ser entregue para autoridades inglesas que determinaram sua extradição, mas, até o presente momento, continua preso na Inglaterra. Durante o período em que esteve na embaixada equatoriana, praticamente preso naquelas dependências, Assange aproximou-se do governo russo – isso faz todo o sentido, já que qualquer outro lugar do mundo seria perigoso para ele, que poderia ser sequestrado ou preso por pressão das autoridades norte-americanas. A Rússia era uma das suas poucas opções. Sendo assim, tornou-se um crítico feroz dos Estados Unidos e um profundo admirador de Putin, a quem dispensava elogios, dando apoio ao regime político russo. Tanto assim que a Russian Television contratou Assange para dirigir um seriado no qual ele próprio aparecia, entrevistando várias pessoas – a primeira foi Hassan Nasrallah, o líder do Hezbollah, o qual já citamos anteriormente. Em regra, sem surpresas, todas as pessoas que entrevistava através da embaixada do Equador eram críticos dos Estados Unidos e, em especial e não surpreendentemente, de Hillary Clinton. E foi assim que os e-mails foram encaminhados para Assange, que os publicou aos poucos, especialmente na véspera da convenção do Partido Democrata. Quanto ao modo como ele recebeu os arquivos, pouco se sabe; observamos uma única coisa. Naquele momento, a Cambridge Analytica estava profundamente envolvida na campanha de Trump, o que na prática parecia mais uma campanha anti-Hillary. Também observamos que a Cambridge estava profundamente ligada ao GRU, especialmente na campanha presidencial americana. Antes que os e-mails fossem divulgados por Assange, ele recebeu na embaixada equatoriana a visita de uma antiga conhecida, alguém que fora a Londres e aproveitara a oportunidade para visitá-lo, embora pudesse tê-lo feito anos antes: Brittany Kaiser, uma das executivas da Cambridge Analytica. Não se sabe se Brittany estava em posse dos arquivos. Ela nega, diz até que tentaram adquiri-los de Assange sem sucesso, mas: a) era ela quem estava em contato com o GRU; b) era ela quem estava em plena campanha pró-Trump e contra Hillary; c) foi a única pessoa com esses contatos que visitou Assange pessoalmente na embaixada equatoriana. O WikiLeaks colocou as máquinas para funcionar e os e-mails passaram a ser vistos pelo resto do mundo.

CAIM E ABEL

Mas, dentro desse contexto, é preciso entender o que existia nas comunicações privadas entre os membros da cúpula do Partido Democrata que pudesse desestabilizar a campanha de Hillary Clinton. Não se buscaram planos de campanha ou esquemas de financiamento com profissionais de marketing, pois no cenário norte-americano esse tipo de questão é bem resolvido – pelo menos em comparação com a América Latina –, porém isso não significa que o dano tenha sido pequeno, muito pelo contrário. Para entender o dano causado, pelo menos o maior deles, é preciso entender o que ocorria no Partido Democrata naquele momento. A indicação da candidatura à presidência norte-americana não era tranquila. Dava-se como certo que Hillary seria a candidata, por toda a sua exposição como ex-secretária de Estado de Obama, sem contar sua trajetória política, que sempre a colocara em evidência, mesmo como primeira-dama. Era uma advogada competente e uma política feroz, muito bem-preparada. Mas havia um candidato que vinha da base mais à esquerda do Partido Democrata, que se declarava até independente do próprio partido, ao qual se ligava por conveniência política. Era o candidato dos jovens, com ideias mais radicais, que incluíam uma revolução no sistema de saúde. Embora não tivesse maioria, era muito querido e admirado. Senador pelo estado de Vermont, com sucessivas reeleições, Bernard "Bernie" Sanders teimava em manter a sua candidatura, mesmo sabendo que iria perder. É um idealista, e pouco se importava que sua teimosia causasse um desgaste prematuro na candidatura de Hillary, pelo sucessivo e ácido questionamento. O que os e-mails mostravam era uma posição desfavorável da cúpula do Partido Democrata para com Bernie, colocando-se em uma posição que não tinha nada de imparcial. Quem se apresentava como francamente favorável à campanha de Hillary era a presidente do Comitê Nacional Democrata, Debbie Wasserman Schultz, que não teve opção senão renunciar. O impacto foi enorme, Bernie ficou compreensivelmente furioso, mais furiosos ainda ficaram seus eleitores, que não perdoaram nem Hillary nem o Partido Democrata. Durante a convenção, os simpatizantes de Bernie se retiraram, outros simplesmente vaiaram, mas o pior se dava quando os discursos de apoio a Hillary eram interrompidos pelos gritos de "Bernie!" ou, pior ainda, "crooked Hillary" (Hillary, a torta), da mesma maneira com que Trump a atacava. Eram os democratas atacando a candidata democrata com as ofensas que eram usadas pelo candidato republicano. Depois Sanders declarou seu apoio a Hillary, mas o dano já estava feito e muitos eleitores democratas simplesmente deixaram de votar. Uma ação de engenharia política na qual o GRU e o FSB foram muito bem-sucedidos. Paralelamente, Trump vinha a público e zombava, dizia que, se os russos ainda tivessem e-mails de Hillary, deveriam mostrá-los a todos, para que vissem que tipo de pessoa ela era. Enquanto os eleitores e simpatizantes republicanos deliravam, os democratas gritavam contra a invasão russa como o novo Watergate e ninguém lhes dava atenção. Trump manipulava a mídia usando o "bottom-up", dando aos eleitores exatamente aquilo que eles queriam.

POST, PIZZA E TIROS

Uma pizzaria situada em Washington seria o pivô de uma campanha criminosa fantasiosa de descrédito de Hillary Clinton promovida pelo GRU. A pizzaria, chamada Comet Ping Pong, era um pequeno restaurante térreo em uma rua tranquila, com uma fachada verde com a palavra "Comet" em laranja e um toldo branco, com um jardim na entrada e uma porta de vidro. Era um restaurante dos mais comuns, nada indicando que viria a se tornar palco de uma guerra política. A engenharia de mídia levada a efeito pelos operadores da Cambridge Analytica era diferente nas campanhas do Brexit e naquela cujo objetivo era a eleição de Trump. As diferenças entre as situações já foram expostas. Primeiro, o fato de que o Brexit era um referendo, e não uma eleição, que tem características completamente diferentes, especialmente a pessoalidade. Era Hillary *versus* Trump. Isso levou a uma análise diferenciada. Konstantin "Kostya" Rykov é um operador que trabalha incansavelmente na criação de narrativas de apoio à propaganda pró-Putin, radicalmente adotando os pontos de vista dirigidos pelo Kremlin. Foi o primeiro a criar um site de apoio a Trump em russo. Elegeu-se deputado para a Duma, o parlamento russo. O MI-6, serviço de inteligência britânico, o reconhece como um operador de mídia. Kostya publicou, após a eleição, que "Cientistas britânicos da Cambridge Analytica sugeriram existir 5 mil psicotipos e que eles poderiam criar a 'imagem ideal' de um apoiador de Trump". Afirmou, também, que a Cambridge estava envolvida em uma vasta operação de *targeting* psicológico e poderia identificar uma chave universal para fazer a identificação. Ainda segundo Rykov, a Cambridge poderia criar uma imagem perfeita de Trump, ideal para cada apoiador, e depois inseri-la em todos os perfis psicológicos, criando uma imagem individual a toda e qualquer pessoa. É claro que as afirmações de Kostya nunca foram levadas em consideração, mas estavam em grande parte corretas e davam conta exatamente daquilo que a Cambridge estava fazendo: identificando os eleitores, traçando seu perfil psicológico com base no "Big Five" e criando situações artificiais ou notícias falsas, de forma a induzir uma sensação de pós-verdade. Tal como no Brexit, o alvo preferencial eram os neurotizados ou narcisistas, nos termos do teste "Big Five", que podem ser levados ao estresse agudo nos mesmos termos que culminaram no assassinato da deputada Joanne Cox, na Inglaterra. Os e-mails vazados tiveram efeito semelhante. Aliás, os russos, por meio do Guccifer 2.0, foram inteligentes – logo que os e-mails foram liberados pelo WikiLeaks, milhares de pessoas passaram a baixar os arquivos, primeiro para verificar até que ponto o dano era causado, mas, em sua grande maioria, curiosos. Seja como for, dentro dos arquivos estavam embutidos novos *malwares* do APT29, o Cozy Bear, que ganhou imediatamente milhares de irmãozinhos, tão danosos quanto ele. Uma festa para o GRU. Mas o pior veio depois. Para que todos esses fatos e circunstâncias sejam adequadamente entendidos, é preciso destacar, novamente, que tanto o GRU quanto o FSB montaram uma rede de ataque que consistia em milhares de contas falsas no Twitter e no Facebook, que criavam eco a qualquer narrativa que lhes interessasse. Dito isso, o mesmo se dava com relação aos e-mails vazados pelo WikiLeaks, que eram mesclados a teorias conspiratórias que já existiam antes e novas teorias que eram propostas. Uma das linhas seguidas pela manipulação russa envolvia a prática de pedofilia – parece que a temática da sexualidade envolve profundamente esse tipo de campanha. É comum que a mídia russa faça uma equivalência entre democracia, orientação sexual ou de gênero e depravação. A ideia é sempre criar uma analogia entre a democracia e alguma forma de conduta repugnante, ou a que se atribua uma condição repugnante. Foi assim na Alemanha, quando a máquina de internet russa divulgou a história de uma menina de 14 anos que teria sido estuprada por uma dezena de imigrantes turcos. Isso nunca aconteceu, mas foi divulgado em meio a uma divisão política em que a chanceler Merkel admitia receber uma onda migratória. O intento era claro: desestabilizar politicamente a premiê, que era temida por Putin. Outro exemplo é a Hungria, cujo mote puramente preconceituoso foi manipulado pelo candidato (e hoje presidente) Viktor Orbán, ao ponto de, depois, declarar zonas da Hungria "livre de homossexuais". A vítima da vez seria Hillary. A primeira menção captada quanto à existência de um escândalo sexual partiu de e-mails supostamente atribuídos ao deputado republicano Anthony Weiner, os quais, por sua vez, foram reproduzidos em um site de *fake news*, o YourNewsWire.com, de Sean Adl-Tabatabai, e depois passaram a ser reproduzidos em um site de discussões usado popularmente nos Estados Unidos, o 4chan, depois pelo InfoWars, de outro agitador da internet, Alex Jones, e assim o comentário começou a tomar corpo, a repetição da historieta era repassada e, a cada repasse, a mensagem anterior era tomada como uma forma de confirmação por quem a recebia, repostando o mesmo comentário, afirmando ter sido confirmado. Tornou-se uma bola de neve. O conteúdo desse escândalo era simples: Hillary Clinton, John Podesta e outros dirigentes democratas eram parte de uma organização criminosa de pedófilos, que estuprava crianças no porão de uma pizzaria em Washington. Piorou quando personalidades públicas passaram, também, a dar crédito à historieta. Quando os e-mails do Comitê Nacional Democrata vieram a público, "lavados" pelo WikiLeaks, na tentativa de esconder as digitais dos Ursinhos Carinhosos, passaram a ser escrutinados em busca de sinais que identificassem as atividades dessa organização de pedófilos. Como nada existia, os conteúdos passaram a ser interpretados em busca de sinais ocultos. Foi então que, usando redes anônimas, passou-se a interpretar "cheese pizza" (pizza de queijo) como um código para *child pornography* (pornografia infantil), "pizza" seria uma menina, "hot-dog" um menino, "sauce" (molho) seria orgia. Os comentários se espalhavam. A Comet Ping Pong surgiu como o alvo da acusação. A primeira razão era que seu proprietário, James Alefantis, era um apoiador de Hillary Clinton, inclusive na arrecadação de fundos para a campanha. Além disso, era um restaurante frequentado por Tony Podesta, um lobista, irmão de John Podesta, o alvo dos Ursinhos Carinhosos. Vieram ainda outras interpretações não menos enganosas, tais como a capa do menu com figuras pintadas que seriam símbolos ocultos de um grupo de pedófilos (ninguém perguntou por que um grupo tão secreto exporia símbolos em cardápios), isso sem falar em fotos tiradas no restaurante, frequentado por famílias e jovens, de modo que é natural que suas fotografias refletissem a frequência do restaurante. Também ninguém perguntou por qual razão os tais pedófilos fariam questão de se expor dessa maneira. Seja como for, a Cambridge Analytica, Bannon e seus psicólogos intensificam a produção de narrativas, tentando influenciar os neuróticos e os narcisistas, mas não só eles. Durante a ação criminosa que levou à morte da deputada britânica Jo Cox, os grupos pró-Trump eram bombardeados com mensagens criadas especialmente para reforçar estados mentais individuais já predispostos ao acatamento dessa ideia dos pedófilos. O estresse emocional exige que o indivíduo faça alguma coisa para aliviar seu sofrimento emocional, e esse tipo de programação, como veremos, tem um gatilho biológico. Foi exatamente por conta desses estímulos que Edgar Welch, na época com 28 anos de idade, morador da Carolina do Norte, dirigiu até Washington levando consigo duas pistolas e um rifle AR-15. Chegando à cidade, ele foi até a Comet, saiu do carro com o rifle em punho e rendeu um dos funcionários, exigindo que lhe mostrasse o porão onde as crianças vítimas de pedofilia estariam presas. O funcionário conseguiu fugir correndo e Welch disparou o rifle, felizmente, sem atingi-lo. Com o barulho do disparo, os clientes saíram correndo do restaurante e deixaram Welch sem ação, que ainda fez mais três disparos com o rifle, sem acertar ninguém. Enquanto ficava atordoado com a fuga dos clientes, os quais não eram alvo de sua ação, o funcionário que conseguiu fugir discou o famoso 911, número de emergência da polícia norte-americana, avisando da presença de um atirador. A ocorrência de situações em que atiradores massacram civis em público é epidêmica nos Estados Unidos. A emergência recebeu máxima prioridade e policiais convergiram para o local com toda a velocidade. Enquanto isso, Welch ficou isolado no salão do restaurante e passou a procurar o porão. Não demorou muito, a polícia chegou e ele foi desarmado e preso. O restaurante já havia sido investigado pela polícia local e por jornalistas, e nada havia por lá, nunca houve. Afirmou-se à época que Welch ficou chocado ao perceber que a ideia da organização de pedófilos era simplesmente mais uma mentira. Foi condenado a quatro anos de prisão. Não obstante, James Alefantis e os funcionários da Comet passaram a ser hostilizados e a receber ameaças de morte cotidianamente. Entre os replicadores das notícias de tráfico de seres humanos e pedofilia, estava um personagem muito interessante, o general do exército americano (aposentado) Michael Flynn, conselheiro de segurança do futuro presidente Donald Trump. O Grinch sabe mesmo como estragar uma festa.

O CORREIO, A POLÍCIA E OS MICOS AMESTRADOS

A eficácia do sistema de influência russo não se restringia apenas a esse tipo de episódio. Também amplificava e distorcia situações concretas, as quais, todavia, não teriam nenhuma repercussão. Isso foi particularmente observado na chamada "crise dos e-mails", artificialmente criada e alimentada pelos *bots* e apoiadores russos. Tudo se resume ao fato de que Hillary Clinton usara seu smartphone particular para o envio de e-mails enquanto secretária de Estado. Entretanto, o fato, por si, não tem significado nenhum. Isso porque secretários de Estado (americanos) não são proibidos de usar os próprios celulares, muito menos que o façam para questões particulares e não de governo, e foi isso que aconteceu. Quando muito, havia combinação de reuniões e agendas, até porque Hillary preferia, como muitos de sua geração, o uso de chamadas de voz. A esmagadora maioria dos e-mails enviados tinha a seguinte forma:

> *From: Huma Abedin*
> *To: H*
> *Sent: Wed Dec 23 14:43;02 2009*
> *Subject: Re: can you hang up the fax line, They will call again and try fax*
> *Yes but hang one more time. So They can reestablish the line.*
> *- original message –*

> *From: H*
> *To: Huma Abedin*
> *Send: Wed Dec 23 14:39:39 2009*
> *Subject Re: can you hang up the fax line, They will call again and try fax*
> *I thought it was supposed to be off Hook to work?* [12]

É claro que não tinham conteúdo idêntico, mas, em matéria de qualidade, mantinham-se dentro desse limite de simples cotidiano. Assim, não haveria como afirmar que algum sistema de segurança teria sido violado usando esse tipo de comunicação. No entanto, o assunto se mantinha em ebulição e era tratado como se fosse uma grave violação dos procedimentos governamentais. E havia razão para isso, dado que a intenção era atacar Hillary por todos os meios possíveis. A questão era como esse tipo de assunto era mantido em alta nos meios de comunicação e suas consequências manipuladas, de forma a parecer o que não eram. Para isso, e que se tenha noção da amplitude da ação russa, cerca de 5,8 milhões de contas falsas foram encerradas pelo Facebook, porque tinham sido usadas unicamente para difusão de conteúdo político, cerca de 1 milhão de sites nessa rede social foram encerrados porque geravam milhões de "curtidas" artificiais, criando condições de ingresso em *feeds* de notícias sem que os usuários/clientes tivessem ciência de que ali estavam artificialmente, por manipulação. Cerca de 470 sites do Facebook eram ligados diretamente ao governo russo, através da Agência de Pesquisa de Internet da Rússia. Destes, seis sites tinham 2 bilhões e 40 milhões de compartilhamentos, alcançando 126 milhões de eleitores americanos,

---

12 De: Huma Abedin
Para: H
Enviado: Quarta, 23 de dezembro 14:43;02 2009
Assunto: Re: você pode desligar a linha do fax, eles ligarão novamente e tentarão enviar o fax
Sim, mas espere mais uma vez. Para que eles possam restabelecer a linha.
- mensagem original -
De: H
Para: Huma Abedin
Enviado: Quarta, 23 de dezembro 14:39:39 2009
Assunto Re: você pode desligar a linha de fax, eles ligarão novamente e tentarão enviar fax
Achei que deveria estar fora do gancho para trabalhar?

em um total de 17 milhões de votantes. Criaram, ainda, 129 páginas de eventos que alcançaram 336.300 pessoas. Posteriormente, o próprio Facebook apagou os dados, os quais, todavia, tiveram de ser informados aos seus investidores: cerca de 60 milhões de contas falsas acabaram sendo apagadas. No Twitter, cerca de 10% do total de usuários seriam robôs, sendo que 50 mil foram identificados em uma primeira análise e mais 3.814 contas foram vinculadas diretamente à Agência de Pesquisa de Internet da Rússia, já citada. Produziram-se pelo menos 3 milhões de tuítes vindos da Rússia. Pesquisas posteriores acrescentaram milhões de contas falsas usadas por robôs. A grande coincidência: os mesmos robôs usados na campanha pelo Brexit foram usados em uma campanha contra Hillary. Narrando essas circunstâncias, a própria Hillary descreve como seus e-mails foram objeto de um escrutínio detalhado e como se tentou usá-los como prova de toda sorte de malfeitos, sem sucesso. Posteriormente, o então diretor do FBI, James Comey, admitiu que os e-mails não tinham nenhuma condição de "secreto" nem violavam qualquer tipo de sigilo. No final do livro *What happened*, Hillary escreve: "Quanto mais nos afastamos da eleição, estranho que essa controvérsia pudesse chacoalhar uma eleição nacional com tantas consequências monumentais. Eu imagino os futuros historiadores coçando a cabeça, tentando entender o que aconteceu. Eu ainda estou coçando a minha também". Mas não foi preciso ir tão longe para que tudo fosse esclarecido. Na verdade, foi muito simples: os jornais e noticiários pautavam (e ainda pautam) suas manchetes e notícias com base na popularidade e interesse que despertavam. Uma das medidas do destaque popular é a frequência com que o assunto aparece nas mídias sociais. Uma notícia que é objeto de curtidas e comentários se torna, automaticamente, interesse de veiculação, pois levará mais pessoas a consultar o jornal ou a assistir ao noticiário. O que os russos faziam era simples, o problema da invasão dos e-mails era replicado entre os *bots* e os sites – se eram milhões, como já vimos, pelo menos 3,6 milhões, cada um curtia e comentava o outro –, isso criava uma demanda artificial e jogava qualquer assunto que fosse de interesse deles (russos) nos *trending topics*, criando um círculo vicioso, fazendo com que mais notícias recebessem mais destaques e gerassem mais comentários que gerariam mais *likes*, que gerariam mais destaques, que gerariam mais notícias, e assim por diante. E, assim, mesmo com as declarações misóginas de Trump, os *bots* controlavam todo o fluxo de trânsito nas redes, pautando o que deveria ter a atenção da imprensa ou não. Por mais que Hillary se justificasse, explicasse e demonstrasse a falta de sentido da discussão, isso não alterava em nada o volume de tráfego que chamava a atenção da imprensa. Essa é a diferença, enquanto Hillary Clinton disputava uma eleição, Trump travava uma guerra moral e tinha o apoio de uma potência estrangeira a lhe disponibilizar meios aos quais ninguém nunca tivera acesso. Lembrando, ainda, que todas essas mensagens eram dirigidas a indivíduos com tendências psíquicas determinadas e eram formatadas de tal forma a se coadunar com tendências morais predeterminadas. Foi assim que do nada se criou uma narrativa que não levava a nada, mas satisfazia emocionalmente uma aflição, uma tensão, que era causada pela massiva exposição a uma narrativa (não uma propaganda em si) artificialmente criada. Foi uma guerra moral perfeitamente caracterizada, com uma arma de controle mental. Os russos *hackeavam* a eleição para colocar na Casa Branca um "candidato manchuriano", derrotando aqueles que poderiam antagonizar o poder russo, principalmente na Europa. Afastaram a maior potência do mundo sem disparar um tiro. É guerra.

EU RECONHEÇO UMA CONSPIRAÇÃO QUANDO A VEJO

Qualquer um que se aventure a analisar as circunstâncias que mediaram a ascensão política e a vitória eleitoral de Trump em 2016 encontrará diferentes versões sobre as causas desse fato político. Nem poderia ser diferente. Mas afastar a ideia de uma ação organizada de natureza estrangeira (mais precisamente russa) que tenha sido decisiva nessa eleição é, em grande parte das vezes, vista de modo preconceituoso. Ninguém consegue imaginar exatamente a razão dessa aversão a um fato que nem é inédito na história. Bill Clinton não hesitou em emprestar bilhões de dólares para que Iéltsin pudesse melhorar seu desempenho eleitoral, e o mesmo Clinton também não hesitou em apoiar Iéltsin quando este enviou tanques para invadirem a Duma e causou um número expressivo de mortes. É verdade que nenhum desses casos sequer faz sombra ao que ocorreu nos Estados Unidos, mas são indicativos seguros de que o fenômeno da intervenção russa não é novidade no que se refere a atitude, embora seja uma inovação em função dos meios empregados. Os Estados Unidos, ainda, estão à frente do Reino Unido em termos de combate a ações cibernéticas. Quer por ter se tornado o grande alvo, quer pelo fato de liderar tecnologicamente o mundo, especialmente nessa área, e ser o berço das mídias sociais, o governo americano dispunha dos meios necessários para investigar o que estava acontecendo. Tanto assim que, ainda durante a eleição, o então presidente Obama contatou Putin avisando que a intervenção poderia levar a sérias consequências. Isso com certeza não intimidou Iceman, até porque, naquela altura dos acontecimentos, nada haveria que ser feito. Putin no máximo esboçou um sorriso. A primeira reação veio do FBI, mas foi, aparentemente, em sentido contrário. O então diretor James Comey instaurou um procedimento para verificar o vazamento de informações a partir da exposição dos e-mails enviados por Hillary por meio de sua conta pessoal. Comey chegou a dar entrevistas coletivas sobre a conduta da então candidata Hillary, mas guardou silêncio quanto à invasão dos Ursinhos Carinhosos. Seja como for, ao final da apuração, Comey e o FBI nada encontraram de irregular, mas, talvez para não perder a viagem, criticaram a falta de cautela no uso das comunicações, o que nem seria de sua responsabilidade. Onze dias antes das eleições, abertamente, Comey reabriu as investigações sobre os e-mails de Hillary, com base na localização de e-mails em um computador da principal assistente da candidata. Não se poupou publicidade quanto à reabertura das investigações. Após ter sido demitido por Trump, Comey justificou-se em um livro que escreveu sobre a sucessão de acontecimentos naquele momento. Ele se via em uma encruzilhada: se negasse a reabertura da investigação sobre os e-mails, por terem sido encontradas novas evidências, seria acusado de favorecer Hillary; se reabrisse, seria acusado de favorecer Trump; era um beco sem saída. A opção foi seguir a vocação investigativa do FBI e conduzir a operação ao estilo de "doa a quem doer". Nem é preciso dizer que a investigação não deu em nada. Uma terceira opção foi descartada: o FBI poderia esperar pouco mais de uma semana e reabrir o inquérito depois. Havia justificativa para isso, até porque a conduta, em tese, nem sequer era apontada como criminosa, e dificilmente, após uma longa e detalhada investigação, haveria alguma novidade (como de fato não havia) na

Pós-verdade e fake news

troca de e-mails dentro do mesmo período investigado. Cargos de chefia como o ocupado por Comey têm uma nítida carga política, até porque são ocupados por indicação desse tipo. O profissional que chega a exercer essas funções tem por obrigação conhecer o ambiente político e a consciência de ali agir. Não há dúvidas quanto à integridade de Comey, nem quanto à sua habilidade como agente do FBI, mas, no aspecto político do cargo, mostrou-se vacilante e deixou no ar a questão de destacar o papel de Hillary nas investigações com certo estrépito, mas o silêncio sobre Trump e os Ursinhos Carinhosos pesa na balança da avaliação sobre o que teria acontecido naquele momento. Querendo ou não, correta ou não, com alternativa ou não, sua ação foi prejudicial para a campanha democrata e encheu os republicanos de razão em suas críticas, para depois afundar silenciosamente, quando já era tarde demais. Seja como for, quando Comey, depois da eleição, resolveu pôr os olhos no caso da invasão dos Ursinhos Carinhosos, foi simplesmente demitido por Trump, que suportou o dano político com os comentários sarcásticos de sempre e com críticas ao trabalho de Comey. Em seu titubeio, Comey acabou perdendo dos dois lados e ficou sozinho. Sem apoio, pôde ser abatido em pleno voo e ninguém chorou sua queda. Mas a ação russa havia cometido um erro, se é que foi um erro, porque acabou dando certo – diríamos, na verdade, que apresentou um sintoma que não se apagava tão facilmente e criou uma situação que escapou ao controle de Trump: a nomeação de um promotor especialmente designado para apurar essa intervenção. Trump tentou indicar assessores, mas o procurador-geral acabou por indicar um promotor independente: Robert Swan Mueller III.

NA MOSCA

Mueller é um virtuose, formado em Ciência Política, Direito e Relações Internacionais, foi fuzileiro naval com atuação no Vietnã e recebeu condecorações como o Coração Púrpura, a Estrela de Bronze e a Gallantry Cross, entre outras. Trabalhou como procurador dos Estados Unidos, chefe da Divisão Criminal e procurador-geral adjunto da Procuradoria do Distrito de Massachussetts, investigando fraudes financeiras, terrorismo, corrupção, narcóticos e lavagem de dinheiro no âmbito internacional.

Ficou conhecido por sua ação contra a máfia no processo envolvendo John Gotti, o maior chefe mafioso da história moderna. Exercia a procuradoria dos Estados Unidos para o Distrito Norte da Califórnia quando foi indicado para ser diretor do FBI. Sua indicação recebeu apoio total do Senado norte-americano, que aprovou seu nome por unanimidade. Ficou no cargo durante doze anos, englobando os mandatos de dois presidentes, George W. Bush e Barack Obama. Esses dados são facilmente encontrados na internet, até porque são públicos, mas o significado merece um apontamento. Mueller era um dos ou o mais respeitado procurador de sua época. Gozava de prestígio entre os republicanos, era do apreço dos democratas, ao continuar exercendo o cargo durante o governo Obama. Ser reconhecido por dois presidentes americanos de partidos adversários para ocupar uma posição das mais sensíveis não é para qualquer um. O respeito que ganhou por sua atuação e o fato de se mostrar independente o colocou em uma posição única. Ele ocupou os cargos de procurador e de diretor do FBI por longo tempo, conhecia os dois lados da moeda e havia se saído muito bem. Ademais, ele conhecia bem os bastidores da política, ao contrário de Comey, que justamente o sucedeu como diretor do FBI. Se tudo pudesse se resumir em uma frase, seria que a palavra de Mueller seria respeitada por todos. Era o homem certo no lugar certo.

26165-74455

Trump, exercendo seu papel favorito, o de Grinch, tentou acabar com a festa e demitir Mueller, mas seus próprios aliados avisaram que se fizesse isso também se demitiriam. Muito a contragosto, Trump foi obrigado a aceitar a presença do procurador especial. A experiência de Mueller pode ser percebida quando comparada com o trabalho da Comissão Parlamentar do Reino Unido. Enquanto esta produziu um relatório com esquálidas quarenta ou cinquenta páginas e não concluiu nada, o relatório de Mueller passou de quatrocentas e produziu diversos indiciamentos, inclusive de personagens-chave da campanha trumpista. Já na introdução do volume I, foi claro: o governo russo interferiu nas eleições presidenciais de 2016 de uma maneira abrangente e sistemática, primeiro através de uma campanha nas mídias sociais, difamando a candidata Hillary Clinton, e, segundo, promovendo invasões em computadores contra entidades, empregados e

Pós-verdade e fake news

voluntários que trabalharam na campanha dela, liberando as informações coletadas de modo a prejudicá-la. O inquérito ainda identificou inúmeros *links* e contatos ilegais entre lideranças do comitê de campanha de Trump e agentes e diplomatas russos. A investigação revelou que Cozy, o Ursinho Carinhoso, havia sido criado pela unidade 26165 do GRU e se dividia em duas partes: a primeira, conhecida como "X-Agent" (agente X), era um caçador, buscava documentos onde estivessem contidas as palavras-chaves tais como Trump, Hillary, Cruz, DNC e outras. Uma vez separados os arquivos, entrava em ação a outra parte do *malware*, "X-Tunnel" (Túnel X), que criava uma ligação com um computador intermediário (para não se conectar diretamente com os computadores russos) e enviava todos os arquivos. A investigação estabeleceu, ainda, que os russos dividiam as atividades: uma unidade, a 2615, cuidava de subtrair as informações, mas era outra unidade, a 74455, que era responsável pela liberação e pelo uso dos documentos extraídos. Ou seja, eram duas equipes diferentes, uma extraía os arquivos, a outra os usava conforme fosse conveniente, inclusive com o personagem Guccifer 2.0. Além disso, estabeleceu que grande parte da dispersão dessas notícias era feita através da Internet Research Agency – IRA, de propriedade de Yevgeny Prigozhin, um aliado próximo de Putin. A IRA, desde 2014, tinha como objetivo executar operações nos Estados Unidos, usando pessoas e sites fictícios, que se apresentavam como sendo ativistas americanos. Com esse sistema, a IRA chegou a atingir milhões de pessoas, inclusive políticos, que repercutiam essas mensagens. Foram localizadas pelo menos 470 contas do Facebook que produziram 80 mil *posts*, os quais foram repassados ao ponto de atingir, segundo o próprio Facebook, 26 milhões de pessoas. Isso somente pela IRA. Tudo fazia parte de um projeto conhecido como "Projeto Lakhta", a respeito do qual o relatório censurou todas as menções. A IRA enviou quatro agentes para os Estados Unidos em 2014.

COMEÇA O SHOW

A IRA usava estratégias de imitação em suas postagens – os perfis ou *posts* simulavam aqueles de conhecidos movimentos ativistas, tais como o Black Lives Matter, ou os de filiados de sedes regionais do Partido Republicano, tal como o @TEN-GOP, o qual, supostamente, seria a representação do Partido Republicano do Tennessee. Também se manifestavam com imitações do Tea Party, movimento radical republicano. Em todos esses perfis, pressionavam e defendiam ações radicais e buscavam destruir a reputação de Hillary Clinton, com narrativas completamente falsas, mas que acabavam se espalhando, por terem supostamente sido veiculadas por organizações confiáveis, quando na verdade eram apenas imitações. Outros movimentos fictícios foram usados, tais como "Being Patriotic" (200 mil seguidores), "Stop all Immigrants", "Secured Borders" (130 mil seguidores), "Blackativist" ou, ainda, "LGBT United" e "United Muslims of America" (300 mil seguidores), relacionados a minorias e religiosos, no caso, islâmicos. Em todos eles havia o estímulo antigovernamental, de modo a criar tumulto eleitoral, fazendo uso de perfis individuais falsos para publicar e instilar discussões. As intervenções também programavam manifestações em massa, usando os recursos emocionais de que dispunham. Um desses exemplos é uma convocação para uma manifestação de mineiros na Pensilvânia. É exibido um cartaz com os dizeres "Mineiros por Trump: trazendo de volta nossos empregos" e, abaixo da chamada, "Quantos trabalhadores da Filadélfia (PA) perderam seus empregos devido à política destrutiva de Obama?". Essa convocação foi elaborada em São Petersburgo, onde ficava sediada a fazenda dos *trolls*, e direcionada justamente àqueles que haviam perdido o emprego e se apresentavam, também, nas redes sociais. O evento correspondeu às expectativas, no melhor estilo "bottom-up". Não que isso seja uma novidade em termos eleitorais, quer dizer, buscar pelos insatisfeitos ou prejudicados pelas políticas econômicas, mas o direcionamento via perfil psicológico com manifestações individuais feitas por perfis falsos, isso, evidentemente, é novo. Sem falar que eram replicados inúmeras vezes. Mas a ação russa extrapolou até mesmo esse cenário e alterou o próprio plano de governo republicano. O grande objetivo russo a longo prazo era (e é) a conquista da Ucrânia, hoje um país livre, nunca visto por eles (russos) senão como parte de uma Grande Rússia. O programa de governo republicano previa que, em caso de uma invasão russa da Ucrânia, os Estados Unidos forneceriam ajuda letal, ou seja, armas de guerra, para uma resistência. No entanto, uma visita do embaixador russo Sergey Kislyak provocou um desvio no programa. O termo "ajuda letal" foi

Pós-verdade e fake news

substituído por "ajuda apropriada". O trecho foi modificado em virtude de solicitação do conselheiro assessor em política e segurança nacional Jeffrey D. Gordon, um ex-militar que atuou por quase vinte anos nas forças anfíbias do exército americano e que depois se tornou colunista em diversas mídias, inclusive na Fox News, reduto da direita norte-americana. Naquela época, ele admitiu que havia feito tal intervenção atendendo a pedido do então candidato Trump, com quem falava ao telefone, mas depois negou essa versão. Entretanto, encontros oficiais entre Gordon e Kislyak foram registrados em várias oportunidades. E não parou por aí: posteriormente, a delegada republicana Diana Denman propôs uma emenda para incluir suporte bélico à Ucrânia em caso de invasão. Foi novamente Jeffrey Gordon que interveio e negou a emenda. Para Gordon, seriam os europeus que deveriam assumir a responsabilidade principal por qualquer assistência à Ucrânia. Mesmo assim, a proposição da emenda Denman prosseguiu e foi a debate e votação, sendo aprovada, e o texto foi alterado nos termos propostos por Gordon, que depois foi recepcionado festivamente na embaixada russa por Kislyak para um *breakfast*. Diana mencionou várias vezes que Gordon dizia estar falando com Trump ao telefone, entretanto isso nunca foi provado. Nenhuma influência russa, contudo, foi mais evidente do que a nomeação de dois personagens curiosos para a chefia da candidatura de Trump. O primeiro foi Paul Manafort. Manafort havia trabalhado para um oligarca russo, Oleg Deripaska, e depois coordenou a estratégia política para o movimento pró-Rússia na Ucrânia. Ele ainda mantinha contato com os russos através de seu homem de confiança, Konstantin Kilimnik, o qual, por sua vez, se reportava ao FSB. Um dos temas tratados entre Manafort e Kilimnik era justamente a Ucrânia. Discutia-se a criação de uma república na região de Donbas sob controle do exilado Yanukovich. Anos depois, de fato a Rússia ocupou formalmente a região e a reconheceu como uma república autônoma incorporada à Rússia. Quando as ligações entre Manafort e Kilimnik vieram à tona, ele teve de renunciar à sua posição no comitê eleitoral de Trump, mas continuou influente. Em virtude do Relatório Mueller, Manafort sofreu uma série de condenações, inclusive confessando ter conspirado para fraudar os Estados Unidos. Foi condenado a sete anos e meio de prisão e já se encontra livre. Outro personagem desse círculo foi o ex-general Michael Thomas Flynn, ao qual já nos referimos antes.

Brittany Kaiser, uma das arrependidas da Cambridge Analytica, não deixou escapar que Flynn e Alex Nix tinham algum tipo de relacionamento e eram conhecidos. Flynn também mantinha contatos com Kislyak, o embaixador russo, porém tentou encobri-los ao ser questionado sobre sua conexão com a Rússia e acabou sendo processado, fazendo um acordo para cooperar com a investigação sobre a interferência russa na eleição de Trump. Inesperadamente, contudo, desfez o acordo e aceitou defender-se no processo. Flynn apoiou o movimento que pretendia a anulação da eleição de Joe Biden e juntou-se a um movimento radical, o QAnon. Tendo ficado ao lado de Trump até o fim, recebeu o perdão presidencial, em um dos últimos atos assinados por Trump. Toda essa atividade estava vinculada ao conteúdo produzido pela Cambridge Analytica. Kaiser e outros membros da Cambridge foram aos Estados Unidos e mantiveram um escritório na Califórnia, onde instalaram uma versão modernizada da sede, em Londres. É interessante notar que nessa sede trabalhavam, então, funcionários do Facebook e do Twitter, em uma espécie de auxílio a um cliente especial, o que foi confirmado novamente por Brittany Kaiser, além de que o local foi exibido no documentário *Privacidade hackeada* (*The great hack*, no original), no qual também se confirmou a participação das plataformas. A Rússia havia invadido os Estados Unidos, e os americanos gostaram. O Relatório Mueller, entretanto, apesar de confirmar a ação cibernética e mental dos russos e indiciar a maioria dos assessores mais próximos a Trump, não o indiciou. Segundo Mueller, não havia um elemento determinante de que Trump tinha conhecimento das atividades realizadas por Flynn, Manafort e outros citados no relatório, por demais extenso para ser transcrito. Isso é surpreendente, porque uma campanha política, e ainda nos termos e na grandeza daquela que foi empreendida, não se faz por individualidades; além disso, se todo o círculo político íntimo do candidato se empenhava nessas ações fraudulentas, seria contraditório supor que o próprio Trump não soubesse o que se passava debaixo de seu nariz. Muito pelo contrário, isso nos induz a afirmar que ele não somente tinha conhecimento, mas também agia em conformidade com isso. Seria estranho que no meio dos lobos houvesse um leão que não mordiscasse a ovelha por ser vegetariano – não obstante, esse foi o entendimento que prevaleceu. Logo se vê que a habilidade de Mueller fez jus à fama.

GUERRA MENTAL

Podemos afirmar que a Rússia invadiu os Estados Unidos. Essa invasão foi significativa, a ponto de mudar o resultado das eleições e colocar um candidato improvável em um lugar improvável: Trump, presidente dos Estados Unidos. Tal como dissemos antes, não se trata de uma guerra híbrida, isso porque não foram utilizados outros meios, cinéticos, de maneira combinada; o conflito desenvolveu-se unicamente na dimensão mental. Essa invasão consiste também em uma forma de guerra nos termos propostos por Clausewitz. Isso porque esteve (e está) muito fora do contexto político propriamente dito, invadindo, literalmente, um espaço imaterial (cibernético), o qual, todavia, acarreta resultados físicos, tal como, em exemplo adiantado, a tentativa de invasão do Capitólio por uma horda de indivíduos que defendiam absolutamente sem nenhum lastro a anulação das eleições presidenciais vencidas por Joe Biden. Esse é o segundo exemplo de uma guerra que se deu puramente no meio mental, mais do que cibernético, que acaba sendo apenas uma arma, um meio para a afetação do estado mental do indivíduo, e não da massa, como usualmente as propagandas fazem. A campanha informacional russa "é voltada a causar desconfiança e divisão em um Estado alvo, pela amplificação de posições extremas e provocação, o que reduz as chances de chegar a um consenso". A intervenção buscou um detalhe específico: o abrandamento da postura do Partido Republicano em relação à Ucrânia. Pretendiam os republicanos que uma invasão russa à Ucrânia fosse combatida inicialmente apenas pelos europeus e que os meios que fossem disponibilizados pelos Estados Unidos o fossem apenas de forma restrita. Já naquela época a Rússia planejava o ataque, que veio a realizar apenas em 2022, e que se encontra inconcluso até o fechamento da edição deste livro. Se Trump houvesse obtido a reeleição, não há dúvidas de que hoje a Ucrânia estaria reduzida a mais um estado russo.

SOFTWARE MORAL: PROGRAMADO PARA VOTAR 2.0 – A ÚLTIMA CORRIDA

Razão e emoção disputam uma corrida, quem vencerá? Quem respondeu emoção apostou certo. Alguém poderia contestar, dizendo que, sendo coisas tão diferentes, uma jamais poderia ser comparada à outra. Não é verdade, pois a emoção também é uma forma de processamento de informações. Quando essas informações tomam a forma de um padrão na sua captação, geram uma reação (uma ação característica da emoção, como vimos) instantânea, que supera o obstáculo do racionalismo. Logo, emoção também é uma forma de cognição e gera uma reação imediata. As emoções morais são representadas por aquilo que denominamos intuição, que é uma forma de julgamento moral emocional que não chega ao consciente e nem mesmo chega a constituir, por si, uma emoção, como disse Jonathan Haidt, psicólogo social norte-americano: "Intuição é a melhor palavra para descrever as dezenas ou centenas de julgamentos e decisões morais rápidos e sem esforço que todos fazemos todos os dias. Apenas algumas dessas intuições chegam até nós incorporadas em emoções profundas". Haidt propôs o que se tornou o modelo da relação entre emoção e raciocínio amplamente aceito hoje. Para isso, criou uma analogia entre a mente racional/emocional e a figura de um ginete (jóquei) montado em um elefante. A questão é que o elefante não é controlado pelo ginete; é ele, o paquiderme, que escolhe seu caminho e faz suas opções. O que o jóquei faz é examinar as opções, submetendo-as ao elefante – que decidirá por uma delas –, e aprender novas habilidades, para facilitar o caminho que o elefante tomar – ele é o porta-voz do elefante, defendendo as opções escolhidas, ele faz a ponte entre o elefante e outros elefantes ou com o mundo externo. Apresentamos outras analogias para facilitar ainda mais o entendimento. Em vez de um ginete, que geralmente guia sua montaria, vamos trocar essa figura por um macaco, que sobe às costas do elefante para pegar uma carona. É o elefante que vai seguindo, e o macaco fica apenas conversando, bate palmas para tudo que o elefante faz e sempre lhe dá razão. O macaco fica no lombo do elefante e enxerga mais longe, vai sugerindo caminhos, mas quem decide é sua montaria. O elefante representa as partes mais profundas e antigas do cérebro, longe do córtex e do neocórtex, onde o raciocínio se instalou recentemente em termos evolucionais. No final, são as intuições que dirigem as atividades humanas. A taça é da emoção.

SOFTWARE MORAL – PROGRAMADO PARA VOTAR 2.0: TUDO PELO SOCIAL

As emoções não são imutáveis, é possível que sejam influenciadas e mudem ou que mudem por uma questão interna do indivíduo. Não são permanentes ou inalteráveis. Haidt observa que uma grande influência na mudança de entendimento ou caminho do elefante se dá pelo relacionamento com outros elefantes. O contato com outros apresenta ou revela novas ideias que podem modificar o entendimento anterior, pela simples constatação que expõe novas informações ou entendimentos que se transformam em estímulos, os quais atingem nossa avaliação emocional. Haidt denominou esse modelo "intuicionista social de julgamento moral". Ou seja, as intuições e reações emocionais são apenas uma forma de cognição, isto é, uma forma de entendimento automático que temos disponível em nossa mente e baseado em um processo evolutivo de milhões de anos. O significado é bastante revelador: discussões morais e políticas (principalmente) não são passíveis de ser resolvidas racionalmente, a única maneira de resolvê-las é usar um modelo de intuição social de julgamento moral, fazer com que o indivíduo seja conectado com uma nova intuição moral e social, sem o que, por mais racionais que sejam os argumentos, eles sempre serão refutados, mesmo com base em argumentos artificiais, criados apenas para justificar a opção intuicionista moral/social. Assim, para mudar o caminho do elefante, não adianta falar com o ginete/macaco, somente o diálogo com o elefante/capitão pode levar à mudança de caminho, e tanto um como o outro não se dobram a argumentos racionais. Fale com o elefante/capitão, só ele poderá mudar o caminho.

SUA MENTE É PRÉ-CONFIGURADA

A descoberta mais importante e impactante de Haidt foi a solução para a herança evolutiva que molda nossas mentes. Partindo da pesquisa desenvolvida por outro cientista, Gary F. Marcus, Haidt conseguiu estabelecer uma relação entre a evolução humana e a moral. O grande desafio de todos os estudos anteriores tinha sido a necessidade de isolar um comando que seria presente em toda a civilização humana e que, portanto, pudesse ser estabelecido como predeterminado. Esse elemento nunca existiu, ninguém conseguiu determinar um elemento moral comum que estivesse presente em todas as sociedades humanas. E o que se propôs foi surpreendente, se não genial. Todos os seres humanos, em verdade, nascem com uma rede de conceitos morais, a qual, ao contrário do que se pensava, não é predeterminada, imutável ou fixada, ela é pré-configurada, mutável. Haidt cita Marcus ao afirmar que "A natureza fornece um rascunho, que a experiência depois revisa... 'Configurado' não significa imutável; significa 'estruturado antes da experiência'". Ainda citando Marcus, afirma que os humanos seriam como livros cujo rascunho teria sido escrito pelos genes durante o desenvolvimento fetal. Ou podemos usar uma descrição mais ao gosto dos contemporâneos: um computador que já viesse pré-configurado com vários programas "demo", os quais, para funcionar, precisariam de um *download* da maior parte porque o software estaria incompleto. Tudo vai depender de como esse vazio será preenchido, o que será feito pela vivência, pelas condições humanas, familiares, sociais, e por todas as influências que forem projetadas nesse sistema, o qual, então, irá se desenvolver nesse ou naquele sentido.

Estamos falando especificamente de sentimentos morais, sem nenhuma influência racional em seu conteúdo; é um modo de sentir. Na dupla do ginete com o elefante, observamos o elefante isoladamente. O passo seguinte foi determinar quantos e quais seriam esses mecanismos de acionamento, interruptores que ligavam a reação moral a uma causa. A pesquisa revelou inicialmente cinco "programas", "circuitos", "sistemas" ou, no dizer dos próprios pesquisadores, cinco alicerces morais: a) cuidado/dano; b) justiça/trapaça; c) lealdade/traição; d) autoridade/ subversão; e) pureza/degradação. Mais simplesmente, cuidado, justiça, lealdade, autoridade e pureza. Isso significa que todo ser humano nasce já dotado de mecanismos de cunho moral derivados de sua construção biológica, em razão do processo evolutivo que resultou no ser humano. A princípio, esses cinco valores já estão "embutidos" em nossa mente, entretanto, o modo como serão preenchidos será resultado das vivências e experiências que o indivíduo assimilará durante sua formação e pelo resto de sua vida. Isso significa que, em seu resultado, seres humanos podem perceber o conceito de "justiça" de modo completamente diferente, inclusive antagônico em graus extremos, não obstante, cada um agirá de acordo com o equipamento predisposto de justiça, que foi preenchido de modo diferente. A modulação desses sistemas pré-adaptativos da mente humana é o que fará a diferença em posições ideológicas. Veremos isso mais tarde, mas é certo que, a despeito dessas diferenças, o ser humano busca sua noção ideal de justiça.

OS PRIMEIROS CINCO ALICERCES MORAIS DE HAIDT

O primeiro alicerce moral é o cuidado. Ele surgiu a partir da complexidade do desenvolvimento do cérebro humano, que é muito complexo e precisa se desenvolver para que o humano possa cuidar de si mesmo, ao contrário dos animais, que já nascem "prontos". Para Haidt, em razão da necessidade de atender a prole, os seres humanos desenvolveram a sensibilidade, na verdade, "uma reação automática a sinais de necessidade ou de sofrimento, como o choro...", mas esse sentimento se expande para inúmeros outros valores e com diferentes intensidades; é o que faz, por exemplo, surgir um sentimento positivo em relação a filhotes de animais, por exemplo, e mais, pode levar a sentimentos de cuidado expansivos para valores políticos morais, visando desde cuidados sociais para as pessoas em situação de rua ou imigrantes que estejam em situação precária, por exemplo. É por isso que se invocam deficiências em busca de ajuda ou caridade. O reverso do cuidado é o dano, que em tese afetaria outro ser humano. O segundo alicerce moral é a justiça. Ao contrário do cuidado, a justiça tem sua origem remota no convívio grupal. Seu fundamento é a retribuição de um auxílio recebido. Quando, em grupo, recebemos o auxílio de outro indivíduo, espontâneo ou não, o sentimento é o de retribuição. A ideia de retribuição representa empiricamente a ideia de que o conjunto favorece o indivíduo, e dentro do conjunto de indivíduos o sentimento de reciprocidade se dá quando um auxilia o outro de alguma forma, criando um vínculo de natureza moral. A ação coletiva é superior à ação individual. Haidt destaca que aqueles que agiam com base no "toma lá, dá cá" tiveram maior sucesso do que aqueles que não retribuíam o auxílio (e, portanto, também ninguém mais lhes oferecia) ou que somente ajudavam os necessitados (e, portanto, também nada recebiam, porque os necessitados não estavam em posição de entregar nada). Na proporção inversa da justiça, está a trapaça, o logro, o engano; da mesma forma que a cooperação nos traz um sentimento positivo, a trapaça nos traz a negatividade, a rejeição.

Reduzindo isso a uma perspectiva ainda mais simples, estamos descrevendo o sentimento de egoísmo. No confronto entre um indivíduo cooperativo socialmente e um egoísta, o sentimento gerado em nossa mente é favorável ao primeiro. Da mesma forma que no item anterior, esse módulo também pode ser preenchido por vivências e culturas morais diferentes. Haidt lembra que para uns a justiça é uma questão de igualdade e, para outros, de proporcionalidade, o que leva a infinitas discussões e conflitos entre os defensores de ideias de esquerda e de direita.

O terceiro alicerce é o da lealdade, de todos, talvez o mais claro. A questão da lealdade envolve a identificação com um grupo. A organização em grupos é algo que faz parte da evolução humana, em verdade, foi fundamental, pois, sem a possibilidade de agir coletivamente, seríamos presas fáceis e extintos. O ser humano precisa da atuação conjunta, por causa da necessidade de criar descendência e, portanto, proteger os "filhotes". Tarefas como a caça, a defesa, a moradia, a agricultura, tudo exige o desenvolvimento de uma ideia de grupo, e dessa necessidade e da atuação necessariamente conjunta nasceu o sentimento moral de lealdade. Lealdade implica a identificação do "seu" grupo, do grupo ao qual pertence, bem como do "traidor" como aquele que favorece outro grupo, a nosso ver, quer estejam em conflito ou não. Quando um grupo é traído, o prejuízo tende a ser grande – na época pré-histórica, muitas vezes levando à morte ou à miséria do grupo traído, daí por que essa aversão radical à traição. É interessante notar que até mesmo em grupos criminosos, especialmente da máfia, tal como a Cosa Nostra siciliana ou a Yakuza japonesa, a lealdade é um elemento essencial e a deslealdade é punida com morte dolorosa. Se levarmos em consideração que são organismos cujo objeto é violar a lei e atacar a sociedade, é surpreendente que façam da observância dessa regra um fundamento.

Quarto alicerce: autoridade e subversão. A organização tribal ou social é visível entre animais, e não é diferente no homem. Haidt lembra que autoridade não configura necessariamente poder bruto, embora possa ter se confundido com este, e usa o conceito de seu professor, o antropólogo Alan Fiske, que definiu a autoridade não como uma forma tirânica, mas como um *ranking* em que "os subordinados se sujeitam, respeitam e (talvez) obedecem, enquanto os superiores têm precedência e assumem a responsabilidade pastoral dos subordinados". A autoridade, a nosso ver, está inserida no próprio conceito de organização, que é necessária para que um grupo aja como tal. O que o indivíduo sente, frisamos, não é o desejo ou a expectativa de que ele venha a ser a autoridade, mas que onde há autoridade o grupo desenvolve melhor sua finalidade. O conceito fundamental é o de que há necessidade de uma autoridade e/ou liderança, sem o que o grupo não consegue se articular ou se movimentar, de forma que o subversivo, ao agir contra a autoridade, é percebido imediatamente. Abstratamente, como a autoridade garante a estabilidade e a normalidade das relações, o oposto causa a ideia contrária, de perturbação, caos, dano, que devem ser, no mínimo, evitados. Esse alicerce é muito estimulado, principalmente pela direita política e por sistemas autoritários.

Seja como for, a ideia não é que a conexão moral se dê pela tirania, e sim pelo sentimento da necessidade de que alguma forma de liderança e organização é necessária e que essa organização não é despótica, e, sim, se dê na medida de sua necessidade. É muito fácil distorcer essa medida, por isso ela é muito utilizada; o sentimento dessa necessidade implica a receptividade da autoridade como necessária. O sociólogo Robert Michels, autor da teoria "Lei de Ferro da Oligarquia", que depois distorceu seu conteúdo, afirma que sem uma organização burocrática mínima nenhum partido político pode existir. Até esse ponto, guarda analogia com o alicerce da autoridade de Haidt.

Quinto alicerce: pureza e degradação. É o que menos guarda vínculo com a racionalidade. Sua origem é física; o sentimento de degradação é aquele que o indivíduo tem quando vê dejetos, alimentos apodrecidos, cheiro de putrefação ou, de qualquer forma, elementos naturais ou artificiais corrompidos. Esse nojo é uma forma de sentir que já está pré-programada na mente humana. A razão é simples: a evolução mostrou que essas substâncias são danosas à saúde, portanto, seu consumo deve ser evitado a qualquer custo, visto que poderá até levar à morte. Lembremos que no início da vida humana não havia ciência ou procedimento de cura que pudesse ser empregado, logo, a única opção era evitar a contaminação e se preservar ao máximo de possíveis agressões à saúde. Foi essa a origem do sentimento de que a pureza é essencialmente boa e necessária. O interessante foi a expansão desse sentimento à medida que o convívio social se desenvolvia. O conceito de pureza incluiu o que se denominou de sistema imunológico comportamental, que faz o indivíduo querer se afastar de outros que tenham sinais visíveis de doenças.

Outro aspecto é o sentido discriminatório contra imigrantes, por exemplo; isso porque, durante a evolução humana, a presença de estrangeiros era muitas vezes ligada à disseminação de novas doenças. Mas o sentido de pureza e degradação sofreu um desenvolvimento evolutivo derivado do convívio social, ou, mais precisamente, gerou a questão reversa. Em vez de limitar-se à evitação de riscos, passou, também, a representar uma pureza ideal, capaz de conectar todos os membros de um grupo que poderíamos denominar de grupo moral. Essa pureza moral é o sentimento que atinge o indivíduo quando está diante de um símbolo religioso, caso seja um seguidor, a bandeira de seu país, lugares santos, pessoas reconhecidas como santos, profetas ou religiosos de qualquer ordem, mas também abstrações puras, tais como os ideais, democráticos ou não. O dispositivo é evolucionário, os fatores de união do grupo que buscavam esse ideal de pureza e se afastavam da degradação tinham maiores condições de sobrevivência, porque diminuíam sua exposição a possibilidades de contaminação. Da mesma forma, o compromisso do grupo era essencial, visto que, se um dos indivíduos fosse contaminado, a grande possibilidade era de que a contaminação se propagasse. Assim, as ideias de sacralidade e pureza estão conectadas em sua origem.

O SEXTO ALICERCE: LIBERDADE E OPRESSÃO

De alguma forma, os grupamentos humanos começaram a se deparar com uma situação crítica. Foi o antropólogo Christopher Boehm que desenvolveu um estudo entre chimpanzés e acabou descobrindo que a ação do macho alfa, o líder predominante, não é tão predominante quanto se pensava. Descobriu que quando um macho alfa desagrada o grupo, pode causar uma reação inesperada, ou seja, os subordinados acabam se unindo e derrubando o alfa, na maior parte das vezes, matando-o. Assim, na comunidade dos chimpanzés, o alfa é obrigado a fazer concessões e manter um mínimo de apoio ou alianças, sob pena de ser deposto e morto pela comunidade. Ocorre o mesmo em comunidades primitivas que existem até hoje. A razão se nos afigura como evidente: um líder que ultrapasse os limites de sua utilidade e acabe se tornando tãoególatra que venha a acarretar ou produzir danos ao grupo é tão ou mais perigoso que um inimigo, de modo que a tribo ou até mesmo a comunidade animal primata, no seu âmbito, se una e ataque o alfa, para que as condições de sobrevivência retornem ao patamar aceitável.

A nosso ver, essa conexão moral pré-instalada em nossa mente é a mais recente em termos de natureza, porque implica o reconhecimento de que outros portais morais, especialmente a autoridade, já tenham se desenvolvido, até porque a liberdade/opressão pode ser percebida como uma distorção da justiça ou autoridade. A grande questão subjacente a esse portal moral é a percepção do que seria uma restrição legítima ou ilegítima. Mais precisamente, se a conexão moral se liga essencialmente a evitar a dominação prejudicial, há necessidade de delimitar o que seria aceitável dentro das condições de autoridade e justiça, para que possamos afirmar que, ao ultrapassar esse limite, estaria configurada a dominação. Essa divisão é complexa e depende muito do ponto de vista ideológico de quem se coloca na posição de examinador.

Obviamente, a opressão não tem lado, e pode ser exercida de modo independente em quaisquer posições nas quais nos coloquemos. Mais uma vez, convém ressaltar que todos nós temos esses sistemas morais pré-configurados, mas eles não têm um conteúdo determinante. Há o sentimento de rejeição à opressão em todos, porém é desenvolvido de maneira diferente e recebe conteúdos diferentes, mas está lá, predisposto a receber a matéria necessária para que possa ser exercido. E foi aqui que Haidt apontou o que talvez seja o mote primordial da divisão política humana. Seu foco passou a ser determinar se as predisposições morais favorecem algum posicionamento político ou se são fonte de um equilíbrio que se mantém estável. A resposta surpreende.

APOSTE NO CONSERVADOR, ELE MAIS GANHA QUE PERDE

Tomamos por base a divisão entre conservadores e liberalistas, no entendimento dado essencialmente pelo que o cenário norte-americano apresenta, porque foi nesse teatro político que Haidt desenvolveu sua teoria. Não obstante, é forçoso reconhecer que esse modelo se replica com maior ou menor intensidade em todos os países ditos democráticos, e mesmo naqueles não democráticos, embora através de uma fonte de expressão não política. Assim, malgrado sua produção e seus comentários sigam a particularidade da democracia norte-americana, seus princípios são aplicáveis universalmente. Lembremos, mais uma vez, que esses sistemas morais pré-configurados estão presentes em todos os seres humanos e não são fruto de um episódio histórico determinado, e sim de um processo evolutivo de centenas de milhares de anos.

É pressuposto, então, que todo indivíduo tenha em sua mente esses seis circuitos morais inseridos, porém o modo como são complementados e se tornam executáveis, ou seja, dirigem o pensamento emocional (o elefante) para quem o raciocínio trabalha (o jóquei) difere muito. Entretanto, esses circuitos morais têm uma natureza que favorece serem preenchidos com determinados tipos de valores. Vejamos, o alicerce cuidado/dano é de predominância liberal, que inclui políticas públicas abrangentes e inclusivas, com auxílios financeiros e sociais. Os conservadores usualmente se opõem a políticas desse tipo, destacando a necessidade do esforço individual. Porém, os valores morais familiares no âmbito dos conservadores são mais destacados do que entre os liberais, com uma ideia de controle e desenvolvimento rígidos, de modo a permitir um melhor desenvolvimento do indivíduo, o qual, assim, fica capacitado para enfrentar as intempéries. Um a um – liberalistas e conservadores estão empatados. Já o alicerce liberdade/opressão tem um sentido predominantemente conservador, principalmente na questão da intromissão do Estado na esfera econômica. Aqui, existem fatores históricos que já discutimos anteriormente.

Liberdade, nesse estudo, significa não sofrer interferências governamentais. É muito presente na própria história americana, afinal, a independência americana fundou-se justamente na ação inglesa. Por outro lado, os liberalistas defendem ardorosamente os movimentos sociais e se articulam de modo eficiente em ações reivindicatórias. Ambos marcam ponto. Dois a dois: o empate continua. Alicerce justiça/trapaça também é de inclinação conservadora – a ênfase que os conservadores dão ao conceito moral de justiça é muito maior que a dada pelos liberalistas –, a ideia de que cada um deve receber proporcionalmente ao que faz é muito forte. Crime e punição é um mantra, e os liberalistas, em regra, se retraem no quesito punição, porque punição é dano e dano infringe o alicerce do cuidado/dano, gerando uma contradição intrínseca.

Resumindo, os liberalistas e os conservadores se preocupam com o sentimento de justiça/trapaça, mas para os liberalistas há o risco de confronto com outros gatilhos morais. Três a três, com cada lado marcando um ponto. Mas o equilíbrio para por aqui. Quando se fala em lealdade/traição, autoridade/subversão e pureza/degradação, os liberalistas simplesmente se mantêm neutros; esses sistemas morais não são acionados por conteúdos liberalistas. Não há resposta quando os conservadores apoiam firmemente o patriotismo, a fidelidade, a ênfase nas forças bélicas, a autoridade presidencial e seu simbolismo, a questão religiosa (principalmente) atraindo os seguidores, enfim, ganhando uma ampla vantagem. Isso significa que o ideário conservador é capaz de trabalhar com todos os alicerces morais, ao passo que o ideário liberalista trabalha com apenas três. Como consequência, há muito mais chance de uma comunicação conservadora atingir o âmago emocional (o elefante) e estabelecer um diálogo emocional do que a comunicação liberalista, que está encerrada em um campo muito mais limitado.

FALANDO COM OS ELEFANTES

Voltemos à Cambridge Analytica e a Christopher Wylie, além de toda a equipe de cientistas e pesquisadores que buscavam a fórmula da influência. Drew Westen, autor do livro *O cérebro político* e professor do Departamento de Psicologia e Psiquiatria da Universidade de Emory (EUA), já tinha descrito a influência da emoção como determinante na definição política do indivíduo e, por consequência, no seu voto. Obviamente, não é difícil imaginar qual tipo de argumento se presta a alimentar os aspectos conservadores ou colaboradores morais. Westen, inclusive, frisou o discurso da deficiência dos colaboradores em usar todos os argumentos morais, ao passo que Haidt sistematizou essa falha ao estabelecer a proporção de 6 x 3 em favor dos conservadores. Não obstante, ainda restava a questão da "variável indeterminada" – nem sempre a mensuração, ou melhor, a captação de dados, permitia identificar a qual tipo de sugestão o indivíduo se mostrava mais suscetível.

A amostra indicava determinado indivíduo como conservador, fruto da análise de seus detritos na internet, não obstante, ele votava pelos democratas. Não havia dúvida de que o elefante emocional, nesse caso, se inclinava nessa direção, democrata, apesar de o perfil ser conservador. Logo, existia um lapso de comunicação que não era alcançado pela propaganda, especialmente a individual. Não havia diálogo com o elefante, a propaganda em massa não era perfeita. Isso essencialmente atingia os biconceituais, justamente os conservadores com traços colaboradores e os colaboradores com traços conservadores.

Esse grupo precisava ser conectado aos valores de um lado ou de outro, ou seja, havia a necessidade de desenvolver um modo de falar com o lado emocional do indivíduo além do diálogo de mídia em massa. O que frisamos é que, decisivamente, argumentos racionais estão fora dessa concepção. O diálogo não pode ser racional ou argumentativo; nenhuma propaganda, por melhor que fosse, poderia ser baseada em argumentos ou raciocínios. A informação deveria ser compactada em unidades que fossem passíveis de ser sentidas, e não percebidas. Quando essa forma de diálogo irracional, mas efetivo, emocional, fosse determinada, as mensagens cujo conteúdo fosse fixado poderiam ser lançadas repetidamente, bombardeando o indivíduo – seriam tijoladas emocionais, que, mesmo não quebrando a barreira na primeira vez, cedo ou tarde, acertariam o elefante, chamariam sua atenção e o fariam escolher definitivamente o caminho que se queria que fosse seguido. Uma vez que o elefante se inclinasse para onde se queria, não haveria argumento racional que o fizesse mudar, muito pelo contrário, o jóquei/macaco rejeitaria o raciocínio e justificaria o caminho trilhado pelo elefante, garantindo que a decisão tomada fosse reconhecida, sem possibilidade de arrependimento. Lógica e raciocínio, nesse caso, são irrelevantes. E mais: uma vez descoberta a língua dos elefantes, isso por si só não seria a solução, simplesmente porque seria necessário chamar a atenção, saber o que dizer, sobretudo convencer o elefante, com argumentos basicamente emocionais.

SUA EXCELÊNCIA, THE BIG FIVE

Existe uma grande discussão quanto à origem e ao conceito do sistema conhecido como Big Five, com debates que começam na determinação de sua origem e na classificação de sua natureza. Para uns, a origem é difusa, para outros, centrada em uma dissidência dos discípulos de Freud, outros tantos o consideram um traço de personalidade e para outros, ainda, é um traço de reação à sobrecarga emocional. O importante, todavia, é que a teoria do Big Five se mostra eficiente, e que os conceitos, embora nomeados diversamente, são praticamente os mesmos, seja qual for a origem e o efeito que se aponte. Steven Kessler é um dos expoentes no estudo do Big Five. Segundo ele, a origem da teoria remonta a um dos mais polêmicos discípulos de Freud, Wilhelm Reich (1897-1957). Reich é apontado como o "patinho feio" da psicologia, depois de divergir de seu mentor, Freud. Lançou conceitos próprios, que reconheciam a existência de pontos de tensão no corpo, a serem dissipados por meio de massagem terapêutica. Esses pontos de tensão são gerados pela resistência decorrente de traumas psicológicos sofridos na infância. De acordo com a natureza do trauma, as consequências seriam diversas, conforme o perfil psicológico do indivíduo. Foi a classificação dessas diferenças que gerou a teoria do Big Five. Mas Reich levou suas polêmicas ao extremo – sua obra foi censurada nos Estados Unidos (terra da suposta liberdade de opinião) por ser imoral, dado seu conteúdo de cunho supostamente sexual. Além disso, Reich foi preso pela divulgação de sua obra e morreu vítima de ataque cardíaco na prisão. Um dos seguidores de Reich, Alexander Lowen, todavia, retomou a pesquisa, porém, de modo justificável, dadas as circunstâncias, alterou a nomenclatura e afastou-a dos termos mais próximos à psicologia tradicional freudiana. De fato, a classificação do Big Five pode ser comparada à de patologias clínicas, tais como neurose, esquizofrenia, esquizoidia, etc. Não que o resultado leve à conclusão de que o indivíduo é portador de alguma dessas síndromes, mas que sua reação ao estresse emocional pode gerar uma resposta desse tipo. Em uma observação descompromissada, Caetano Veloso disse na letra de "Vaca profana" que "de perto, ninguém é normal". Outra vertente aponta a origem do Big Five na pesquisa de Louis Thurstone (1887-1955), um dos mais conhecidos psicólogos e pesquisadores americanos. Thurstone voltou sua atenção para a análise dos tipos de personalidade e desenvolveu o que hoje é conhecido como psicometria, o que nada mais é do que uma forma de medir reações psicológicas e estabelecer parâmetros estatísticos. O trabalho de Thurstone levou à elaboração das mais diversas formas de mensuração do comportamento humano, sob vários aspectos, e a classificação, subdividida e refinada, teria dado origem a esses cinco modelos do Big Five. Outros cientistas são igualmente citados, tais como Raymond Cattell, Donald Fiske, todos contemporâneos de Reich, além de pesquisadores da Força Aérea Norte-Americana, Ernest Tupes e Raymond Christal. Atualmente, a teoria tem sido estudada por pesquisadores modernos, tais como Robert McCrae, Paul Costa Junior e John Digman. Nada impede que o Big Five tenha sido objeto de discussão por europeus e norte-americanos e que cada um repute a si a criação da teoria. É possível até que os cinco fatores tenham sido aperfeiçoados através de abordagens diferentes, mas é inegável que as ideias de Reich possuem uma causa e uma consequência lógica e se harmonizam com as potenciais classificações da teoria conceitual freudiana. Há uma teoria de causa e consequência bem formulada, a qual, todavia, falta na admissão de que os conceitos tenham surgido puramente pela métrica. Aliás, se a teoria de Reich fosse efetivamente reconhecida, os resultados seriam confirmados pela métrica de Thurstone, Cattell e outros. O que mais chama a atenção, contudo, é que mesmo na sequência dessas teorias, ditas por nós como psicométricas, fracassaram todas as tentativas de apontar as causas que levariam à diferença constatada nas classificações, que são aplicáveis universalmente, independentemente de nacionalidade ou raça. Um conjunto tão abrangente teria que, necessariamente, apontar uma origem comum invariável em todos os casos, o que é amplamente justificado pela teoria de Reich, fundada nos traumas infantis, que existem em toda a espécie humana. Por outro lado, a pecha de discípulo renegado e a própria história, com a prisão e a morte de um cientista justamente em razão da emissão do conceito científico que se pretendia desenvolver, possuía uma influência evidente no desenvolvimento da pesquisa nessa direção. Assim, para nós, em uma análise comparativa, as posições de Kessler nos parecem mais consistentes, ressalvando sempre que, embora discutam a origem, os conceitos são fundamentalmente os mesmos, mudando apenas o vocabulário, o que, por si, não significa absolutamente nada. Fato é que o sistema funciona, é eficiente e é utilizado largamente como um instrumento de dominação psicológica massiva.

A ENERGIA DE REICH E O TRAÇO DE PERSONALIDADE

A fim de definir a divisão em cinco tipos de caráter (esquizoide, oral, masoquista, rígido e psicopata), Reich baseava-se no seu conceito de circulação de energia para determinar a predominância de uma característica ou não. Essa energia se altera quando o indivíduo está sob pressão, quando então é estabelecido um modo de reação diante do perigo ou adversidade, ou, mais precisamente, diante do estresse. Essa reação é a mesma que foi desenvolvida na infância, traduzida, agora, em termos adultos. Por tal motivo, há relutância em admitir que essa resposta seja parte específica da personalidade, dado que aponta um modo de reação. Não obstante, levando em consideração que esse traço acaba por se incorporar ao indivíduo como precondição de sua classificação, ou seja, para que um indivíduo seja classificado, é necessário que esse traço de comportamento seja incorporado a suas atitudes-padrão, não podemos deixar de concluir que efetivamente estamos cuidando de um traço de personalidade, quer seja fruto da circulação de energia proposta por Reich, quer não. Isso tem importância especialmente quando discutimos se existe ou não a possibilidade de alterar esse traço de personalidade ou a própria circulação da energia corporal. Optando por uma alternativa ou outra, parece haver concordância quanto à possibilidade de um indivíduo mudar seu comportamento ou um traço de sua personalidade, mas igualmente há consenso quanto à dificuldade de obter tal alteração, especialmente em razão da idade do indivíduo – quanto mais velho, mais difícil que ocorra uma mudança. O exemplo recorrente é o da conversão religiosa, a qual, muitas vezes, ocorre em uma faixa etária mais elevada e acarreta inúmeras mudanças de comportamento e personalidade.

TODOS OS CINCO

I – Abertura a novas ideias

Traduzido fielmente no termo receptividade, o indivíduo foca sua atenção e energia para fora de si mesmo – é o que Kessler denomina "Modelo de Partida" (Leaving Pattern) –, porque é justamente essa atitude, a fuga diante do estresse, que caracteriza essa classificação.

Porém não é tão simples, não estamos nos referindo a uma partida física, e sim psíquica; o pensamento se desloca, focando outro ponto e, assim, aliviando a pressão. Como consequência dessa habilidade de deslocar o pensamento, o receptivo possui uma grande capacidade de abstração de ideias, sensibilidade ao pensamento alheio e, sobretudo, consegue manter o foco de sua atenção mesmo em situações adversas e, além disso, habilidosamente consegue focar mais de um ponto, entender as várias formas de comunicação, o que hoje em dia se denominaria "multimídia". Por expandir seu foco de atenção e pela sensibilidade de entender a linguagem, mesmo em seu aspecto simbólico, torna-se receptivo aos pensamentos e comunicações que lhe são dirigidas. Sua grande fragilidade é física, corporal, em razão da preferência que dá aos seus aspectos psíquicos. Na gradação de Kessler, os indivíduos receptivos e com baixo desenvolvimento (*low*) são extremamente sensíveis, evitam o contato social e evitam ao máximo qualquer estresse; já os com médio desenvolvimento (*mid*) conseguem manter a convivência social, mas são cautelosos e desconfiados; e os de alto desenvolvimento (*high*) alcançam a alta sensitividade sem a quebra de seu domínio corporal. Mas o que tornaria um indivíduo receptivo? Como vimos, as teorias mais recentes não foram capazes de explicar as razões pelas quais essa característica (assim como as demais) está presente em diversos tipos de sociedade e grupos raciais. A explicação, para outros, seguindo uma linha de inspiração reichiana, está na dificuldade do nascimento (*embodiment* – individuação traumática) e dos primeiros momentos de vida. Submetido a uma situação incomum de estresse, o receptivo volta sua atenção para o conforto de sua condição no ninho materno, que lhe era mais confortável. Quando faz isso, desloca seu pensamento e se acalma com a zona de conforto que cria mentalmente. Essa tendência se desenvolve e acaba se incorporando à sua personalidade, e, em um primeiro momento, causa aversão ao mundo físico, em contraposição ao mundo pré-natal. Tem raiva e medo da separação que lhe foi imposta e por isso torna-se vigilante ao que está ao seu redor. A criação de um mundo mental lhe permite o desenvolvimento dessas qualidades psíquicas, podendo trabalhar com informações ou estímulos eficazmente. Aponta-se, ainda, que divide pensamento de sentimento de modo muito claro. Pensamento, movimento e discurso são características comuns, mas é fantasioso e projeta em outros suas características desagradáveis, individualistas, não se dá bem no trabalho em grupo. Faz parte de seu perfil a profundidade de sentimentos, a flexibilidade e valores políticos normalmente libertários e antiautoritários, muito embora os receptivos de baixo desenvolvimento sejam conservadores moderados. A melhor forma de conexão com os receptivos é através de ideias abstratas, melhor ainda se forem ideias que gerem conforto. Concluindo, o receptivo é um indivíduo que possui como traço de personalidade a capacidade de projetar seu pensamento e captar sinais de comunicação verbais e não verbais com facilidade. Podemos teorizar como poderia ser desenvolvida uma informação cujo objetivo seria influenciar um indivíduo caracterizado como receptivo. Detectada a predominância da receptividade, o indivíduo se torna suscetível a influências que reforcem o medo, que é sua emoção básica. Também a comunicações que sejam focadas em pontos abstratos, teóricos, dada sua tendência de abstrair qualquer situação e construir modelos de pensamento. Por outro lado, pode ser influenciado por comunicações voltadas a manter uma situação confortável – a mensagem, portanto, deve incluir esse fator. Como, ainda, o receptivo gosta de fantasiar, o uso de alegorias reforça a mensagem; multimídia torna a informação mais atraente. Foco na construção de uma abstração. Tudo ao encontro da natureza e das características que deduzimos.

II – Conscienciosidade

A conscienciosidade, tal como a ela nos referimos, deve ser entendida como o foco no controle, ou no desenvolvimento da capacidade de controlar ou regular nossos impulsos. Obviamente, todo ser humano é dotado de conscienciosidade, caso contrário, o próprio convívio social seria colocado em xeque. A referência que fazemos não está posta nesse sentido, estamos nos referindo a um mecanismo psicológico que muitas vezes se torna um traço de personalidade. Mais precisamente, o indivíduo dito consciencioso coloca seu foco de atenção em "estar correto e corrigir o incorreto" como elemento primário, essencial e principal de sua personalidade. O foco é externo e desconsidera quaisquer perspectivas internas do indivíduo. O que importa é agir em conformidade com o regramento, seja qual for, pouco ou nada importando as motivações ou consequências. Um dos aspectos mais interessantes dessa tendência é o fato de ser a única entre as cinco que admite origem diversa do trauma infantil. Na interpretação de caráter mais vinculada às teorias de Reich, a conscienciosidade surge no período entre 3 e 5 anos de idade, quando a criança começa a fazer suas próprias escolhas. Nesse momento, ela se vê cerceada por ordens e regras com muita ênfase, de modo que se forma com a ideia de que a fiel obediência ao regramento detém o controle da existência. Não se advoga a condição de total liberalidade educacional, o que se aponta é que, em determinadas circunstâncias, quando o regramento ou o controle suplantam os demais aspectos da personalidade naquele momento, bloqueando outro canal de autoexpressão, a criança pode ser impactada dessa maneira. Para Kessler, temos aqui um padrão rígido, de energia constrita, que pode se graduar também em: a) *low* – baixa conscienciosidade, levando o indivíduo a uma obediência estrita ao código ou regramento estabelecido; c) *mid* – consegue desenvolver certa tolerância, mas ainda está preso à convicção básica do regramento; e c) ainda que consciente, admite que a essência se sobrepõe à forma. Um indivíduo com tal tendência é alguém que obviamente sente-se confortável ao lidar com regras, sistemas, análises e hierarquias, tudo o que se relaciona com organização e classificação, dado que assim se sente seguro. Regramento, nesse caso, pode ser entendido em termos amplos, cultural, social e, sobretudo, político. Se tem tendência a classificar, também é hábil para relacionar o regramento e, portanto, fazer e manter acordos, o que, para ele, é um objetivo pela própria natureza, mais precisamente, criar um ambiente de regras. É, portanto, realizador. Não obstante essas características positivas, o conscencioso é um indivíduo em constante conflito, com uma autocrítica muito forte, causando-lhe frustração sempre que a perfeição sistemática não é alcançada. Mas os sentimentos negativos são contrários às regras e logo são banidos e substituídos por uma falsa positividade. Quando sente um impulso, o conscencioso primeiro verificará quanto desse impulso pode estar dentro do regramento e do controle, e, somente se admitida essa fase, não existindo nenhuma contrariedade, poderá ser admitido. Por outro lado, se perceber que o impulso foge ao regramento básico, tentará ao máximo enquadrá-lo dentro de seus padrões, criando um conflito interno. Por consequência, existe um eterno conflito entre limitar-se pelas regras dadas ou viver o impulso por si mesmo. Quanto a esse subjetivismo, ressaltamos que existem modos e mundos em que não há um regramento claro ou, até mesmo, regramento nenhum. A questão emocional pertence a esse universo, e, consequentemente, o consciencioso tem uma dificuldade muito grande de lidar com sentimentos, os quais, ademais, são apenas seus e não refletem qualquer sistemática lógica. A conscienciosidade tem ainda uma característica peculiar dentro dos Big Five: é a única que, além do trauma infantil, pode ser criada a partir de um evento externo, mais precisamente de uma doutrinação, seja ela religiosa, política ou cultural. A suscetibilidade do indivíduo a um processo de doutrinação pode levá-lo a um grau consciencioso estrito (gradação *low* no padrão Kessler), fazendo com que se disponha a uma obediência estrita e dogmática. Para influenciar o consciencioso, as considerações quanto ao cumprimento das regras sociais, políticas e culturais obtêm destaque especial, tanto por alguém que se proponha a destacá-las como por quem aponte que estejam sendo distorcidas. O consciencioso detesta o desequilíbrio, seja pelo excesso, seja pela carência de alguma coisa. Como ele percebe a organização geral da sociedade, é sensível a críticas em todos os aspectos, mesmo aquelas não direcionadas exatamente ao ponto discutido. Teme os extremos. Coloque-o em dúvida e ele seguirá a orientação.

III – Extroversão

Assim como nas classificações feitas até agora, é preciso destacar que o estado de extroversão não se confunde com um momento de extroversão, nem com uma afinidade com a exposição. A extroversão, nesse caso, é uma característica individual de desvio do foco de atenção de si mesmo para o outro. Submetido a estresse ou colocado diante de um obstáculo, a reação do extrovertido é procurar fontes externas para a resolução ou para a satisfação de sua carência. Logo, não tratamos de uma situação específica, e sim de uma postura mental permanente, voltada para a necessidade de uma fonte externa para solucionar questões as quais eventualmente se apresentem e consistam em formas de pressão. A origem, ao inverso da conscienciosidade, é fruto de trauma na formação do próprio eu. A carência na satisfação de necessidades materiais ou emocionais (especialmente) no exato momento em que o indivíduo é incapaz de cuidar de si mesmo e precisava desse apoio é o elemento desencadeador dessa característica. Segundo Kessler, a energia desenvolvida nesse caso é uma energia de fusão, no que se denominou de "merging pattern", significando a busca do indivíduo pelo encontro e a junção com a fonte de sua satisfação. Energia em direção ao objeto de modo a com ele se confundir. Na gradação de Kessler, teríamos: a) *low* – indivíduo com baixa extroversão, está preso na sua reação automática; a qualquer sinal de estresse, procura outro para a solução, não cogita o enfrentamento, e, se não obtiver o auxílio, entra em colapso. Para entendermos melhor, o exemplo clássico é o da pessoa que, ao se ver diante de um estresse, automaticamente se descontrola, chora, se imobiliza, etc. Não possui aquilo que o vulgo denomina "sangue frio"; b) *mid* – ainda busca auxílio externo, mas, com apoio, consegue agir com base nas próprias crenças. Esse indivíduo, com ajuda, pode agir com base em suas próprias convicções; c) *high* – é hábil no relacionamento, mas é consistente com as próprias necessidades e capaz de auto-orientação. Em geral, os extrovertidos são agudamente emocionais, buscam uma conexão emocional em todos os seus relacionamentos (querem reviver e suprir a carência emocional infantil), mas a inclinação é para emoções negativas, fatalistas, e, obviamente, dramáticas. Os extrovertidos adoram um drama, facilmente tendem à carência e a jogar para o outro a responsabilidade por suas ações, sem atentar para si mesmos. São sensuais e falantes, naturalmente expressivos, mas não costumam ser bons escritores. Estão prontos a se engajar em qualquer causa. Por outro lado, temem a privação, sentem medo extremo e sua tendência patológica é a esquizofrenia ou o transtorno de personalidade esquizoide. Existe uma submodalidade, a extroversão compensada. Há indivíduos que, em vez de reconhecer a própria carência, projetam esse sentimento em outra pessoa, que passa a ser o objeto que consome todo o seu foco emocional. Veja-se a hipótese daquele fã que busca transmudar-se no próprio objeto de sua admiração. É preciso ressaltar, mais uma vez, que a hipótese não se confunde com a simples admiração por algo ou alguém; a extroversão compensada é um traço psíquico que tem um aspecto dominante sobre o indivíduo, que se funde com o objeto admirado. As publicações de extrovertidos em redes sociais são facilmente caracterizáveis – amigos, família, sexo, vida em sociedade, esse é o seu modelo. O reverso da extroversão é a introversão, a fuga do indivíduo ao estímulo social, aquele que busca a solidão; note-se, todavia, que, apesar dessa tendência, mostra-se amigável. A influenciação desse tipo de indivíduo se dá nos moldes mais clássicos do marketing: apelos emocionais, primeiro explorando as emoções mais fortes, especialmente o medo, e depois com o estímulo positivo, as hipóteses mais dramáticas, a criação de figuras fortes, tudo para captar o medo da separação emocional primitiva e o desejo de contatar a figura paternal.

IV – Amabilidade

O termo *agreeableness* não tem uma tradução exata, seria algo como "agradabilidade". Talvez uma palavra mais adequada em uma linguagem rica como a portuguesa poderia ser "simpatia", o que levaria a uma ideia de que a condição de se sentir querido seria um traço psíquico. Seja como for, apesar da inadequação de uma palavra equivalente ao termo original inglês, podemos definir a amabilidade como a disposição que o indivíduo tem de ceder ao outro, de aceitar o que outro lhe oferece. É interessante assinalar que o oposto da amabilidade não é a condição de ser desagradável; nesse caso, a amabilidade se contrapõe a competitividade: quanto mais competitivo, menos amável, no significado que empregamos aqui. Kessler aponta o "enduring pattern" ou "modelo estável". Também surge de um trauma que se incorpora como traço do comportamento e se estabelece por volta dos 18 meses de idade, quando, ao receber as primeiras negativas, sendo incapaz de expressar uma reação efetiva, sem chances de vencer, o indivíduo se retrai, concentra sua energia em si mesmo, fecha-se e, apesar de não poder vencer, coloca-se em uma situação de resistência, de posição rígida. Essa reação ocorre quando do processo de individualização. Assim, acaba por se adaptar a um ritmo que é imposto, em vez de obedecer ao próprio ritmo. O corpo cresce, mas o trauma no processo de individuação permanece, e a resposta ao estresse passa a ser o retraimento. Ainda segundo Kessler, a gradação pode se dar da seguinte maneira: a) *low* – resiste a qualquer coisa, não consegue se expressar, não aceita nada que altere suas convicções, independentemente do que seja; b) *mid* – é mais tolerante e acaba por ser influenciado, mas mantém suas barreiras; e c) *high* – tem grande força interior, não resiste automaticamente, consegue aceitar eventos externos, mas tem um autoconhecimento desenvolvido, é psicologicamente estável emocional ou racionalmente. Sua patologia é o masoquismo. É o mestre do espaço pessoal; por delimitar seu próprio espaço, conhece o espaço alheio e o respeita, sabe muito bem traçar limites. Alguém com essas características valoriza a definição dos limites de cada um, sabe criar espaços para si e para os outros; o respeito é um valor implícito nessas condições. Logo, é avesso a invasões ou agressões. Consequentemente, é paciente, tolerante, o que o torna mediador por natureza, diplomata. A amabilidade é a imagem da cooperação e da harmonia social. Dentro de um grupo, são elementos que formam a base da coesão. Sua grande dificuldade é a autoexpressão, teme a exposição, teme ser humilhado, é contido. As ações que pratica tendem a ser indiretas, reflexas, evitando um confronto direto. É adepto da agressão passiva, como uma greve, por exemplo. É influenciado por exposições que tenham ênfase em ações coletivas, sem destaques individuais, pela defesa das regras, pelas soluções negociadas, pela estabilidade que deve ser recuperada.

V – Neuroticismo

De todas as tipologias vistas até agora, o neuroticismo é aquele mais claramente ligado ao trauma infantil, resultado de uma influência durante a formação do estado psíquico do indivíduo. Foi objeto de muita atenção pela ciência da psicologia. No neuroticismo, o indivíduo, ainda durante a formação de sua estrutura psíquica, sente que vai morrer. Esse sentido pode ser justificado ou não, aliás, na maior parte das vezes não é, porém essa convicção se instala em sua mente. Pode ser fruto de carência profunda, especialmente material, de um sentimento de perda do objeto amado (no caso, primariamente a mãe) ou, ainda, de uma privação, suposta ou não; seja como for, o indivíduo se sente encarando a possibilidade real de morrer. Em vez de se entregar, ele reage, busca seus próprios recursos mentais ou físicos, ou ambos, e luta em busca de sua sobrevivência, enfrenta o perigo que vê como causa provável de sua morte e o vence com a força de sua vontade, sobrevive. Claro que, no mais das vezes, o sentimento de morte é ilusório e a vitória também não deixaria de sê-lo, mas a marca deixada na mente do indivíduo se torna sua bússola para o resto da vida. Esse trauma ocorre por volta dos três ou quatro anos de idade. Pessoas assim tendem a repudiar o medo e a fraqueza, tanto em si mesmas quanto nas pessoas que as cercam; seu foco é a força e a vontade. Segundo Kessler, sua energia (ou disposição) é descrita como de modelo agressivo ("agressive pattern"), dirigida a outros, descrita como externa e ascendente. Há um raciocínio a ser feito para que possamos entender o modelo desse foco. Supondo que o indivíduo seja formado dentro desse modelo, teremos alguém cuja motivação mais profunda é o medo, medo de morrer, de ser derrotado, de perder, assim sendo, sua relação com o meio deve levar em consideração fundamentalmente o grau de perigo que cada pessoa lhe oferece. Por esse motivo, para garantia de seu medo fundamental, busca controlar o meio ao seu redor, inclusive e especialmente o meio social. Na gradação de Kessler, temos: a) *low* – o foco está em dominar o outro, em prevalecer, em dominar. Nutre desprezo pelos mais fracos e pelos sentimentos mais compassivos, tais como o amor; por isso, é usualmente um indivíduo solitário; b) *mid* – passa a focar também os próprios medos e suas próprias limitações; o domínio do outro deixa de ser o foco central, não depende mais do controle dos outros para se sentir seguro. É hábil em suas capacidades; c) realiza todo o seu potencial em terceiros, seu foco não é tornar-se dominante, e sim expandir o poder de outros, torná-los mais poderosos; torna-se, assim, liderança de grande magnitude. A capacidade de influenciar e o poder que o neurótico tem é fruto do uso focado de sua energia, a energia pessoal é seu grande trunfo, consegue percebê-la nos outros, fraca ou forte, mas tem uma tendência de, sob estresse, perceber apenas a própria força, descartando suas falhas. É intenso, engajado, energizado e decidido; coragem e honra são valores que aprecia e cultiva com ardor. Por outro lado, busca ao redor possíveis perigos, reais ou imaginários, e, dessa forma, simplesmente rejeita os próprios medos e vulnerabilidades, escondendo-os de si mesmo. Busca ser invencível. Mas, mesmo que negue esses sentimentos, eles permanecem encerrados em sua mente, até o momento em que emergem, causando, então, um conflito interior – isso o levará de volta ao momento em que terá de decidir se esse medo primordial ainda o dominará ou se será superado. Tende a ser violento, intimidante, forte, tenso, sua capacidade de relaxamento é reduzida. Sua emoção básica é a raiva, sua tendência são as emoções negativas em diversas gradações, geralmente intensas e duradouras. A patologia do neurótico é a psicopatia. Busca uma atitude superior, ao passo que, inversamente, atribui aos outros uma condição inferior, desvalorizando-os (ninguém presta). Raiva e agressão são suas armas, idealiza-se como alguém admirável, busca o orgulho de si mesmo, mostra-se superior e invencível. Possui ainda uma inegável tendência a responder a qualquer evento de modo emocional, valorizando, desse modo, qualquer situação, mesmo que para outros ela não tenha importância. A intensidade da emoção prejudica a clareza de seu pensamento. O neurótico precisa aprender a lidar com dois elementos, a volatilidade e a reatividade. Volatilidade é a velocidade com que o indivíduo responde a um impulso negativo, e a reatividade é a intensidade dessa reação. Um neurótico é especialmente suscetível à influência, isso por conta de sua intensidade emocional. Sua característica mais profunda (e inconsciente) é o medo da vulnerabilidade, assim, atende ao apelo de uma propaganda agressiva, que privilegie a força, alguém que se apresente como combatente de um inimigo, real ou imaginário, a personificação de uma liderança forte, um guia, alguém que não erra e que exerce o domínio absoluto do que desejar. A tendência do neurótico é seguir essa liderança, por ser um reflexo no seu espelho.

ESCOLHA SUAS ARMAS

Para criar uma forma de estímulo moral direcionando o indivíduo de forma a manipulá-lo para exercer uma determinada opção moral/ política, é preciso que haja um meio de atingir o elefante que está dentro dele, ou seja, transmitir um impulso para o *software* moral já existente de modo potencial (Haidt). Isso se dá por meio da comunicação, ou seja, da transmissão de conteúdos (não importa se verdadeiros ou falsos) através dos meios de comunicação. Com o desenvolvimento das mídias sociais, que já analisamos, surgiu o veículo ideal para o trânsito desses estímulos, que também permitiu que fosse traçado o perfil individualizado preciso, além da "variante indeterminada". O efeito, lembremos, é o mesmo quando se compara um avião que joga uma bomba no seu alvo e outro que o faz com uma bomba atômica. Ambas são destrutivas, mas não há termo de comparação. Os ataques são feitos através de *fake news*, que servem como tijolos que, um após outro, derrubam qualquer resistência e, mais, acabam criando uma muralha invisível ao redor do indivíduo e que, em vez de protegê-lo, prende-o em uma armadilha moral. O interessante é que essa armadilha o deixa feliz e satisfeito, de modo que, mesmo sendo parcialmente derrubada, ainda faz com que o indivíduo insista em manter-se dentro, acreditando que muito embora a muralha tivesse sido derrubada, ela continuaria ali, como se nada houvesse acontecido.

As técnicas para construção desses bólidos morais que atingem o indivíduo são essencialmente técnicas de marketing, que embalam um conteúdo criado para essa finalidade. Estão, de fato, nos manuais de marketing, e selecionamos o que consideramos um dos melhores para usar como referência. Mas não podemos confundir duas coisas: a primeira é que o conteúdo das comunicações é bem diferente daqueles para os quais essas técnicas de marketing foram concebidas. Não com o objetivo de vender um produto ou, ainda, vender uma candidatura ou um partido político como se fossem produtos; o que se pretende é a criação de uma narrativa que preencha seus *softwares* morais, o que é bem diferente. Assim fazendo, irá gerar uma opção política em favor de um partido ou candidato? Sim, mas não se esgotará em uma eleição para um cargo; seja qual for, a narrativa conquistada irá mudar a maneira de o indivíduo pensar, seja fazendo com que exerça uma opção que antes não tenha feito, seja intensificando suas convicções a um ponto crítico. Fazendo uma analogia, o indivíduo acaba colocando óculos e passa a ver o mundo através dessas lentes.

A segunda observação é a armadilha de confundirmos processo com conteúdo. Não basta o uso de técnicas e marketing, isso todos os partidos e candidatos fazem, é necessário que o conteúdo "carregado" nessas comunicações seja produzido de acordo com a análise política/moral nos termos desenhados. É viável e até esperado que esses conteúdos sejam montados como peças de uma máquina. Produzidos para cada um dos modelos do Big Five, quando detectado que o indivíduo tem uma característica predominante e uma secundária, bastaria selecionar quais foram as peças produzidas com esse conteúdo e montar um quadro de envio. Seja como for, processo e conteúdo são dependentes um do outro.

Por fim, a opção por Robert Beno Cialdini se dá por dois motivos. O primeiro, pela sua condição profissional de psicólogo formado pela Universidade de Wisconsin e pós-graduado em Psicologia Social pela

Universidade da Carolina do Norte. Foi pesquisador visitante na Universidade Estadual de Ohio, na Universidade da Califórnia e na School of Business da Universidade de Stanford, e atualmente é professor emérito de Psicologia e Marketing da Universidade Estadual do Arizona. Seu livro *As armas da persuasão* é considerado um dos cinquenta maiores clássicos da psicologia. O segundo motivo é a vinculação fundamental que Cialdini faz entre suas técnicas de persuasão e duas teorias fundamentais da psicologia: a reatância psicológica e a dissonância cognitiva. Como não tratamos simplesmente de apontar resumidamente as técnicas de persuasão de Cialdini, até porque não foram projetadas levando em consideração a questão dos *softwares* morais como objetivo a ser atingido, optamos por apresentar essas duas teorias e depois um esboço das técnicas de Cialdini, com observação sobre a possibilidade de usá-las para o exercício reverso, ou seja, em vez de persuadir o indivíduo a realizar alguma ação, persuadi-lo a rejeitar uma opção – são efeitos opostos, mas a técnica é a mesma. É evidente, ainda, que as técnicas de Cialdini são muito mais completas e complexas, e os traços que apresentamos são apenas o suficiente para que possamos entender a mecânica de transmissão de conteúdos morais. Para um aprofundamento ou entendimento completo, a obra de Cialdini é imprescindível. Sigamos, portanto, com as teorias básicas da reatância psicológica e da dissonância cognitiva.

NÃO SIGA: ITEM DE LEITURA PROIBIDA

A ideia de reatância psicológica sofreu inúmeras simplificações. A rigor, reatar significa "atar novamente", ou seja, religar, refazer, reunir, qualquer coisa que tenha sido separada de seu conjunto original. Havia uma coisa, ela foi partida e a reatância é o processo de recuperar a unidade perdida. Quando se acresce o termo "psicológica", damos conta de que o elo a ser recomposto é dessa natureza, portanto intrinsecamente mental. Uma leitura apressada da teoria da reatância psicológica dá conta de que, uma vez ameaçada ou retirada uma liberdade do indivíduo, este reagirá tentando recompor a liberdade perdida ou ameaçada. Já se apontou que essa reação tem fundamento no instinto de sobrevivência primitivo, em que as perdas geralmente levavam à privação de condições essenciais ao sustento da própria vida. Todavia, essa explicação peca pela simplicidade e, se tomada sem a devida cautela, levará cedo ou tarde a um erro estrutural. A teoria foi desenvolvida em meados dos anos 1960, mais precisamente em 1966, quando publicada pelos cientistas Jack e Sharon Brehm. Jack (1928-2009) é natural de Des Moines, Iowa, e serviu na marinha até se desmobilizar e graduar-se em psicologia na Universidade de Harvard. Trabalhava com Leon Festinger (que desenvolveu a teoria da dissonância cognitiva) na Universidade do Minnesota. Em seguida, formou-se em Yale e depois mudou-se para a Universidade de Duke, para o desenvolvimento de projetos na área de psicologia social. A principal obra de Jack e Sharon Brehm, *Psychological reactance – a theory of freedom and control*, continua sendo o maior fundamento para a compreensão de sua teoria. Basicamente, trata-se da previsão comportamental do indivíduo submetido a uma perda ou ameaça de perda de uma das liberdades que possui. Mas não é tão simples; para que a reatância ocorra, é necessário que haja uma expectativa sobre um resultado potencial, sem o que não haverá reatância, e sim, perda em razão da definitividade.

Uma segunda observação se dá em razão da importância da liberdade ameaçada ou suprimida: quanto maior a intervenção na esfera da liberdade, maior será a reatância. Outros dois aspectos são relevantes: o número de liberdades atingidas, ou, mais especificamente, o número de vezes em que a liberdade foi ameaçada ou restringida, sendo que uma liberdade pouco relevante ganha força quando for restringida por um longo tempo, ou, por outro lado, quando a liberdade suprimida ou ameaçada gerar a possibilidade de ser novamente suprimida, causando assim uma ampliação dessa restrição, como também criando várias restrições de liberdade, todas de pequeno vulto, mas que somadas acabam gerando uma restrição maior.

LIBERDADE, LIBERDADE

Tratamos da liberdade comportamental, do comportamento livre significando a vontade e a possibilidade de exercê-lo quando de sua vontade. Isso é importante porque a reatância somente ocorre em relação a atos específicos, liberdades específicas, não ocorrendo quando as liberdades são afetadas em grau genérico. É preciso que o ponto atingido seja específico e individual. Lembro, todavia, que uma restrição geral pode ter um efeito individualizado. Seja como for, existem liberdades em graus diferentes entre o mínimo e o máximo, de modo que, quanto menor for a restrição ou ameaça, menor será a reatância, ou esta nem mesmo existirá, e do mesmo modo, quanto maior for a restrição, maior será a reatância. Existem ainda liberdades com as quais não se pode transigir, portanto são chamadas absolutas. Elas são imutáveis e estão presentes tanto hoje quanto no futuro. Outras, não. Também depende da percepção do indivíduo quanto ao exercício dessa liberdade; há outras perspectivas, como liberdade de opinião ou de resultado. Seja como for, reitera-se, são liberdades exercitáveis individualmente.

A liberdade é exercida para a satisfação de uma necessidade: quanto maior a necessidade, mais intensa será a ameaça ao seu exercício, e mesmo essa ameaça sofre as implicações de sua grandeza. Uma necessidade intensa sofrendo uma ameaça intensa gera o máximo de reatância, e uma diminuição da necessidade ou da ameaça irá torná-la mais fraca, porém, ainda assim, poderá atingir um alto grau de reatância. Tudo dependerá da combinação entre ambas, levando-se em consideração também o desdobramento dessa ameaça no futuro, até mesmo pela sua repetição.

É preciso levar em consideração, todavia, que a reatância tem um custo, que é a reação em defesa da preservação da liberdade (e da satisfação da necessidade por ela proporcionada); quando o custo dessa reação for maior do que o benefício da liberdade/satisfação, a reatância não se manifestará. Ela também não se manifestará se a liberdade for eliminada. Porém, permanecerá latente e poderá se manifestar quando o elemento inibidor for eliminado. Seja como for, sendo a reatância um fenômeno comportamental, a consequência imediata é a tentativa de recuperação da liberdade perdida. É claro que a busca da recomposição leva em consideração o fato de que a liberdade não tenha sido excluída de modo definitivo, sem o que não há possibilidade de recomposição. A probabilidade de recomposição é um elemento determinante da intensidade da reatância.

Podemos pensar a reatância como um jogo entre a liberdade e a ameaça, em que quantidade, qualidade, intensidade e modo encontram-se sempre em movimento dentro de um mesmo espaço; pode haver um equilíbrio, mas pode, ainda, um elemento prevalecer sobre os demais. Cada avanço de um leva a modificações no posicionamento do outro –

sim, a reatância adquire proporções infindáveis em seus efeitos. Uma das questões mais difíceis da reatância é a possibilidade de não se tomar uma posição. Isso se dá quando o indivíduo percebe que qualquer atitude que possa tomar levará a um descrédito de seu posicionamento, a uma perda de liberdade. Logo, a reatância se dará não em função de uma ação, mas pela impossibilidade de se tornar neutro. É claro que essa dúvida se dá apenas quando qualquer uma das decisões for danosa, ou seja, gerar uma perda de liberdade, e a inação atingir um valor significativo. Se optar por um valor alfa levar a uma perda e se optar pelo valor beta levar a outra, sendo essas as únicas opções, o ideal será não optar por nenhuma. Ao ser obrigado à escolha, surgirá a reatância na busca da neutralidade. É claro que, como sempre, o conflito entre a força das opções alfa, beta e neutra influenciam no resultado e fazem um jogo de proporção que irá determinar se haverá reatância ou não.

Jack Brehm aponta que a teoria da reatância não é uma teoria sociopolítica, mas tem paralelos inegáveis: "Uma vez que ao menos alguns indivíduos se tornem convencidos de que uma dada liberdade é de suprema importância, uma confrontação tomará lugar, mesmo que o custo da confrontação seja a própria vida. A história das revoluções (políticas ou religiosas) sugere que pelo menos um grupo de pessoas julgam a liberdade importante o suficiente para morrer por ela, e a morte dos mártires serve de modelo para ajudar outras pessoas a reconhecer a liberdade e sua importância". Mas não é preciso ser um revolucionário para avaliar o poder da reatância; ela existe, por definição, em qualquer ação que leve o indivíduo a fazer escolhas – escolhendo uma alternativa, haverá um mínimo de reatância em relação às outras. É um processo natural e inevitável. Mas também é um instrumento capaz de influenciar e modificar comportamentos, influenciar a avaliação de informações e alterar decisões. Para nossa análise, esses conceitos básicos são suficientes.

A reatância psicológica é uma ferramenta que chama a atenção do elefante. Quando o elefante percebe que perdeu alguma coisa, pelo menos para e olha para ver o que aconteceu. Quando Jack Brehm avisa que a teoria da reatância não é sociopolítica, deixa claro que se trata de uma questão de natureza apenas psicológica. Agora pensemos como a modificação fruto das redes sociais ampliou o alcance individual, tornando esse ambiente virtual um misto de público e privado. Pensemos, também, como a descoberta da influência moral (mental/psicológica) evoluiu e conectou as opções políticas aos conteúdos morais e chegaremos à conclusão de que a teoria da reatância adquiriu uma relevância política extraordinária, tornando-se um instrumento decisivo na batalha mental entre diferentes tendências e, especialmente, como fator de controle e convencimento, alterando a forma como as informações são interpretadas e como as decisões são tomadas.

Chamar a atenção do elefante é fundamental para que ele sinta a emoção que tentamos entregar. Basta ele olhar para que o jóquei/macaco passe a tagarelar sobre o que ele perdeu. "Recupere o controle!", você perdeu o controle, tiraram sua liberdade e agora você se submete a lideranças estrangeiras, recupere sua liberdade. Esse foi o lema fundamental do Brexit e é a perfeita aplicação da teoria da reatância. Do lema dos unionistas, no entanto, ninguém se lembra. Isso dá a medida da força desse modelo de pensamento e de sua eficiência. Mas há outra teoria tão importante quanto essa, ao ponto, inclusive, de serem, juntas, o fundamento primeiro da propaganda moderna.

A HORA DO MACACO

Ao passo que reatância chama a atenção do elefante, que dirige seu olhar para ver o que perdeu, a dissonância cognitiva é toda do jóquei/macaco, que não para de matraquear nas costas do elefante, sempre que ele toma uma decisão. Toda vez que o paquiderme faz uma escolha (sim, as decisões são dele) entre duas alternativas ou mais, resta uma margem de dúvida, pequena que seja, em relação às alternativas descartadas. A reação a essa dúvida pode ser rejeita ou depreciar as outra opções, de modo a reforçar a decisão escolhida – essa é a manifestação mais óbvia. Essa fala mental, confirmatória da decisão tomada, é o próprio macaco em sua essência. No desenrolar da teoria da dissonância cognitiva, ou TDC, veremos que, da mesma forma que na hipótese da reatância, existe um jogo de proporcionalidade no conflito entre a escolha feita e a descartada. Essa proporcionalidade define o final do conflito ou até a sua continuidade, com posições opostas. Essa troca de posições permite inúmeras variáveis, na verdade, infinitas, mas sempre em apoio à decisão do elefante; o macaco é a voz que confirma a opção tomada. Enquanto o elefante vai mudando de posição e vendo alternativas, o macaco vai dando argumentos para justificar esse reposicionamento, e, se o elefante muda, o macaco lhe dá razão para confirmar essa alteração.

Quando Leon Festinger desenvolveu a TDC, ele já havia trabalhado como assistente dos maiores cientistas psicólogos da época e já ocupava o cargo de professor no Massachusetts Institute of Technology, o MIT, depois se tornou professor em tempo integral na Universidade de Minnesota. Seguiu para Stanford e depois para a New School for Social Research, em Nova York. A TDC foi desenvolvida em meados dos anos 1950 e teve enorme impacto. Surgiu através de uma pesquisa financiada pela Fundação Ford. A curiosidade é que a Ford pretendia desenvolver uma forma de convencimento, uma mínima unidade de informação que pudesse ser usada na propaganda para o comércio de seus veículos.

Como se vê, a propaganda sempre foi um elemento fundamental para influenciar o comportamento humano. Décadas depois, Haidt e Brehm desenvolveram teorias que estão em harmonia com as considerações de Festinger, aliás, as teorias dos três se completam e se misturam dentro da mente humana. Que diálogo essas três mentes poderiam ter desenvolvido se estivessem juntas, só podemos imaginar. Quando começou sua pesquisa para a Instituição Ford, Festinger começou por analisar o boato. Assim fez porque dimensionou o boato como a menor forma de convencimento, o menor argumento, entretanto, a maneira quase viral como se espalha e o grau de convencimento que atinge é surpreendente. Se formos saltar no tempo, veremos que as *fake news* nada mais são do que boatos remasterizados, concretizados em sons e imagens, mas com o mesmo tipo de mensagem. Talvez pudéssemos considerá-las como superboatos. Cass R. Sunstein, professor de Direito em Harvard, lembra que não existe propriamente uma definição de boato, mas que usualmente a referência é feita a uma informação, com alegações sobre fatos, pessoas, grupos, acontecimentos e instituições, que ainda não foram comprovadas. Sunstein, já nesse momento, conclui que a disseminação desses boatos se dá em função de uma inclinação da pessoa nesse sentido. A influência de grupos e instigadores é fundamental para amplificar a rede e intensificá-la.

Seja como for, um disseminador de boatos é sempre alguém que pretende ter um ganho com isso. A importância do boato para a política é que sua disseminação acaba gerando uma onda de conformismo ou aceitação, retroalimentando a mesma informação, mesmo que seja falsa, e grupos cada vez mais radicais tendem a se formar. À medida que esses grupos ficam mais radicais, até pela percepção de que recebem apoio para tomar essa decisão, eles proliferam e crescem. Quando recebem alguém com credibilidade, um personagem conhecido da internet, por exemplo, a força cresce exponencialmente. Foi por essas razões que Festinger começou com a análise do boato, mas, com certeza, não terminou aí.

A CONVERSA DO MACACO

É essencial para a continuidade da exposição uma apresentação da teoria da dissonância cognitiva (TDC), de Leon Festinger. Sobre essa base repousa quase todo o instrumental de comunicação persuasiva que hoje modula o comportamento nas redes sociais. Apesar de a TDC ter sido desenvolvida antes que se cogitasse a existência das redes sociais, sua finalidade última, persuasão de vendas – ou seja, uma ferramenta perfeita de convencimento que levaria o indivíduo a exercer seu poder de compra ou a desejar ter esse poder –, caiu como uma luva nessa nova forma de sociedade. De fato, com a ampliação do contato interpessoal e da informação, tornou-se possível dispor de ferramentas antes limitadas apenas aos canais comerciais para um uso social político de intensidade nunca antes vista. Desde a época do Comitê Creed até as realidades alternativas da indústria do tabaco, nada se compara ao que o Facebook, WhatsApp e Twitter, entre outras redes sociais, proporcionam. É como comparar um avião da Primeira Guerra Mundial com um dos aviões *stealth* de hoje. Simplesmente impossível. Daí a necessidade de que seja, ao menos resumidamente, apresentada a teoria da dissonância cognitiva tal como foi proposta, bem como as ferramentas modernas de persuasão. É o que faremos a seguir.

A TEORIA DA DISSONÂNCIA COGNITIVA DE LEON FESTINGER

Um terremoto ocorrido na Índia em 1934 foi a chave do desenvolvimento de uma teoria que se tornou a principal ferramenta de influência da qual se tem notícia. A teoria da dissonância cognitiva foi elaborada por Leon Festinger em uma pesquisa financiada pela Fundação Ford, em 1951, posteriormente patrocinada pela Universidade de Minnesota, que foi concluída em 1956 e teve como característica a integração de dados das áreas as mais distintas. A ideia inicial era produzir uma integração teórica das formas de comunicação, um núcleo com princípios que pudessem ser aplicados da mesma forma tanto na comunicação de massa quanto na comunicação pessoal. Um denominador comum que pudesse ser identificado e, portanto, utilizado como ferramenta de persuasão em todos os níveis. Para tanto, determinou-se uma unidade mínima de informação, a forma de comunicação mais simples e básica e, por que não dizer, das mais eficientes: o boato. Yuval Noah Harari, autor de *Sapiens – uma breve história da humanidade*, confirmou, décadas depois, que a atividade primária de comunicação dos primeiros hominídeos era justamente o comentário sobre o comportamento dos outros hominídeos, e justificou: isso era (ou é) assim porquanto a comunicação permitia uma melhor forma de hierarquização social e, portanto, organização melhor para a sobrevivência do grupo. Mas, ao tentar estruturar o trabalho, Leon Festinger e equipe depararam-se com um primeiro problema: como justificar a existência de boatos? Um tipo de comunicação interpessoal de grande alcance e com grande capacidade de persuasão ou influência. Após o terremoto de 1934, na Índia, uma grande onda de boatos varreu as comunidades que, embora próximas, não haviam sido atingidas. O boato dava conta de que ocorreriam novas catástrofes, embora não existisse nenhum dado que pudesse levar a essa conclusão. Estranhamente, no próprio local atingido pelos tremores, esse boato não se espalhou.

A conclusão à qual se chegou é que os boatos serviam para justificar a ansiedade que as pessoas já sentiam. Mais simplesmente, todos tinham um medo de que algo semelhante ocorresse nos locais ainda não atingidos, então, para justificar esse receio, passaram a exprimir essa emoção através do boato da catástrofe iminente. As pessoas buscavam e davam crédito a uma informação que era condizente com a maneira como se sentiam, dando-lhes uma justificativa para suas apreensões. Se isso era verdade e se as pessoas agiam dessa forma, a conclusão foi a de que agiriam assim em todos os processos de busca de informação. Surgia a teoria da dissonância cognitiva – TDC. A premissa da TDC estabelecida por Festinger é simples. Para ele, "o indivíduo se esforça para realizar, consigo mesmo, um estado de coerência, fazendo com que opiniões (internas) e atitudes (externas) formem um grupo coerente". A pessoa, na visão da TDC, busca uma correspondência entre aquilo que pensa, sabe ou crê e os atos por ela praticados. O conflito entre o pensamento e a ação é causa de sofrimento, desgaste ou, naturalmente, perda de energia, o que é rejeitado pelo cérebro. Essa é a lei da natureza.

O MACACO COERENTE

O que implica questionar: por qual razão uma pessoa não reconhece seu comportamento incoerente? Aqui, poderíamos perfeitamente colocar a questão de outro modo: em elefante é coerente? É claro que a natureza emocional do elefante de Haidt pode levar a decisões de cunho irracional e, portanto, incoerentes. Porém sigamos Festinger. Em um primeiro momento, pode haver uma justificativa para a incoerência. A ação pode valer a pena, as desvantagens podem ser pequenas ou não é possível evitá-la sem arcar com consequências piores. Sendo assim, a pessoa obtém a coerência e não há conflito. E se isso não for suficiente? Surge a incoerência e, portanto, a dissonância. Presente a dissonância, o indivíduo atuará da seguinte forma: a) tentará reduzi-la; b) evitará aumentá-la. Não há controle sobre a consonância ou sobre a dissonância, qualquer um estará exposto, basta que tome conhecimento de uma informação (fator externo) ou que ao tomar uma decisão tenha descartado outra opção (fator interno). Só há duas possibilidades para reduzir uma dissonância: a) mudar seu comportamento e torná-lo de acordo com o entendimento; b) mudar seu entendimento sobre o comportamento. Mesmo assim, não haverá certeza sobre o resultado. Vivemos em um mundo em que a informação transborda, não há parâmetros, a questão da dissonância surge com uma força que nunca se supôs que teria.

Tornemos isso mais claro com um exemplo clássico, o fumo. O indivíduo fuma e sabe que isso lhe fará mal, mas continua fumando. Reconhece que sofrerá, mas aceita o risco, porque sua necessidade é maior, ou tentará negar a possibilidade do mal – nesse caso, desmerecendo a conclusão científica. No primeiro caso, seu comportamento é consoante, no segundo, dissonante, com uma tentativa de redução. Ou, em outras palavras, no segundo caso teremos o jóquei/macaco discursando para o elefante. É forçoso reconhecer que existe uma pressão para que se realizem comportamentos consonantes. Mas a dissonância se dá entre quais elementos? Entre os elementos ditos cognitivos, que são: a) as coisas que uma pessoa conhece sobre si mesma, sente, pensa, deseja, subjetivas, internas; e b) as coisas que dizem respeito ao mundo em que vivemos, o que é, onde está, o que lhe agrada ou desagrada, o que é importante ou não. Resumindo: a dissonância se dá entre o que a pessoa conhece sobre si mesma e o que conhece sobre o mundo exterior. Aqui há um detalhe importante: a visão externa do indivíduo deve estar de acordo com a realidade, física, social ou psicológica, até porque, caso assim não seja, estará desconectada da realidade, tal como ocorre com os esquizofrênicos.

A TURMA DOS MACACOS

Existe certo grau de compreensão da realidade que é comum a todos, senão, seria impossível a convivência e o entendimento. Certo é que esse nível de compreensão nem sempre é igual, admite variações e distorções, porém, em sua maior parte, há uma correlação. Assim, as relações entre os elementos internos e externos podem ser: a) irrelevantes, quando um não afetar o outro; b) incompatíveis, quando um excluir o outro, de modo que a ausência de um confirmará o outro. Esse conflito pode ser de diversas naturezas: lógica, cultural, opinativa ou experimental. Logicamente, a grandeza da dissonância dependerá da grandeza dos valores envolvidos. Quanto maiores os valores envolvidos, maior a pressão para que o conflito se reduza ou seja eliminado. Assim, ou se tentará a mudança do elemento interno, comportamental, ou do elemento ambiental, externo. No caso do elemento comportamental ou interno, a mudança será nas ações empreendidas pelo indivíduo, que passarão a estar em conformidade com o meio. No oposto, a mudança deverá ser feita no meio ambiente, o que implica admitir a possibilidade de controlar o meio físico, sem o que a modificação será impossível. Mas existe um meio externo que pode ser modificado ou influenciado: o meio social. Nesse caso, o indivíduo tentará obter o apoio de outras pessoas, quer sejam convencidas, quer tenham de antemão o mesmo entendimento. E se os elementos cognitivos não puderem ser mudados? Ainda haverá a possibilidade de adicionar novos elementos, reforçando a consonância de modo a reduzir a quantidade da dissonância – como se colocássemos mais peso em um lado da balança –, ou, ainda, refletir os elementos dissonantes, retirando sua qualidade de contrários, criando uma justificativa. Nesse caso, estaríamos retirando peso de um lado da balança para tornar o outro mais pesado. O que não significa que tudo vá dar certo. De fato, a TDC é resistente, até porque se assim não fosse não existiria.

A resistência, em regra, reflete a natureza externa ou interna do elemento cognitivo a ser modificado. De que espécies poderia ser essa resistência? 1) Pode ser fruto de transtornos, prejuízos ou elementos negativos de cunho material; 2) Pode ser oposta a um comportamento atualmente satisfatório; 3) Pode ser inviável. É claro, ainda, que a resistência a elementos cognitivos ambientais é inviável quando oposta a uma realidade concreta. Um carro não deixa de ser um carro só porque decidimos não reconhecê-lo como tal. A mudança ambiental, como já frisamos, limita-se ao campo social. A máxima da dissonância, para melhor entendermos, é o limite da sua resistência, visto que, caso vencida, seria extinta. Como veremos depois, com relevância, a pessoa, ao admitir a si mesma e a outros que errou, divorcia-se psicologicamente da ação e reduz materialmente a dissonância. Quando a dissonância se instala, a tendência é diminui-la, substituindo um elemento cognitivo ou adicionando novos elementos. Nas hipóteses de substituição ou adição, haverá uma busca específica de elementos, através de contato com quem tenha a mesma opinião ou evitando contato com alguém que tenha opinião divergente. Ou, ainda, buscando informações que aumentem a consonância ou evitem aumentar a dissonância. É claro que, quando a dissonância é irrelevante, não causará efeito nenhum, mas para evitar novas experiências semelhantes a anteriores a pessoa pode se tornar circunspecta, evitando expor-se a novas informações semelhantes, relutante ou até negar importância para a decisão que tomou, afirmando, por exemplo, que o fez equivocadamente. As manifestações do conflito dissonante levam a mudanças de comportamento e de cognição e exposição circunspecta a novas informações ou opiniões.

MACACO PENSANDO EM AGRADAR AO ELEFANTE

Vejamos um pouco mais sobre os efeitos dessa dissonância. Reiteramos a hipótese básica: entre duas alternativas boas, a escolha de uma deixa vestígios, aquilo que era atraente na outra opção continua causando efeito, e isso cria uma pressão que necessita ser eliminada ou diminuída. Isso gera, no mais das vezes, um "efeito congelamento", ou seja, essa questão fica pendente de resolução na psique do indivíduo, assim, a pressão se torna contínua, mesmo depois que a decisão foi tomada. Isso significa que a tendência é alterar a cognição, para que esse conflito se resolva, alterando-se os elementos de cognição. Que tipos de decisões podem levar a um conflito dissonante? São três as hipóteses: a) conflito entre duas decisões negativas – seria o que se denomina "a menos pior". São decisões ruins, ambas, variando apenas o grau de malefício ou prejuízo. Como de praxe, existirão elementos consoantes e dissonantes em relação à escolha; b) conflitos entre duas decisões que possuem aspectos positivos e negativos – a dissonância ocorrerá entre os elementos negativos de ambas, da mesma forma que com os elementos positivos; c) decisão envolvendo mais de duas alternativas, o que leva a uma solução difícil, porém, seja qual for, pouco mudará em relação à dissonância, que ocorrerá de qualquer forma. Frisemos que um elemento é consoante quando levar a uma ação e essa ação excluir, necessariamente, a opção de outra ação, para a qual concorrem os elementos dissonantes. Um exclui o outro. Quanto maior for a atração da qual se trata, maior será a magnitude da dissonância. Diferença entre conflito e dissonância: no conflito a decisão será tomada, na dissonância a decisão já foi tomada. Enfim, os elementos cognitivos da decisão preterida permanecem, mesmo após a decisão. Poderá, ainda, excepcionalmente, ocorrer a sobreposição, qual seja a semelhança qualitativa entre os elementos cognitivos das duas decisões. Quando isso ocorrer, a dissonância será reduzida e, caso a sobreposição seja total, deixará de existir.

Quais são os mecanismos pelos quais podemos reduzir a dissonância pós-decisória? Basicamente três: a) mudança ou revogação da decisão: geralmente ocorre imediatamente após a tomada de decisão. Geralmente a dissonância, nesse momento, é bem menor, porquanto se fosse maior a decisão não teria sido tomada. Nesse caso, principalmente, se a decisão fosse revertida, o processo de dissonância também se reverteria e a situação seria idêntica. Dessa forma, a fim de diminuir o conflito da decisão sem necessariamente inverter o polo, o indivíduo acrescerá mais elementos, dissonantes ou não, para desequilibrar a situação e diminuir o conflito. Esse acréscimo eliminará o impasse. Existe ainda a hipótese comum de revogação psicológica da decisão, negando a responsabilidade ou admitindo o erro; b) mudança de cognição sobre as alternativas, que é o meio mais usual, reduzindo os elementos favoráveis à opção rejeitada, que se torna menos atrativa, bem como diminuindo os desfavoráveis à decisão tomada – alterando-se, também, o desequilíbrio entre os pratos da balança. Exemplo de apoio às decisões favoráveis é o reconhecimento de novas vantagens, descobrir novas informações ou, especialmente, convencer outras pessoas a concordar com uma ação; c) estabelecimento de sobreposição cognitiva. Já dissemos que a sobreposição cognitiva consiste em aproximar os elementos cognitivos correspondentes às decisões, especialmente de modo qualitativo, de modo que, tomando os elementos correspondentes de cada uma das opções, eles venham a conduzir a um mesmo resultado, reduzindo a dissonância cognitiva. Na sobreposição, criam-se ou descobrem-se elementos cognitivos que se tornarão idênticos em um conceito mais amplo e que já existem para a alternativa preterida, criando-se assim uma identidade entre as opções pretendidas preteridas. Todas essas hipóteses estão dentro de um terreno em que o livre-arbítrio não sofre qualquer interferência. Mas nem sempre será assim; haverá hipóteses de pressão social ou para que determinada opção seja tomada, e a dissonância, nesse caso, será evidente.

O MACACO E O ELEFANTE EM PÚBLICO

Em várias dessas situações, um indivíduo poderá ser compelido a mudar publicamente sua opinião, sem que privadamente essa mudança ocorra. É o que chamamos de condescendência pública. Para que a condescendência pública ocorra, podem existir duas possibilidades: a) a imposição de uma penalidade que seja mais forte do que as razões da condescendência. A convicção íntima não é alterada; b) a oferta de um prêmio ou vantagem que seja mais atrativo que as razões da condescendência. A magnitude da divergência entre as opções privadas e públicas, ou seja, sobre a dissonância, será proporcional ao seu antagonismo. Lembremos que existem elementos cognitivos consoantes na evitação da punição (não quero ser punido) e na recompensa (eu quero o prêmio). Para que a resistência seja vencida, deve ser maior do que 50%, senão, haveria o impasse. Claro está que, se a punição ou recompensa forem insuperáveis, não haverá dissonância. Realize tal ato ou morra, por exemplo, em regra não leva à dissonância de opinião. A redução forçada da vontade não gera dissonância. Quanto menor a punição ou a recompensa, maior a dissonância, maior o conflito entre aceitá-las ou não. A magnitude será, obviamente, proporcional à importância dos valores envolvidos. A redução da dissonância, nesse caso, poderá se dar de duas maneiras: 1) Diminuindo o número de relações dissonantes; 2) Aumentando o número de relações consoantes. Na primeira hipótese, diminuição das dissonantes, a consequência pode ser a mudança da opinião privada (caso em que a dissonância se extinguirá), hipóteses nas quais uma pessoa mais sensível à influência pode mudar sua opinião privada. Mas, também, é forçoso reconhecer que a pressão para reduzir a dissonância depende da sua magnitude, sendo mais frequente que tal mudança para igualar a condescendência pública se efetive quando a punição ou recompensa for relativamente fraca, o inverso ocorrendo quando for demasiadamente forte. Se uma pessoa quiser obter uma mudança particular em conformidade com uma condescendência pública (ou seja, a pessoa que é forçada a se comprometer publicamente de modo contrário à sua posição alterar seu posicionamento íntimo, para que seja semelhante), o ideal será oferecer a recompensa ou punição apenas o suficiente para causar a mudança. Ao contrário, se a punição ou recompensa forem irresistíveis, não haverá espaço para dissonância, a divergência só existe quando há uma certa parcela de autonomia. Por outro lado, se for insuficiente, fraca demais, aumentará a convicção privada original, "talvez seja melhor que nada".

A mudança da relação entre recompensa ampliada e punição evitada alteram, como já se viu, essa correlação. Se forem suficientes, obrigarão à condescendência pública, nesse caso, a dissonância será evidente; se não forem suficientes, serão dissonantes com a posição mantida e, nesse caso, somente haverá mudança se: a) existir mudança da opinião privada para que se harmonize com a condescendência pública; b) houver ampliação da recompensa ou da punição para aumentar a consonância com a condescendência pública. Podemos concluir que uma condescendência pública pode levar à aceitação privada (íntima). É claro que o indivíduo que vier a realizar alguma forma de ação tende a obter informações sobre ela. Tal pesquisa, em princípio, seria imparcial, tomada no momento pré-decisão ou pré-ação, não havendo dissonância em relação a tal atividade. Todavia, se existir algum grau ou influência dissonante nessa busca, haverá alterações com relação ao grau e à efetividade da pesquisa.

A influência será tanto maior quanto maior for o conflito. Vejamos as hipóteses. 1) Ausência relativa de dissonância: não há busca de informações novas ou adicionais, também não se evita qualquer fonte de informação em particular. Nesse caso, apenas uma exposição involuntária a uma nova informação pode mudar o equilíbrio, já que a busca não é prioridade; 2) A presença de quantidades moderadas de dissonância: nesse caso, levará à busca de informação que introduza consonância e evitação de informação que aumente a dissonância. Para tanto, o indivíduo fará um juízo de valor sobre o conteúdo da informação e somente se permitirá ser exposto ao que for consonante com seu entendimento, negando-se a se expor a informação dissonante. Mesmo assim, poderá ser surpreendido ao se expor a uma informação dissonante, quando por equívoco a tiver avaliado como consonante; 3) A presença de quantidades extremamente grandes de dissonância: há um limite para a magnitude da dissonância que é a resistência adversa. Se a dissonância sobrepujar a resistência adversa, haverá a sucumbência. Qual a busca que o indivíduo no extremo da dissonância e, portanto, perto de seu ponto de ruptura, pode executar? Podemos esperar a busca de elementos que reforcem a dissonância e levem à sucumbência. Isso porque, provavelmente, a busca de elementos consonantes não eliminaria a dissonância, que continuaria alta. Essas são as hipóteses de buscas voluntárias.

Mas e as involuntárias? Várias são as hipóteses. 1) Exposição acidental: nesse caso, se a consonância for maior e a dissonância quase total, não haverá grande evitação de informações relevantes. É possível, e até provável, que a dissonância seja introduzida acidentalmente. Se, porém, já existir certa dissonância, é provável que o indivíduo seja precavido e a exposição acidental dificilmente ocorrerá; 2) Exposição numa base irrelevante: o indivíduo se expõe a uma fonte irrelevante e, não obstante, se expõe a informações que não buscava e são irrelevantes para a busca que realizava. É a tradicional surpresa, ou o "ser pego de surpresa" onde não esperava. Muito frequente; 3) É a informação imposta, de modo imperativo, fruto de um acontecimento ou conhecimento a que se foi inevitavelmente exposto. Evitação impossível. Frequentemente criará dissonância; 4) Interação com outras pessoas: relacionamento com outras pessoas que não compartilham da sua visão. Pode ocorrer por iniciativa de outrem ou, ainda, quando o próprio indivíduo busca apoio para suas posições em terceiros e, não obstante, se expõe a indivíduos que criam ou aumentam a dissonância. É claro que todas essas possibilidades têm inúmeras variações. Até mesmo porque o controle total do ambiente é inviável. Nunca haverá a garantia de que a busca de uma cognição seja positiva e não possa, de outro modo, reforçar o conflito de dissonância. Como poderemos esperar que as pessoas se comportem quando involuntariamente se introduz uma cognição que está em dissonância com as existentes? E aqui uma questão fundamental, nuclear: qual seria a reação da pessoa que fosse obrigada a se expor a uma informação OU A UMA COMUNICAÇÃO PERSUASIVA (grifo nosso) que produzisse elementos dissonantes à cognição existente? Claro, a consequência seria a tentativa de redução da dissonância. Seria esperado também que com o impacto da nova cognição dissonante (vírus) processos efetivos poderiam ser iniciados para impedir que os elementos dissonantes se consolidem cognitivamente (produção de anticorpos). Será muito provável a observação de coisas tais como tentativas para evitar ou escapar da nova exposição, interpretação ou percepção errônea do material ou qualquer outra técnica ou manobra que ajude a abolir a dissonância recém-introduzida e impedir nova introdução de dissonância.

BOATO, FAKE NEWS OU INFECÇÃO

É um processo infeccioso: a nova informação é assimilada como um vírus e, como tal, pode alterar a cognição, criando uma dissonância. Para que esta seja eliminada, a cognição consonante dispara anticorpos consonantes a fim de destruir ou deter a infecção dissonante, evitando, assim, o sofrimento de um processo de dissonância. Esses anticorpos podem ser de diversas espécies e classes. Basicamente, são três classes de anticorpos consonantes:

1) Distorção: compreensão inicial da mensagem de propaganda, seguida de uma linha sinuosa de raciocínio que termina em incompreensão: a) percepção crítica do item; b) invenção de meios de desidentificação; c) perda da compreensão original da mensagem.

2) Exceção: invalidação da mensagem total da propaganda: quando a ideia é clara e não há possibilidade de distorção, a cognição é aceita, mas invalidada das seguintes formas: a) admite o princípio geral, mas introduz uma excepcionalidade que justifica a consonância; b) o item individual é consistente e convincente em si mesmo, mas não constitui um quadro correto das situações usuais (genéricas).

3) Negação: errônea percepção inicial de acordo com a cognição existente. Nesse caso, não se registra nenhuma expressão de uma correta compreensão inicial. A posição está de tal modo comprometida que qualquer opinião diversa é imediatamente transformada, de modo a ser compatibilizada com sua própria posição. A única dúvida que remanesce é: agiu de imediato ou nem reconheceu a informação? Outro tema é a questão da exposição voluntária ou involuntária à informação.

PROPAGANDA EM MASSA – A MANADA DE ELEFANTES

Tema dos mais discutidos quando se trata de propaganda. Geralmente, o conceito básico diz que a comunicação de massa atinge: 1) quem já se interessa pelo tema; 2) não atinge quem é contrário ou desinteressado. Na TDC, isso se analisa da seguinte forma: a) se a cognição existente é mais forte ou totalmente consoante com o conhecimento sobre o comportamento em questão, não haverá motivação para a busca de informação. Não haverá busca nem evitação; b) se existe dissonância relevante entre a cognição e o comportamento, haverá um esforço para reduzir ou evitar o aumento da dissonância. Haverá, possivelmente, a exposição voluntária (busca) a uma fonte de informação capaz de diminuir a dissonância ou aumentar a consonância. De outa forma, se houver a possibilidade de a fonte de informação aumentar a dissonância, haverá uma evitação à informação; c) se a dissonância se tornar maior do que a resistência à mudança de comportamento, este mudará. A dissonância, assim, será eliminada. Mas não esqueçamos que o dissonante passa agora ao estado de consonante, e vice-versa. Se a dissonância for QUASE suficiente para superar a resistência à mudança de comportamento, haverá uma probabilidade maior de eliminar a dissonância (dissonância extremamente grande, quase máxima) temporariamente para um nível suficiente para causar a mudança de comportamento. Nesses casos, veremos as pessoas exporem-se à informação que aumenta a dissonância. Como já dissemos, a dissonância máxima que pode ser gerada entre quaisquer dois elementos cognitivos é naturalmente igual à resistência à mudança do elemento menos resistente. Embora haja argumentos focados exclusivamente na questão individual, a influência social é determinante na criação da dissonância. A verdade é que o grupo social pode ser uma fonte de dissonância, o contato social pode introduzir novos elementos cognitivos e criar uma dissonância, ou, ao contrário, descartar elementos cognitivos em favor de outro, o que, por vezes, só pode ser conseguido se a pessoa encontrar outras com a mesma opinião que ela. Resumo: pessoas ao redor podem intensificar a dissonância ou reduzi-la, de acordo com o resultado da interação social. Em um grupo, por exemplo, havendo discordância entre os membros, com certeza alguma dissonância cognitiva ocorrerá. A magnitude da dissonância introduzida é calculada da mesma forma, dependerá do número de elementos cognitivos consonantes.

Obviamente, quanto maior for o número de elementos consonantes, menor será a magnitude da dissonância introduzida. Duas variáveis: 1) na medida em que existirem elementos cognitivos objetivos e não sociais que sejam consonantes com uma dada opinião, crença ou conhecimento, a expressão de desacordo produzirá uma dissonância de menor magnitude. Assim, quando o conteúdo da opinião se reporta a uma "realidade física comprovável", a discordância social criará escassa dissonância; 2) quanto maior o número de pessoas que um indivíduo sabe já concordarem com uma dada opinião que ele sustenta, menor será a magnitude da dissonância introduzida pela expressão de discordância de alguma outra pessoa.

Se o número de pessoas que expõem opiniões consonantes for maior, quanto menor for o número de pessoas que expressarem opiniões dissonantes, menor será a dissonância. Isso é claro, porque se muitos apresentam uma opinião e existir apenas uma discordância, a magnitude do conflito será pequena. Além dessa hipótese, há, igualmente, o aspecto qualitativo – a força ou magnitude da discordância depende igualmente do grau de influência do agente dissonante. Se o dissonante for reconhecido como um especialista ou uma autoridade no assunto, a dissonância entre seu posicionamento e o posicionamento do grupo terá uma magnitude maior. O peso de seu posicionamento não será reduzido apenas ao aspecto único da quantidade de indivíduos opinando. Existe, igualmente, a variável da atratividade da pessoa ou grupo que expressa o desacordo. Quando a atratividade se dá pelo grupo, é chamada de coesão, a qual denota a soma total das atrações que impelem os membros para o grupo e os mantém nele. Por outro lado, se a pessoa que expressar a discordância for importante para o indivíduo, a dissonância será maior, não quantitativamente, mas qualitativamente, em função da carga de importância que a pessoa dissonante terá. Como seria possível a redução da dissonância proveniente da discordância social? Seria diferente da que ocorre em função da discordância individual?

Não. Na verdade, difere apenas em relação à sua natureza coletiva e, em geral, de três maneiras: 1) A dissonância poderá ser reduzida ou eliminada com a mudança da opinião. Nesse caso, o indivíduo muda de opinião para que ela seja semelhante à opinião dos demais, ou ao que supõe seja a opinião dos demais. Claro que, se existir uma cisão de opiniões significativa, ou seja, se a opinião primária, anterior, que mudou, tiver também muitos apoiadores, a dissonância poderá se manter, mudando apenas de posição; 2) Outra forma de reduzir a dissonância será influenciar as pessoas do entorno discordante para que mudem de opinião, aproximando-a da opinião da pessoa dissonante. Isso equivale à mudança do meio ambiente e, portanto, à mudança dos elementos cognitivos que refletem o meio ambiente. Trata-se de uma poderosa ferramenta de eliminação ou redução da dissonância. Tanto este tópico quanto o anterior constituem uma forma de movimentação do grupo em direção à homogeneidade; mas existe ainda uma terceira possibilidade: 3) Fazer com que a pessoa que ostenta a opinião diversa não seja de modo algum comparável à primeira.

Podemos atribuir diferentes características, experiências ou qualificativos a outra pessoa, rejeitando-a ou depreciando-a. Quanto mais conspurcada for a opinião diversa, maior será a redução da dissonância. A pressão para a redução da dissonância será tão grande quanto sua magnitude. É importante frisar, por esse ângulo, que os indivíduos discordantes do grupo serão mais pressionados a se tornar consonantes ou, ainda, sofrerão uma rejeição maior. Interessante é a hipótese do indivíduo que se influencia fora do grupo social e, trazendo essa influência para dentro do grupo, se torna dissonante. É forçoso reconhecer que, nesse caso, havendo dissonância entre dois grupos de elementos cognitivos, o indivíduo buscará a comunicação e a influência de outras pessoas para diminui-la. Fará isso procurando por outras pessoas que tenham a mesma posição ou influenciando outros a fazerem o mesmo. Claro que, em função do que já foi exposto, a tentativa de influenciar será dirigida de modo intenso para aquelas pessoas que discordarem, e, quanto maior for a discordância, maior será a intensidade da reação na tentativa de convencimento.

ATACANDO A DISSONÂNCIA COM ELEMENTOS CONSOANTES

A dissonância poderá, ainda, ser reduzida por meio da inclusão de novos elementos consonantes, cuja voz, quantitativa, também exercerá o papel de redução. Quais as chances de sucesso na redução da dissonância? A preexistência de elementos cognitivos favorece o êxito na mudança de opinião. Quando um indivíduo apresenta de antemão elementos cognitivos dissonantes com sua opinião – ou seja, seu comportamento está em desacordo com seu pensamento, o qual, entretanto, está nutrido de elementos dissonantes –, será mais fácil fazer com que seu pensamento se alinhe com sua postura. É o caso do fumante que se torna mais suscetível ao convencimento de que não há prejuízos em fumar. Uma pessoa tenta obter o apoio social para as opiniões que deseja manter. Se o apoio é obtido, a dissonância é reduzida, caso contrário, pode até ser ampliada. Examinemos agora os fatores que influenciam o sucesso de um indivíduo na busca do apoio social para redução da dissonância. O primeiro, e mais óbvio, seria a identidade de opinião entre aquela expressa pelo indivíduo e aquelas das pessoas com quem ele fala. Em segundo lugar, se a opinião do indivíduo for irrelevante para as pessoas buscadas.

Nessas hipóteses, será pouca ou nenhuma a resistência criada. Não obstante, o mais comum é que a opinião seja relevante para as pessoas buscadas também. Nesse caso haverá, sem dúvida, uma resistência maior a mudar de opinião por parte das pessoas para as quais o pensamento apresentado soe dissonante. A mudança de opinião pela influência do indivíduo dependerá sempre da suficiência de sua força para resultar na mudança da opinião. Em se tratando de grupos, quanto mais atraente a discordância, maior será a dissonância, e a perspectiva de mudança é maior. Se o indivíduo inicia o processo de influência para reduzir a própria dissonância e obtém a aquiescência do grupo, conseguirá a redução; se, por outro lado, a dissonância se fortalecer, ele poderá até mudar sua própria ideia. O apoio social é mais facilmente obtido quando um número grande de pessoas estiver na mesma situação; nesse caso, a redução poderá ser idêntica para todos. É uma hipótese especialmente aplicada a questões políticas. Gera fenômenos de massa interessantes. Pode existir um evento tão importante que cause uma reação ou impacto quase idêntico em todas as pessoas atingidas. Ao mesmo tempo, podem existir muitas pessoas com uma cognição dissonante em relação ao evento e, portanto, com dissonâncias semelhantes. Nesse caso, podem ser usados elementos cognitivos para atenuar a dissonância, os quais seriam facilmente aceitáveis para o meio social.

A dissonância uniforme entre muitas pessoas pode ser criada também por uma informação inegável e indiscutível que seja oposta a uma crença ou opinião sustentada por todos. Outra possibilidade é o empenho de um grande grupo de pessoas em um curso de ação em que se constate a existência de elementos cognitivos dissonantes. Nesse caso, pode existir dentro do grupo uma grande parte de dissonâncias semelhantes, talvez não generalizada do mesmo modo, mas significativa do mesmo modo. Pode, enfim, acontecer que muitas pessoas que o indivíduo conhece tenham a mesma dissonância que ele. Não é raro. Quando essa dissonância é generalizada, coletiva, pode dar origem a determinadas manifestações conhecidas como fenômenos de massa. As considerações aplicáveis são as mesmas, porém o apoio social a essa redução da dissonância pode produzir efeitos espetaculares. Estamos falando, como já fizemos antes, dos boatos, desta feita sob a ótica de Festinger.

ELA DISSE, ELE DISSE

Definiremos boato ou rumor como um item de informação transmitido verbalmente de pessoa a pessoa. A palavra encerra a conotação de um item de informação falsa. Na verdade, a veracidade da informação é irrelevante, desde que preencha os requisitos necessários para que se espalhe. O boato, o item de informação, deve existir na cognição de uma pessoa, ou várias, e algo a impelirá a contá-lo para outras pessoas, as quais, por sua vez, serão compelidas a contá-lo aos outros, e assim por diante. Consequentemente, para que um boato se generalize, é necessário que muitas pessoas sejam igualmente afetadas no que se refere a retransmiti-lo. Obviamente, a dissonância não é a única forma de disseminação de boatos; diversos fatores, como a incerteza quanto ao futuro, por exemplo, podem gerar um boato ou rumor, mas, com certeza, a dissonância generalizada e uniforme é uma das circunstâncias que poderão dar margem a boatos ou rumores – estes, com a intenção de reduzir a dissonância. Existe uma hipótese interessante de que, quando uma informação inegável incidir na cognição de muitas pessoas, criando um amplo leque de dissonância entre o novo elemento e as crenças ou opiniões desse grupo, se a opinião ou crença não ensejar resistência à mudança, poderá ser descartada em favor de outras opiniões ou crenças. Nesse caso, a dissonância estará eliminada.

Se, porém, houver forte resistência à mudança de opinião ou crença, existem duas possibilidades de reduzir a dissonância: 1) Mudar os elementos cognitivos correspondentes à nova informação, negando sua validade; 2) Tentar adquirir elementos cognitivos adicionais em consonância com a opinião ou crença em questão. Qualquer uma dessas posições encontrará apoio social, o qual habilitará a nova cognição consonante com a crença ou opinião a ser aceita pelas pessoas, reduzindo, assim, a dissonância. O conteúdo dessas cognições, transmitidas dessa maneira, poderá espalhar-se muito facilmente e adquirir a aparência de um boato amplamente aceito.

Negação da realidade – Ocorre quando um grande número de pessoas estão aptas a manter uma opinião ou crença, mesmo diante de contínuas e definitivas provas em contrário. Tais casos podem variar desde ocorrências efêmeras e inconsequentes até fenômenos que podem ser classificados como ilusões de massa. Obviamente, o raciocínio prevê pessoas em perfeita saúde mental e em contato com a realidade. Podemos avaliar que essa negação acontecerá quando uma cognição for muito importante e ao mesmo tempo resistente à mudança. O exemplo mais comum é um sistema de crenças que influencie diretamente uma parcela apreciável da vida e tão consoante com outras cognições que a mudança traria enorme dissonância, ou seja, exposição a um novo elemento de cognição que crie enorme dissonância com a cognição existente. Vamos supor, ainda, que todas as formas de redução da dissonância venham a falhar, notadamente a aquisição de novos elementos cognitivos consonantes; o mais provável é que a pessoa tente negar a validade do acontecimento que originou a dissonância. Isso, todavia, será difícil de se realizar, caso a realidade seja inequívoca e se imponha diretamente à cognição da pessoa. Pressionado pela dissonância, o indivíduo irá procurar em outrem apoio para sua convicção, e só o encontrará se o outro tiver o mesmo padrão de dissonância. O apoio só será viável se muitas pessoas tiverem a mesma dissonância e se apoiarem umas às outras – se todos acreditam, então certamente deve ser verdade.

Proselitização em massa – Já apontamos que a angariação de apoios pode formar uma pressão para redução da dissonância. Isso, na medida em que esses apoios consonantes aumentam a magnitude dessa posição. Essa obtenção de apoios foi apontada em grau individual, porém não é diferente quando é buscada em grau coletivo, ou seja, em grande escala. Os prosélitos obtidos dessa forma irão gerar o mesmo efeito, introduzindo elementos consonantes e reduzindo as dissonâncias com o sistema de crenças. Como esse processo poderia se dar? Caso muitas pessoas sejam associadas a um conjunto de crenças, intensas, importantes, significativas e, sobretudo, resistentes à mudança, e sejam expostas ou confrontadas com uma informação inequívoca, inegável, convincente, enfim, sem nenhuma hipótese de contraposição, teremos uma dissonância de alta magnitude entre dois conjuntos de informação opostos, sendo ambos extremamente resistentes à mudança. A tendência é a manutenção de um equilíbrio. Isso resulta no reconhecimento de que a dissonância, nessas condições, não pode ser reduzida pela mudança dos elementos de cognição que estiverem presentes no conflito, ou, mais precisamente, na dissonância. A mudança, nesse caso, somente ocorrerá se novos elementos cognitivos forem acrescidos em consonância com o sistema de crenças. Nesse cenário, a reação que se espera do indivíduo é a busca de outras pessoas que estejam na mesma situação (dissonância), em uma tentativa de obter apoio para novas cognições consonantes com o sistema de crenças. Esses novos elementos consonantes podem variar entre novas explicações sobre o evento gerador da dissonância, novas reafirmações e novas provas consoantes. A associação entre pessoas portadoras da mesma dissonância gera uma possibilidade extremamente alta de apoio a essas novas cognições descritas. Ademais, no caso de uma pessoa com tal dissonância deparar-se com pessoas que não apoiem essa redução, mas, pelo contrário, que atuem em sentido contrário, aumentando a dissonância, poderemos chegar ao ponto em que os não crentes exerçam tamanha pressão que acabem por provocar o descarte, pelo indivíduo, de seu sistema de crenças, da mesma forma que se apoiassem a consonância teriam o efeito exatamente inverso, como já observamos. O ser humano já se mostrou fértil em criar justificativas para reduzir a dissonância. A redução da dissonância pode ser obtida de modo ainda mais intenso se ainda mais elementos puderem ser adicionados a favor da consonância; isso pode ser feito persuadindo-se um número ainda maior de pessoas, expandindo-se os elementos cognitivos, tal como uma campanha de proselitismo. O alcance de uma campanha desse tipo não pode ser calculado, mas, elevado ao máximo, se todo o mundo pudesse ser persuadido, a dissonância seria desprezível.

Resumindo: processos de influência conduzem à redução da dissonância. A existência de dissonância numa pessoa leva a um processo de comunicação social pelo qual ela tenta reduzir essa dissonância. A pessoa tentará encontrar outras que concordem (ou influenciá-las para que concordem) com aquelas cognições que ela gostaria de adquirir a fim de reduzir a dissonância. Na medida em que seus esforços forem bem-sucedidos, verificar-se-á que, decorrido um certo período de tempo, teve lugar uma mudança de opinião que reduz a dissonância. É interessante notar que a comunicação de massa atinge o indivíduo. Mas, segundo Festinger, raramente será forte o suficiente para não gerar dúvidas na mente do indivíduo. Essa observação, todavia, encontra-se, a nosso ver, superada, pela superveniência das redes sociais, as quais, como já vimos, alteraram completamente a natureza da comunicação social, criando a sociedade informacional, também conhecida como sociedade em rede. Na medida em que é feito o contato com as pessoas, escolhidas para esse efeito, de rejeição das dúvidas, é muito provável que esse questionamento se dissipe. Esperamos que a comunicação de massa seja eficaz naquelas circunstâncias em que houver algo que impeça a redução da dissonância. Mais simplesmente, quando houver um obstáculo para a redução da dissonância e, portanto, mantiver o conflito na mesma magnitude, a comunicação de massa será mais eficaz. O esclarecimento prévio da questão diminui a possibilidade de influência dissonante. Se o assunto não é discutido previamente nem é objeto de considerações, a comunicação de massa será mais influente. Porém, se o assunto é objeto de avaliação constante, a influência da comunicação de massa será menor. Podemos supor, em conclusão, que a comunicação de massa tende a ser mais eficiente quando um indivíduo isolado é a ela exposto, do mesmo modo que tende a ser menos eficiente na hipótese de um indivíduo com extensos contatos e largo conflito social. Quando a magnitude da dissonância for intensa, com o desafio entre provas e crenças, por exemplo, a busca de apoio social será um dos principais meios de redução do conflito. Se a introdução da dissonância ocorrer entre um grande número de pessoas, irá gerar reações observáveis para a sua redução.

Essa reação dar-se-á em geral: a) com o aumento na concessão e obtenção de apoio entre os que sofrem a dissonância cognitiva; b) com um aumento nas tentativas de persuadir outras pessoas de que a crença é válida. Se houver um numeroso grupo com a mesma dissonância negativa, o fenômeno tenderá a ser espetacular, a ponto, inclusive, de gerar a possibilidade de negação das provas inequívocas e esmagadoras. O paradoxo é evidente: quanto mais esmagadora a evidência que contraria um sistema de crenças, mais os indivíduos buscam prosélitos para sustentar a crença. Essa situação pode ser observada, em regra, nas hipóteses de crenças messiânicas desacreditadas.

As características da ocorrência de proselitismo em massa podem ser elencadas da seguinte forma: 1) Uma crença é sustentada por um grupo de pessoas com inteira convicção; 2) A crença é forte o suficiente para influenciar o cotidiano; 3) A ação é muito forte e difícil de ser desfeita, sendo os crentes comprometidos com a manutenção da crença; 4) Pelo menos uma parte da crença é conectada com a realidade, sendo viável que receba e tenha compreensão de uma refutação ou invalidação inequívoca; 5) Essa refutação ou invalidação inequívoca acontece; 6) A dissonância introduzida existe no entendimento de todos os dissonantes, e, consequentemente, o apoio social na tentativa de reduzir a dissonância geral é fácil entre eles.

Fenômenos de massa – Esses fenômenos são sempre impressionantes e sua teatralidade parece ser sua essência. Daí por que procuramos, em geral, explicações igualmente teatrais e impactantes. Na verdade, contudo, o mais incomum nesses fenômenos é, tão somente, a relativa raridade de uma combinação específica de circunstâncias ordinárias que geram sua ocorrência. Nesta análise, consideramos apenas um grupo com número indeterminado de pessoas, que estão todas dentro de uma mesma dissonância cognitiva. Nesse caso, observo, não são os aspectos impressionantes a serem apreciados, não existem excepcionalidades, mas tão somente a busca de apoio social para a redução da dissonância. Teoricamente, é indiferente que exista uma grande disseminação difundida ou um grupo numeroso ou, ainda, um número escasso, nesta última hipótese sob a condicionante de que o apoio social seja fácil de obter. O fenômeno de massa é o resultado da tentativa de redução da dissonância.

Boatos – Os boatos são essencialmente "provocadores" ou "justificadores", de cunho principalmente emocional. Citamos anteriormente o boato do terremoto, em que as pessoas que estavam em locais não afetados influenciaram boatos sobre um tremor que seria ainda mais forte, para justificar o medo que sentiam. Tanto que, nos locais afetados pelo tremor, o boato não se espalhou, porque as pessoas já haviam sofrido o evento.

Manutenção de crenças inválidas – Crença inválida não é entendida como errada, mas sim aquela que foi e continua sendo direta e inequivocadamente desmentida por boas provas, tais como eventos reais que se contrapõem às crenças das pessoas que a sustentam. A dissonância é evidente. A solução pode se dar de duas formas: a) rejeição à crença em razão da evidência; b) manutenção da crença em desconformidade com as provas, negando-as. Nesta última hipótese, isso será possível quando a crença for difícil de mudar e existir um suficiente número de pessoas com idêntica dissonância.

A influência da personalidade – O nível de tolerância à dissonância ou o nível de resistência a ela difere individualmente. Algumas pessoas suportam altos graus de dissonância, enquanto, para outros, o mesmo grau seria insuportável. Essa "tolerância à dissonância", *grosso modo*, parece ser mensurável. Pessoas com baixa tolerância à dissonância manifestarão mais desconforto na presença de dissonância e realizarão maiores esforços para reduzi-la do que as pessoas dotadas de elevada tolerância. Em virtude dessa variação nos esforços para reduzir a dissonância, seria plausível esperar que as pessoas com baixa tolerância tivessem, na realidade, consideravelmente menos dissonância existente em qualquer momento dado, em comparação com pessoas de elevada tolerância. Esperar-se-ia que uma pessoa com baixa tolerância à dissonância visse mais as questões em termos de "preto e branco" do que uma pessoa dotada de elevada tolerância à dissonância, a qual esperaríamos que estivesse apta a manter "tons cinzentos" em sua cognição.

É dessa forma que as *fake news* se espalham com uma rapidez maior do que as notícias usuais, uma vez que se prestam a servir como elementos consoantes com as convicções, que, embora individuais, pertencem a um conjunto "bolha", evitando ou eliminando a dissonância, cuja presença torna a mente aflita com o sofrimento derivado de um conflito. As *fake news* são a cocaína digital, que suprem o desconforto da dissonância e viciam como se fosse um analgésico que precisasse ser ingerido seguidamente. Essas comunicações, predispostas a eliminar o sofrimento dissonante, possuem o que podemos denominar de um "viés de confirmação", ou seja, são direcionadas de modo a gerar a confirmação das crenças, acrescentando novos elementos cognitivos ao caldo dissonante. Como já dissemos, uma das maneiras de reduzir a dissonância é justamente o acréscimo de novos elementos consonantes, o que se consegue com a reiterada publicação ou fornecimento de qualquer modo de informação que reduza a dissonância.

COMPROMISSO E COERÊNCIA NEGATIVOS

O compromisso e a coerência também possuem um lado negativo, o fanatismo. A fim de manter-se coerente com um compromisso, o indivíduo pode ser levado a um nível socialmente destrutivo. Sem

Pós-verdade e fake news

um limite, que nesse caso está longe da lógica ou da cultura, já que é essencialmente emocional, o extremismo pode ser construído aos poucos. Ademais, como já vimos, a tendência do indivíduo é rejeitar informações contrárias e valorizar informações consonantes, o que, de resto, já mencionamos. A coerência e o compromisso abrem as portas para o radicalismo, se forem usados com esse propósito. É a questão do elefante descontrolado – enquanto a dissonância (macaco) ainda mantém algum controle, o processo vai se desenvolvendo; quando, todavia, ultrapassa qualquer possibilidade de diálogo, o elefante toma a frente e sai em descontrole.

APROVAÇÃO SOCIAL POSITIVA E NEGATIVA

A história primitiva do homem faz dele essencialmente um indivíduo gregário, não porque tenha alguma habilidade especial para o convívio que outros animais não tenham, mas porque é desse agrupamento e da ação coletiva que extrai as chances de sobrevivência. Quanto maior e mais eficiente o grupo, tanto melhor para sua possibilidade de vida. Logo, a ideia de pertencimento a um grupo é um dos atalhos mais bem-estruturados na mente humana, que compele o indivíduo a participar de um grupo para assegurar a existência e a continuidade da espécie. Sempre que reconhecer essa opção, o cérebro irá aderir ao comportamento automaticamente, sem que haja a necessidade de um esforço racional nesse sentido. Consequentemente, a ideia de que o comportamento coletivo é o adequado nos parece evidente. Quando o conjunto se comporta em um determinado sentido, supomos que assim estaremos agindo da melhor maneira também. A possibilidade de erro estaria diminuída na inversa proporção de que a possibilidade de acerto aumentaria. Se todos agem daquela maneira, é porque, provavelmente, é a melhor maneira de fazê-lo. Um exemplo dos mais comuns se dá quando, defronte a um guichê de pedágio ou de estacionamento de shopping, os carros se enfileiram, sendo que outros estão disponíveis. A razão disso é, justamente, o atalho da aprovação social – o cérebro indica que há vários carros em um determinado guichê e o atalho responde que tal indicativo é a melhor opção. Sem pensar, outros motoristas seguem a mesma conduta, até que alguém perceba que existe outro guichê e se dirija para lá, no que será percebido pelos demais, que aí o seguirão. O conceito pode ser aplicado de modo simples, basta que alguns indivíduos passem a se comportar de determinada maneira. Isso é especialmente eficiente quando não existir um padrão anteriormente determinado, quando a situação é nova ou excepcional, ou, ainda, de qualquer forma, quando existirem opções sem um indicativo de qual seja a melhor escolha. A técnica pode ser usada ainda como um instrumento de aceitação, quando o indivíduo imita as características do grupo para ser aceito e então influenciá-lo de alguma maneira.

DILUIÇÃO NA APROVAÇÃO SOCIAL

É uma consequência do conceito de aprovação social. Ocorre quando o comportamento ou ação exigível está dispersa entre uma coletividade, sem que haja alguém em específico para exercê-la ou suportá-la. Isso se dá quando um comportamento socialmente recomendável a um indivíduo é exposto a um conjunto indeterminado de pessoas. Como o comportamento exigido não é direcionado para uma pessoa determinada, a coletividade em geral se paralisa, em razão da crença disseminada de que um indivíduo tomará a iniciativa. A responsabilidade individual se dilui. Esse conceito, denominado "ignorância pluralística", foi criado pelo cientista Floyd Henry Allport em 1924. Segundo a teoria, a "ignorância pluralística" é um processo que envolve uma parcela minoritária de um grupo, a qual, apesar de ter percepções diferentes da maioria, não apoiando suas crenças ou atitudes, age de modo idêntico à maioria, fazendo parecer que o comportamento é homogêneo. O indivíduo supõe que a regra é aceita por todos os demais, menos por ele, o que o faz conformar-se em vez de expressar a sua discordância. É a famosa hipótese da pessoa que, precisando de ajuda em uma multidão, acaba não sendo socorrida. Ao contrário, se o pedido de ajuda for dirigido a uma pessoa específica, a tendência natural é de que seja socorrida. Em resumo, o indivíduo age, em regra, de acordo com o conjunto, supondo que assim fazendo está agindo de modo harmônico, sem crer nas suas próprias percepções. Volta e meia são feitas críticas ao comportamento frio de comunidades de grandes centros e, não raro, são citados casos dramáticos de pessoas não socorridas. Creditam-se esses fatos a diversos males sociais ou decadência moral humana. Incorreto: a maioria apenas atua em acordo com o seu programa biológico.

MACACOS DE IMITAÇÃO

Nosso cérebro imita. A razão principal é simples: somos dotados de uma espécie de neurônios chamados "neurônios-espelho", descobertos pelo neurocientista Giacomo Rizzolatti, da Universidade de Parma, Itália. Esses neurônios são especialmente formados para desenvolver nossa capacidade de imitação. Estão espalhados por várias partes do cérebro, córtex pré-motor, áreas destinadas à linguagem e ao comportamento. Mas por qual razão o cérebro teria evoluído nesse sentido? Por que teríamos privilegiado a capacidade de imitar, a tal ponto que, ao percebermos alguém realizando uma ação, automaticamente nos vemos mentalmente fazendo a mesma coisa ou sofrendo da mesma forma? A resposta é simples: fazemos isso porque se trata da forma mais eficiente de aprendizado. Foi através da imitação que aprendemos a caçar, coletar, plantar ou simplesmente sobreviver. Somos então dotados de mecanismos biológicos que nos levam a supor que, ao vermos alguém realizando uma ação, automaticamente nos colocamos na condição dessa pessoa e, se possível, calculamos se podemos ou poderíamos fazer algo igual. Mais precisamente, reagimos reproduzindo o mesmo comportamento. Até mesmo animais, quando se defrontam, costumam espelhar uns as ações dos outros, para garantir uma declaração contra hostilidades. Resumindo: reproduzimos o comportamento alheio sempre que possível. Esse é um atalho, o cérebro não precisa parar e analisar cada ação, aplica-se um gatilho e o comportamento é repetido automaticamente, embora algumas vezes dramaticamente. Na área da propaganda isso é muito utilizado; é normal que propagandas busquem mostrar o comportamento de indivíduos com características iguais às nossas, ou iguais às de quem pensam interessar, fazendo uso disso ou daquilo, comprando objeto tal, mas o que é bastante perceptível são as risadas provocadas por textos cômicos, bocejar quando outra pessoa boceja, rir quando outra pessoa ri, etc. Mas é fato que existem situações dramáticas relacionadas a esse comportamento – quando um suicídio encontra repercussão, o número de suicídios ou fatos possivelmente ligados a eles disparam, o que foi muito bem demonstrado no texto de Cialdini, *As armas da persuasão*. O princípio da aprovação social funciona de modo a estimular pessoas na mesma condição a executar o mesmo ato, em imitação àquele ato noticiado. Em janeiro de 2019, no Brasil, uma série de feminicídios (homicídios de mulheres perpetrados pelo companheiro ou marido) foi anotada em diversos estados do país. É característica desse fenômeno que, após a onda de atos criminosos, as estatísticas voltam aos parâmetros anteriores, em uma confirmação da anomalia. O fenômeno é histórico. A isso Cialdini denomina "agressão imitativa". Explica que em 1774, na Alemanha, Johan Wolfgang von Goethe publicou o livro *Os sofrimentos do jovem Werther*, ou, no original em língua alemã, *Die Leiden des jungen Werther*, marco do romantismo e uma das obras iniciais do famoso escritor, em que o personagem central, Werther, acaba se suicidando. A publicação do livro gerou uma onda de suicídios, o que implica reconhecer que esse fenômeno não pode ser creditado à comunicação de massa, embora possamos afirmar que ela possa, sem dúvida, ampliá-lo, em razão do seu alcance. A notícia de que um suicídio ou outro comportamento desse tipo ocorreu leva as pessoas a acreditarem que essa opção pode ser usada também por elas, rompendo uma barreira de inércia – é a imitação, só que agressiva, e que pode ser dirigida tanto contra si próprio como contra outras pessoas. Essa é a razão pela qual ao assistir a uma luta, por exemplo, o indivíduo acabe se sentindo mais agressivo. A imitação, chave fundamental do comportamento, atinge o inconsciente e leva à eclosão de uma ação até então contida. É a agressão imitativa. A imitação e a similaridade da situação, ou uma analogia percebida, mesmo que apenas por aquele que foi persuadido, são as chaves para esse tipo de influência. O aspecto negativo é evidente, conforme já narramos. Mas outros podem ser acrescidos: o estímulo ao racismo é um deles, assim como todas as formas de discriminação religiosa. As agressões raciais ou preconceituosas geram imitação e, infelizmente, não são poucas as pessoas com ímpetos racistas ou discriminatórios que, após a notícia de um crime dessa natureza, são compelidas a cometer atos criminosos, por imitação e similaridade. Sociedades racistas como a Ku Klux Klan, nos Estados Unidos, tristemente famosa, é um exemplo desse comportamento. A

Pós-verdade e fake news

aprovação social, então, não se refere apenas a sentimentos positivos – além de sentimentos violentos, também valores negativos podem ser dispersos dessa maneira. O homem é o lobo do homem.

AFEIÇÃO/ASSOCIAÇÃO POSITIVA E NEGATIVA

A realização de atividades em conjunto foi o grande diferencial que permitiu a evolução da espécie humana, que já foi definida como gregária, pela tendência de se organizar dessa forma. Como nenhum outro animal, o ser humano obteve da ação conjunta a força que o protegeu e desenvolveu, impondo-se sobre a natureza sem que houvesse qualquer desafio sério à sua supremacia. Tudo isso já pontuamos. É justamente em razão dessa característica, gravada em nossos genes desde as primeiras formas de organização humana, que temos a inclinação a aceitar pedidos das pessoas que conhecemos. A negação em atender um pedido feito por um amigo, parente ou pessoa que esteja dentro do círculo de relacionamento causa um constrangimento que acarreta um estresse psíquico, para o qual a solução mais fácil é o atendimento. Quem nunca recebeu um pedido e notou as dificuldades e o constrangimento em negá-lo? Da mesma forma que as demais técnicas de persuasão, trata-se de um atalho: é mais fácil atender ao pedido do que gastar energia e gerar sofrimento examinando cada situação e julgando se o pleito deve ou não ser atendido. Esse é o princípio da afeição, que se traduz na predisposição de atender a uma solicitação. É claro que tal predeterminação é tão mais forte quanto mais próximo for o relacionamento com o solicitante, mas, de qualquer forma, mesmo partindo de um estranho, existe a predisposição de atender ao pedido. Basta ver o exemplo mais óbvio, do pedinte, e a ideia de que quem o atende é mais socialmente valorizado do que quem lhe nega a esmola. Ou, muitas vezes, nem é necessário que a pessoa se apresente diretamente, basta que um terceiro se apresente e traga a referência para que a conexão se estabeleça. É extremamente comum no mercado de trabalho a exigência de "referências" para candidatos a um emprego. Trata-se de um costume comum, mas cuja origem é a mesma. Quem indica e quem emprega são colocados em uma relação de equivalência, pertencendo a um mesmo conjunto. A ajuda a um membro da tribo faz o grupo parecer mais forte. Existem também técnicas usadas para gerar empatia, aproximação e receptividade, como meios de gerar afeição e, portanto, suscetibilidade. Já citamos a semelhança física entre pessoas como um critério de identificação. A própria posição de quem fomenta a afeição, o reconhecimento como possuidor de uma característica, já influencia o sentimento. A impressão prévia é uma arma eficiente. Cialdini cita algumas características pessoais que podem gerar afeição: a) atratividade – considerando aqui as condições físicas, mas também uma atratividade subjetiva, simpatia, inteligência, etc.; b) semelhança – também uma tendência genética de sentir-se confortável com quem pertence ao próprio grupo, o conceito de "gente como a gente", já apontado, pode ser aplicado em caráter individual também; c) contato e cooperação – qualquer tipo de situação que gere a conclusão de que as partes envolvidas no processo pertençam a um mesmo grupo, mais próximo do que a generalidade pode permitir. Quando é criada uma situação particular envolvendo um subgrupo, em que a cooperação é valorizada, a tendência é a criação de um sentimento de afeição. Isso pode incluir uma ação de venda em que o vendedor diga que vai lutar com seu chefe por um desconto melhor, ou uma competição entre grupos de estudantes; d) condicionamento e associação – a associação também é um princípio gravado geneticamente; buscamos o que é melhor para a espécie, como já afirmamos, logo, o conjunto de forças que sejam atrativas e permitam uma possibilidade maior de sobrevivência e reprodução atua como um chamariz potente. Reconhecida essa característica, concluímos que, aumentando os fatores positivos à nossa disposição, temos, por natureza, possibilidades de sucesso muito mais amplas de obter a satisfação de nossas demandas. O processo simbólico é muito importante nesse aspecto, o uso de dísticos de características bem-sucedidas é muito comum a fim de sermos associados às qualidades e ao sucesso derivados do pertencimento ao grupo simbólico representado. O uso de marcas valorizadas, ou grifes, guarda relação com esse tipo de simbologia. Quem usa um determinado vestuário de uma marca reconhecida como socialmente atrativa, quer pela sua natureza, quer, principalmente, pelo seu valor, associa a imagem a si próprio, beneficiando-se com o valor reconhecido do símbolo. A suástica nazista, a foice e o martelo da Rússia comunista e outras dezenas de símbolos, inclusive religiosos, como a estrela de David e a cruz cristã, carregam valores aos quais o indivíduo quer se associar por um motivo ou outro,

Pós-verdade e fake news

tornando-se atrativos para um grupo ou subgrupo determinado, que lhe dedicaria a afeição. A associação com o próprio campo de atuação ou relacionada ao motivo da persuasão nem sequer precisa ser direta. Basta que produza uma sensação positiva ou uma atração (desejo) para que o efeito se perfaça. Segundo Scott Adams, autor do livro *Ganhar de lavada*, Trump usou o *slogan* de Reagan para associar sua imagem à dele, e as críticas apenas fizeram com que as duas imagens se fundissem. "Tornar a América grande novamente" é, segundo ele, um truque mental, já que não há como determinar no que consistiria tal grandeza, um conceito vago, visto que as condições modernas são essencialmente diversas daquelas que ocorreram no passado, cujo período, aliás, nem sequer é determinado. Logo, a comparação é inviável. O questionamento é inútil. O vínculo pessoal possui efeito idêntico, a proximidade com pessoas cujo prestígio é exaltado faz com que se crie a ilusão de que parte desse prestígio seja transferido para a pessoa. É comum que se tirem fotos ao lado de ícones do esporte ou da política como forma de mostrar prestígio pelo relacionamento com tais personalidades. Outra forma que surpreende é a responsabilização pessoal pelo conteúdo transmitido. Atores de novela são vistos como os próprios personagens que interpretam e jornalistas como os responsáveis pelo que enunciam – é clássico o exemplo (citado por Cialdini) do jornalista que apresenta a previsão climática sendo confundido como o causador de um transtorno. Esse instrumento de persuasão é dos mais fáceis de ser utilizado. Primeiro se estabelece o objetivo e a quem se quer persuadir, depois busca-se a imagem mais apropriada que reflita os interesses desses indivíduos e então se executa a aproximação e, portanto, a aproximação como argumento capaz de influenciar a decisão que se pretende obter. Quando essa ação obtém sucesso total, não é incomum que o indivíduo se sinta, ele mesmo, em um processo de fusão com o personagem idolatrado. Na verdade, o indivíduo busca no personagem aquilo que não é, procurando trazer para si os valores que não possui e sendo apreciado não em razão das próprias capacidades ou valores, e sim pelas capacidades ou valores do personagem idolatrado, a quem se une como se a imagem de um transmitisse seu valor à imagem do outro. Isso também possui um componente genético, na busca pela liderança e de melhores posições dentro do grupo. Claro que levada ao extremo a associação pode conduzir ao fanatismo. Existem aqueles cuja projeção ou cujo desejo de associação excede a associação e ganha contornos doentios; nesse caso estaremos diante de uma patologia psiquiátrica, envolvendo questões de personalidade ou de uma autoimagem deficiente, em que o indivíduo, que se supõe incapaz, busca na realização alheia a solução de sua limitação. O fanatismo é um subproduto dessa perda de autoimagem, com consequências funestas, a ponto de levar à desconsideração da vida e dos valores sociais. É o obsessivo, como tanto vemos nas perseguições a celebridades muitas vezes noticiadas. Há que se ter cuidado, inclusive, com associação naquilo que se chama "culpa do mensageiro" (Adams) – há uma cultura em vincular o mensageiro ao conteúdo que comunica. Essa confusão mensageiro/conteúdo é muito relevante. O indivíduo que costuma propalar más notícias é, muitas vezes, vinculado com a ideia de sua própria negatividade. E aqui não importa se a notícia é verdadeira ou falsa, coerente ou não, a associação é feita de qualquer forma. Essa associação de imagem e conteúdo é especialmente relevante na área política, em que o agente busca associar a sua imagem a um contexto positivo e valorizado. Existe a ideia de que, na política, o candidato da mudança leve vantagem sobre o dito conservador. Cialdini, mais uma vez, contesta essa observação, sob o argumento de que nem toda mudança é igual e que a mudança vantajosa é aquela coerente com as aspirações, como já dissemos. Assim, o simples fato de usar o conceito de "candidato da mudança" não gera o efeito desejado. Há necessidade de que a mudança corresponda ao desejo coletivo. Tal observação é relevante, dado que, caso admitíssemos a vantagem do inovador em todas as oportunidades, negaríamos qualquer outra possibilidade e a predominância seria automática. Mas não é assim, pois o novo, para que tenha sucesso, deve corresponder a algum tipo de anseio a fim de poder, efetivamente, obter o sucesso fruto dessa vantagem inicial, a qual, em nosso entendimento, é muito mais um viés, uma tendência, do que propriamente uma vantagem extraída unicamente de sua natureza inovadora, em que, nesse aspecto, divergimos da posição assumida por ele. A associação negativa é uma arma muito poderosa – claro que, nesse caso, a ideia não é a associação da própria imagem a uma ideia negativa, mas sim de criar tal associação para o adverso, de modo a lhe causar uma desvantagem e, inversamente, a nos trazer uma vantagem. A associação negativa leva à rejeição e à desconsideração do adverso como uma opção. Portanto, a associação negativa se define melhor como geradora de rejeição. O medo é o sentimento que mais rejeição causa, eis que representa o reverso de tudo aquilo que se deseja e, sobretudo, porque o medo está ligado à ideia de sobrevivência. O medo, ademais, é considerado a emoção mais forte de todas e, uma vez imposta, predomina sobre todas as demais. Adams apresenta uma escala qualitativa do medo que é das mais interessantes e efetivas: a) um grande medo é mais persuasivo que um pequeno; b) um medo pessoal é mais persuasivo que um problema nacional genérico; c) o medo sobre o qual você pensa mais frequentemente é mais forte do que aquele sobre o qual realmente pensa; d) um medo com um componente visual (imagem) é mais assustador que um sem componente visual (imagem); e) um medo que você experimentou em primeira mão (como um crime) é mais assustador que uma estatística. Mas existem outras ferramentas. Portanto, associando-se a imagem do adverso a uma imagem de medo, cria-se a rejeição de sua figura. Qualquer outra forma de associação entre a imagem do adverso e uma imagem de natureza negativa irá resultar na rejeição a tal indivíduo e, portanto, no crescimento da vantagem do adverso. A campanha do Brexit (a saída dos britânicos da Comunidade Europeia) usou esse recurso como um de seus principais argumentos, associando a ideia da saída com a retomada do controle do país e da permanência na Comunidade Europeia como uma negação desvantajosa da nacionalidade. Deu certo. A associação da permanência com ideias negativas foi superior e não se produziu nenhuma imagem capaz de contrapor o ataque. Por consequência, o plebiscito, mesmo por pequena margem, deu a vitória aos eurocéticos e o Brexit foi confirmado. A associação negativa também pode se dar por meio da vinculação de um símbolo ou de uma ideia com a pessoa. O exemplo mais comum e popular é o apelido negativo. Não há quem ignore essa peculiaridade ou que não tenha sofrido ou presenciado isso. O apelido negativo também tem uma classificação e foi muito usado na campanha à presidência de Trump. Segundo Adams, o apelido deve ser: a) visualmente compatível; b) leva em consideração o "destaque estratégico, contrastando a minha credibilidade com a credibilidade dos adversários (se sou chamado de mentiroso, o apelido deve apontar a falta de honestidade do adversário); c) é fora do tradicional e não envolve fato específico; d) de alguma maneira prepara para uma sequência, afirma que o indivíduo é mentiroso e em seguida expõe o argumento taxado de mentiroso, criando um viés de confirmação. Apesar de tais observações, podemos resumir, de maneira mais efetiva, que o apelido tem que simplesmente guardar uma ligação com o adjetivado, ideológica, visual ou referente a uma condição pessoal, verdadeira ou imaginada. Guardando essa ligação e causando a associação negativa, as regras apresentadas por Adams não seriam necessariamente obrigatórias. A persuasão visual, mesmo que não simbológica, da pessoa do apelidado também é mais vantajosa em relação a uma que não tenha apelo visual. Novamente, Adams cita um exemplo indesmentível: o caso do muro na fronteira entre os Estados Unidos e o México – emblemático, especialmente porque perfeitamente passível de ser abstraído na mente de cada um. Embora tal fator não seja citado, parece claro que, para ser idealizada, a figura deve ser comum e simples. Quanto mais sofisticada ou difusa for a imagem, menor será o seu potencial associativo, mesmo que tenha as características propostas por Adams. A simplicidade é a melhor forma de comunicação. Esse conceito, aliás, é comum na própria propaganda comercial, bem como no marketing político. A associação, ademais, está longe de ser vinculada unicamente aos valores discutidos; a associação a um valor positivo, mesmo que seja referente a um outro assunto ou questão, atrairá o olhar associativo de qualquer forma. Como já dissemos, a questão é essencialmente emocional, portanto será levada em consideração e avaliada pelo inconsciente, mesmo que fora dos padrões de lógica discutidos naquele momento. Por fim, o recurso da afeição/associação é dos mais fáceis de serem executados e, não obstante, dos mais difíceis de serem percebidos e rebatidos, o que exige, sempre e como todos os outros, a educação de nossa percepção.

AFEIÇÃO, ASSOCIAÇÃO E A TDC/A EVITAÇÃO DA DISSONÂNCIA

Na verdade, o termo "evitação da dissonância" nos parece equivocado, porque leva a crer que a dissonância não ocorreria, e, na verdade, é justamente o contrário, a dissonância se instala, e justamente por causa disso ocorre a busca de uma forma de combatê-la ou anulá-la. Conforme já comentado no capítulo introdutório da TDC de Festinger, essa evitação ocorre justamente quando, para tentar reduzir a dissonância ou eliminá-la, o indivíduo busca a adição de novos elementos cognitivos, para fazer com que a balança deixe de pender para um lado e volte ao conforto do equilíbrio anterior. Agindo dessa forma, a dissonância se reduz e o conflito torna-se mínimo. Vamos ao caso em que, para diminuir uma certa decepção, desencanto ou até uma divergência nova relativa ao pensamento que o dominava antes, o indivíduo se associa a algum tipo de organização de apoio ao ideário anterior para reafirmar sua posição, usa símbolos de afinidade com esse pensamento anterior e reafirma-se como partidário da ideia original. Assim fazendo, o indivíduo reduz seu pensamento divergente e seus questionamentos, reafirma sua posição original e retorna à sua posição de conforto. A associação entre o indivíduo e suas convicções com uma organização ou pessoa que carrega um conteúdo simbólico que está de acordo com a ideia original é um dos instrumentos de persuasão. Basta que a associação ou indivíduo se apresente como sendo vinculado a essa ideia original. Haverá, tal como se expôs, uma rejeição a pensamentos divergentes e o vício na opção original. O indivíduo não muda porque não quer mudar, dado que a mudança e o conflito lhe causam sofrimento. Para que haja uma redução eficiente, é necessário que a associação seja feita com indivíduos que compartilham da ideia original – entre esses indivíduos, aliás, é possível afirmar que haverá outros tantos com o mesmo conflito dissonante. Como consequência, haverá sempre a possibilidade de que alguns indivíduos tentem influenciar os demais (quando na verdade é uma reação ao próprio conflito), criando uma forte pressão contra a dissonância. Esse é um dos fatores que podem desembocar nos chamados "fenômenos de massa", uma inclinação em determinado sentido por um sem-número de pessoas com a mesma dissonância, mesmo que em proporções diferentes. Da mesma forma que na associação, o mesmo se diga quanto à afeição. A afeição recai sobre um indivíduo determinado que compartilha valores comuns ou possui atratividade. Essa atratividade, por sua vez, é consonante, e reforçará o lado da consonância, reduzindo o conflito dissonante. Não se confunde a afeição com a autoridade; embora ambas se refiram a indivíduos específicos, o fundamento de um é a atratividade, o interesse, a do outro, a autoridade, a capacidade impositiva, como se verá a seguir.

AUTORIDADE POSITIVA E NEGATIVA

Da mesma forma que nos itens anteriores, a autoridade, ou o líder, talvez seja o gatilho mais antigo e eficiente como instrumento de persuasão. Desde o momento em que o ser humano passou a existir enquanto grupo surgiu a primeira pergunta: quem organizará o grupo? Quem dirá o que deve ser feito e quando? Quem irá caçar, quem irá viver com quem, quando o grupo ou tribo mudará de local, etc. A única resposta é a figura de um líder, o responsável pela organização social. Assim, desde o primeiro momento, o grupo passou a projetar a figura do líder, do chefe, a quem os demais entregam a liderança do grupo. Esse impulso está presente até hoje. Em qualquer empresa, instituição ou governo, de uma forma ou de outra, democraticamente ou não, estabelece-se como imprescindível a figura da autoridade a quem se deve obedecer. Assim, quem se alça a essa condição, quem se projeta, quem cria essa imagem, recebe como resposta imediata a adesão da sociedade. Quando um empresário pretende um cargo público, usa sua autoridade de gestor como vantagem, se político, sua experiência e suas realizações, e assim por diante. Cada um querendo capacitar-se como o líder aspirante do poder a ser conferido pela sociedade. É fácil observar que, quanto maior a desorganização social, maior a busca de uma liderança capaz de se impor sobre o caos social. No entanto, dos tempos primevos até hoje, a sociedade estruturou-se de modo muito mais complexo. O conceito de liderança esgarçou-se e foram criadas limitações cujo maior exemplo foi o fenômeno constitucional. Mesmo assim, todavia, a figura do líder tornou-se, muitas vezes, contrariamente ao seu significado inicial, um instrumento de opressão e controle da sociedade. Não era mais preciso, contudo, uma autoridade de vida e morte para garantir o convívio social. Não obstante, proliferam as figuras de liderança que, em vez de buscar a melhoria, exploram a própria sociedade, vampirizando aqueles a quem deveria servir. Por qual razão? França, 1563: após a morte do jovem filósofo Étienne de La Boétie, então com 32 anos, seus escritos foram entregues a Michel de Montaigne, outro grande escritor francês, o qual providenciou sua publicação. A obra *post mortem* foi editada e alcançou grande sucesso – o *Discurso da servidão voluntária* foi a origem filosófica dos movimentos pacifistas que tiveram em Gandhi seu maior expoente. A obra parte de uma interrogação fascinante: por que razão um indivíduo entrega ao outro a decisão de sua vontade ou seu domínio? Por qual razão poucos se submetem a muitos em uma servidão, abdicando de sua vontade, fazendo-o por sua própria escolha? A conclusão de Étienne foi uma condenação à humanidade. O homem entrega sua liberdade a outrem porque assim alivia-se da responsabilidade de decidir. Claro que a obra de Étienne é muito mais rica e complexa do que essa citação permite concluir. Mas, direta ou indiretamente, mesmo Étienne, se vivo hoje, não deixaria de reconhecer a influência desse gatilho neurobiológico em suas ponderações. Cerca de quatro séculos depois, em 1961, o psicólogo Stanley Milgram começou um experimento que ficou conhecido como "experimento Milgram". O objetivo era determinar por quais razões uma pessoa, mentalmente equilibrada, poderia ser levada a agir contra outra; como determinar se uma pessoa comum poderia ser levada a cometer atrocidades contra outra. A inspiração era tentar entender como os alemães foram levados ao extremo a que chegaram, com o massacre do Holocausto, ou outras ações bárbaras praticadas na Segunda Guerra Mundial. Para tanto, Milgram e seu grupo publicaram anúncios para arregimentar o que se denominou de "cobaias", mais precisamente voluntários, que não saberiam a qual teste seriam expostos. Para incentivar a escolha, prometeram pagamento pelo tempo em que ficariam disponíveis para o experimento. A cobaia era colocada em uma sala e invariavelmente lhe era atribuído o papel de professor. Junto com ele ficava outro membro da equipe de Milgram, como "assistente". Na outra sala ficava outro dos membros da equipe (cúmplice), que era amarrado a uma cadeira e recebia eletrodos pelo corpo. A experiência consistia em entregar uma lista de palavras para o aluno que estava amarrado e com eletrodos, sendo que para cada palavra havia outra correspondente. Para a "cobaia" no papel do professor, era dada a função de escolher uma palavra para o aluno, membro da equipe, responder. Caso o aluno não acertasse a palavra correspondente, a "cobaia" (cúmplice) recebia um choque, que ia se tornando mais forte a cada erro, começando com um choque leve até o máximo, que seria um choque violento. É claro que o "aluno" era instruído a errar, bem como a reagir como se estivesse realmente sofrendo choques, quando na verdade se tratava apenas de uma simulação. O "aluno" então começava reclamando, depois gritava, ao final chorava e implorava pelo fim da tortura. Se o "professor" titubeasse, o "assistente" deveria repetir a cada hesitação com uma frase: a) por favor, continue; b) o experimento requer que você continue; c) é absolutamente essencial que você continue; d) você não tem outra escolha a não ser continuar. Apesar de a "vítima" gritar, chorar, implorar aos berros, o fato é que dois terços (65%) dos "professores" chegaram a aplicar a intensidade máxima dos choques. Ninguém parou de aplicar choques, mesmo vendo o sofrimento da vítima. Milgram concluiu: os aspectos jurídicos e filosóficos da obediência têm enorme significado, mas dizem muito pouco sobre como as pessoas realmente se comportam em uma situação concreta e particular. Milgram afirmou ter projetado um experimento simples em Yale para testar quanta dor um cidadão comum estaria disposto a infligir a outra pessoa simplesmente porque um cientista deu a ordem. Autoridade total foi dada à cobaia (o "professor") para testar suas crenças morais de que não deveria prejudicar os outros, e, com os gritos de dor da "vítima" ainda zumbindo nas orelhas, a autoridade falou mais alto na maior parte das vezes. A extrema disposição de pessoas adultas de seguir cegamente o comando de uma autoridade é a conclusão principal do experimento. Qual é a ligação entre Étienne de La Boétie e o experimento de Milgram? Essencialmente, a questão da autoridade, mais precisamente da figura da autoridade e da necessidade de obediência que o indivíduo sente quando é exposto a uma figura com essa característica. Podemos concluir que, da mesma forma que ocorre quanto aos outros princípios, temos a tendência a obedecer à autoridade insculpida em nós geneticamente. A tendência se explica pela necessidade dos seres gregários de se organizar e, portanto, estabelecer alguma forma de ordem para que o grupo não se desagregue. Como diz Cialdini, basta o "input" para que a resposta se dê, não há necessidade de análise ou gasto de energia. Novamente, usando um argumento antes já dito, se para cada decisão tivéssemos de analisar e avaliar uma situação, terminaríamos imobilizados. A obediência à autoridade é mais um desses atalhos, talvez o mais evidente, o mais visível e muitas vezes valorizado. Não é preciso que tenhamos de pensar em como responder ou agir: a opção já foi tomada pela hierarquia. Uma das formas mais comuns de se chegar a uma posição de autoridade seria por meio das chamadas pequenas contrariedades – a exposição a pequenos dissabores faz com que o indivíduo acabe se acostumando, se adaptando e, por fim, obedecendo sem questionar. Socialmente, a obediência é sempre muito valorizada, as crianças são treinadas a obedecer praticamente desde que nascem, e isso se reproduz na sociedade, nas esferas política, jurídica e militar (Cialdini). As razões para obedecer estão ligadas ao controle das punições e recompensas, bem como ao acesso a uma sabedoria superior (Cialdini). No fim das contas, obedecemos mecanicamente, para o bem ou para mal – na maior parte das vezes, com acerto, mas em outras cometendo erros gravíssimos e com consequências incalculáveis. Títulos e aparência expressam autoridade, e ambos podem ser adquiridos de várias formas. Chega-se à figura de autoridade de diversas maneiras, normalmente, com o tempo de carreira em determinadas instituições (Forças Armadas, por exemplo), em que o mais antigo na patente possui autoridade sobre os demais, mesmo que da sua própria classe, ou, ainda, pela ascensão a uma posição superior. A questão do mestrado e do doutorado na área acadêmica serve, igualmente, de parâmetro. Outros casos são mais comuns, como a posição na empresa privada, por exemplo. Muitas vezes, a autoridade é conferida pelo prestígio social (representantes ou membros destacados da mídia, personalidades reconhecidas) ou, notadamente, de autoridade política, tais como membros do Congresso ou do Executivo. Nesse último caso, o político, a figura da autoridade é perseguida a todo custo, dado o sentido positivo que alcança, e, uma vez obtida, alimenta-se de si mesma com o prestígio alcançado. Simbolicamente, temos o vestuário como representação de credibilidade e autoridade – o uso da farda, do terno ou mesmo da batina remete a um certo tipo de autoridade. Enfim, trata-se da projeção de uma imagem, e, tratando-se de um fator que muito deve à mídia, é dos mais buscados e fáceis de construir artificialmente. A autoridade na maior parte das vezes é positiva, comum, até, mas, quando assume um aspecto negativo, é das mais impiedosas. A figura da autoridade é assumida por todos os ditadores na história da humanidade, o ritual e a figura se sobressaem, praticamente obrigam à obediência, a ponto de ser discriminado e malvisto, até mesmo repelido pelo meio social, e, como vimos no experimento de Milgram, se torna praticamente imune, mesmo quando o ato exigido é cruel e desproporcional. Nas hipóteses nas quais as "cobaias" não chegavam ao fim, foi introduzido um elemento diferente: outro membro da equipe entrou na sala do "professor" e ambos passaram a emitir ordens diferentes. A "cobaia" se desesperou, não por causa da vítima, mas por causa da contradição entre as autoridades. Não sabia a quem obedecer, chegando, inclusive, a exigir que definissem o que ele, a "cobaia", deveria fazer. Ressaltamos, não obstante, que a figura da autoridade não está vinculada unicamente a essa forma de obediência. A referência é feita a qualquer tipo de autoridade e em qualquer circunstância, cultural, política, social, etc. A autoridade negativa é, sem dúvida, aquela cujo controle está de tal forma completo, que suprime a total falta de senso crítico por parte do indivíduo. Hitler é o maior exemplo – nunca ninguém galvanizou uma nação em torno de sua figura da maneira como a propaganda nazista fez. A diferença entre Hitler e Stalin e outros ditadores está no reconhecimento de que, apesar de suas ações violentas e odiosas, ele teve o apoio livre dos alemães, sem que precisasse de uma força de controle nos moldes do que foi feito por outros ditadores, como Stalin. Friso que também a ditadura nazista se fez valer de instrumentos internos de repressão a dissidências, mas o nível em que isso foi feito foi infinitamente pequeno se comparado a outros regimes desse tipo. O apoio ao ditador foi uma opção livre, em sua maioria esmagadora. Para se defender dessa forma de influência, Cialdini recomenda que se verifiquem as credenciais da autoridade, ou seja, se realmente tem condições e se há pertinência de se colocar no papel a que se propõe, e, especialmente, ainda, se há interesse da autoridade em definir essa ou aquela posição. Tal como nas demais técnicas, para se precaver contra esta e outras técnicas de persuasão, existe uma recomendação geral e, não obstante, muito pouco usada: fazer uso do pensamento consciente e crítico. Sócrates tinha razão, "a vida não examinada não vale a pena ser vivida".

AUTORIDADE E SEU VALOR NA TDC

Presente a dissonância, da mesma forma que no item anterior, na questão associativa, o acréscimo de novos elementos cognitivos é fundamental para que a dissonância seja eliminada ou diminuída. O indivíduo busca, então, agregar o maior número de elementos cognitivos consoantes possíveis, a fim de contrabalançar o desequilíbrio dissonante causador da aflição. Para que a dissonância seja eliminada ou diminuída, o ideal é que o conjunto de elementos consoantes seja suficiente para permitir a recuperação da posição inicial. O indivíduo buscará reunir essa coleção de elementos para recuperar seu equilíbrio,

Pós-verdade e fake news

fazendo-os crescer de modo a se tornarem superiores aos argumentos dissonantes. Mas existe outra possibilidade, em que, mesmo sendo em menor número, os elementos consonantes adquiram uma magnitude superior e sejam capazes de atuar como se maioria fossem. Aqui surge a figura da autoridade, do líder, do "expert", daquele que seja reconhecido como dotado de uma excelência, de uma maestria em relação à ideia em questão. O termo empregado por Festinger é "atratividade", ou seja, um conjunto de atributos que tornem o indivíduo chamativo, atraente em relação aos interesses idealizados, segundo o autor, "uma pessoa cuja atratividade seja importante ou apreciável pelo indivíduo. Seja como for, o fundamento é o de que a pessoa em referência tem uma importância superior, capaz de suplantar a quantidade de elementos consonantes. É interessante observar que, quando o indivíduo é atrativo para um grupo de pessoas, forma-se o que tecnicamente se denomina coesão, nada mais do que a união em razão de reconhecerem todos a atratividade daquela pessoa". Não é de espantar a coincidência dessas figuras com os mentores do totalitarismo. É claro que o indivíduo que se mostre como atrativo para a sociedade não será necessariamente um ditador, mas um ditador sempre projetará a imagem de atratividade para a sociedade. Assim, a projeção da figura de autoridade ou liderança é uma das mais fortes formas de persuasão e, igualmente, uma das melhores formas de eliminação da dissonância, criando uma alteração na lente de percepção do indivíduo, de forma que toda vez que for exposto a uma informação dissonante, a recusará, usando como fundamento a autoridade ou a capacidade da liderança. Da mesma forma, a figura autoritária atrairá todos aqueles que sofrerem qualquer exposição à informação dissonante e buscarem, de qualquer forma, a eliminação ou diminuição da aflição.

ESCASSEZ

Esse é o único item em que os valores positivos e negativos se confundem. Não existe escassez positiva, trata-se de um conceito impulsionado pela negatividade. Sua raiz é a falta ou carência de um bem, coisa ou interesse, ou, ainda, qualquer fator, desde que possa ser emocionalmente apreciado. O que é escasso é raro, portanto valioso. Algo que é abundante em determinado momento e escasso em outro pode atingir um alto valor e gerar disputas violentas – a água é um exemplo: quando o abastecimento se torna problemático, assume um valor inestimável. Na modernidade, os combustíveis sofrem ameaça de escassez por motivos políticos ou econômicos, e isso gera crises de enormes proporções. Trata-se, da mesma forma, de um gatilho de persuasão primitivo, gravado geneticamente. A perda de uma vantagem ou interesse atingia a própria sobrevivência do grupo ou da tribo, ameaçada em sua subsistência, dado que os elementos básicos de valor eram ligados diretamente à sobrevivência da espécie. Logo, todos temos o gatilho, ou *input*, de reconhecer como valioso o que está por se tornar escasso, raro, difícil de obter. Cialdini aponta acertadamente que o princípio da escassez não atinge unicamente valores patrimoniais ou físicos, bens imateriais também podem ser valorizados pela sua escassez. Uma observação oportuna do autor dá conta de que mais motiva a ideia de não perder algo do que a de ganhar algo. Embora não se anote, parece-nos óbvio que a ideia de perder algo essencial dificultaria mais a sobrevivência para um membro primitivo de uma tribo do que propriamente obter um ganho, o qual tornaria mais fácil uma vida que já existe. Ligaremos estes dois pontos: a) questão imaterial; e b) resistência a perdas. A liberdade, ou a possibilidade de fazermos nossas escolhas, pode sofrer limitações de diversas naturezas e forças. Quando há percepção de que estamos sendo cerceados em nossa capacidade de fazer escolhas, em nossa liberdade, a reação genética automática é a repulsa a essa perda ou limitação. Somos programados para reagir, resistir e reconquistar. A opção é reconhecida como tendo se tornado mais valiosa, mais desejada, criando um estímulo para sua reconquista como um objetivo prioritário, ao qual deve ser dirigida toda a força necessária, mesmo que seja maior do que a anteriormente empregada. Esse desejo dirigido é conhecido, como já vimos, como "reatância psicológica". É interessante notar que a ideia original mostrava a reatância psicológica como uma forma de reação contra os instrumentos de persuasão. Isso porque, na medida em que uma arma de persuasão é usada contra um indivíduo, ao perceber que tal método persuasivo na realidade se trata de uma restrição à sua liberdade de escolha, ele reagirá repelindo-o e reafirmando o posicionamento anterior, no que Brehm denominou "efeito bumerangue", cuja tendência seria manter-se até que a pressão fosse removida. Entretanto, a persuasão virou o jogo e absorveu essa técnica, fazendo atrativo o produto que, sendo escasso, limitará, ele mesmo, sua liberdade de escolha. De motivo para resistência tornou-se elemento de atração. A reatância, quando concebida, dependia da percepção da liberdade (nesse caso, levada em consideração como um conjunto de valores subjetivos, tais como emoções e comportamentos), da percepção de uma ameaça, da reação e depois da remoção. As repercussões políticas desse instrumento de persuasão são agudas; quando sentimos que nossa liberdade é tolhida ou limitada, seja de que modo for, nossa reação geneticamente programada é a rebeldia, o confronto ou a resistência. A reação é tão automática e intensa que na maior parte das vezes ocorre sem que tenhamos consciência de que estamos agindo dessa forma, ou melhor, que estamos reagindo da maneira como fomos programados a fazer. Apenas sentimos um impulso em readquirir a liberdade perdida. Cialdini bem lembra que, a fim de justificar o empenho na recomposição, chegamos ao ponto de agregar valores ilusórios, que justifiquem o embate na reconquista da perda. Uma das questões mais interessantes, também ressaltada por Cialdini, é a chamada "escassez de informação", qual seja a censura. A censura nada mais é do que a proibição ao acesso da informação, imposta por um terceiro cujo objetivo é negar seu conhecimento. Quando tal ação se dá, o resultado mais provável é a valorização da informação negada. Essa informação se torna mais valiosa e, portanto, mais desejada, daí porque a busca se torna mais aguda e persistente. E prossegue o autor, afirmando que a informação rara é a mais desejada, ao ponto de, no jornalismo, a busca da notícia dada em primeira mão e do "furo" é o sinal de sucesso profissional. Por fim, Cialdini completa afirmando que a escassez é exponencialmente mais sentida quando se refere a algo que possuíamos e perdemos, de modo que, se nunca tivemos alguma coisa, a atração pela escassez existe, mas não é tão intensa. Anota que, politicamente, uma população tende a se revoltar quando, após ter alguma liberdade ou benefício, é forçada a abandoná-lo. Em sentido contrário, quando algo nunca foi experimentado, a tendência é reconhecer sua falta como decorrente da ordem natural das coisas. Mais uma vez, isso parece lógico e coerente com a programação genética, ligada à ideia de sobrevivência. Algo que perdemos torna nossa capacidade de sobreviver nos mesmos termos menor, já a ausência do que nunca tivemos não nos diminui, mesmo politicamente.

ESCASSEZ E TDC

Havendo sido tomada uma decisão com base na escassez do produto, o indivíduo tenderá a se justificar sempre com esse argumento. Instalada a dissonância após a tomada da decisão, a fim de reduzir a magnitude do sofrimento, sobrevirá a busca de informações consonantes de duas formas: a) com a reapreciação da qualidade e a valorização da oportunidade na decisão: "mas eu comprei na hora certa", "naquele momento (agora) foi (é) vantajoso"; b) agregando valores: "não encontrarei outro igual", "será difícil encontrar outro igual". A valorização da oportunidade e do objeto consolidará os elementos consonantes e diminuirá os dissonantes, de tal modo que a magnitude da aflição se reduzirá ou será extinta, da mesma forma que a agregação de novos elementos que valorizem o objeto e a oportunidade ampliará o leque consonante com o mesmo efeito. Segue as mesmas regras a busca de informação (buscando consonantes e evitando ou rejeitando dissonantes), de tal modo que o indivíduo buscará blindar-se de tudo quanto possa contrariar a opção que fez. E politicamente? A questão é deveras interessante. Teoricamente, o indivíduo tenderá a escolher o candidato que lhe permitir a mais ampla liberdade de escolha ou o que menos reduzirá suas opções. Todavia, há sempre um grau de flexibilidade entre o que uma limitação irá gerar como ganho ou não. É a hipótese, tradicionalíssima, da discussão quanto ao uso de armas de fogo e da descriminalização das drogas, questões cuja complexidade é objeto de contendas das mais belicosas. Também é a questão das candidaturas sendo apresentadas como a única opção possível, uma escassez autoexplicativa. Como podemos perceber, esse instrumento, além de eficiente, apresenta complexidades que somente podem ser discernidas com o exame do caso concreto.

CONCLUSÃO

O MUNDO DOS MENTIROSOS

A mentira nasceu com o homem. Conforme a sociedade humana cresceu, a mentira acompanhou, e, quando a sociedade se organizou, a mentira também o fez. A mentira é reconhecidamente uma necessidade social, dado que possibilita um equilíbrio. Contudo, da mesma forma que o remédio se torna veneno dependendo da dose, a mentira também pode se tornar um mal crônico. Com a organização social, as mentiras se tornaram narrativas, exatamente como Nero fez para se eximir de ter incendiado Roma. Só que dessa vez houve um elemento extra: ele produziu fatos para corroborar sua mentira e passou a executar cristãos, aos quais atribuía a autoria do crime. Quando surgiram os meios de comunicação de massa, e aqui lembrando Bernays, Lippmann e Goebbels, a mentira se transformou em mentira de massa – muitas vezes com a criação de narrativas e fatos para justificar ações como a entrada dos Estados Unidos na Segunda Guerra Mundial (que só aconteceu por causa de um erro estratégico alemão) ou o mito da superioridade ariana. Quem elevou a mentira a pós-verdade, todavia, foi um líder totalitário russo, Stalin. Stalin conseguiu o que nenhum outro havia conseguido: não se tratava de mentir, e sim de criar uma realidade que estava além dos fatos. Não havia mais verdade como contraponto da mentira, passou a existir a pós-verdade, uma crença íntima que se sobrepõe aos fatos representados fisicamente[13]. A pós-verdade desconsidera a verdade como fato físico – o que importa, tão somente, é a crença do indivíduo. Com o surgimento da internet e das redes sociais, as crenças e as convicções alcançaram um papel predominante, o diálogo não se dava mais em massa, e sim individualmente, depois se acrescentou a influência social por meio da comunicação via comunidades. O palco para a manipulação das narrativas estava aberto. Foi outro líder russo, Putin, que elevou a pós-verdade a um novo nível, transformou-a em uma eficiente arma de guerra, por meio da manipulação da vontade de seus inimigos, reais ou imaginários. Fez isso através do domínio de uma nova tecnologia, baseada em algoritmos e dados coletados nas redes sociais que mostravam as fragilidades emocionais dos usuários. O que Putin criou está além da imaginação de George Orwell, com seu *1984*, ou de Stalin com seus expurgos. Chegou-se ao estado da arte. Através da influência psicológica algorítmica, o indivíduo se tornou manipulável a tal ponto que não é mais preciso forçá-lo a acreditar em alguma coisa, ele simplesmente quer acreditar naquilo que é dito. Ele deseja ser aquilo que se propõe a ele. Torna-se um convertido, que é muito mais do que um afiliado ou simpatizante. Isso torna Stalin infantil; não seria preciso genocídios e exílios em massa, ele seria seguido simplesmente porque os soviéticos assim desejariam. Acrescentando essa arma ao seu arsenal, Putin enfraqueceu a Inglaterra e os Estados Unidos, seus dois principais inimigos, atingindo também a Otan. Misturou essa arma com padrões táticos diversos e criou uma forma mais complexa e eficiente de guerra híbrida, capturando a Crimeia e parte da Ucrânia. Sucesso total. Essa nova arma passou a ser utilizada no mundo inteiro, por grupos políticos que tendiam ao fascismo, alcançando a direita e a ultradireita com o discurso populista de destruir para refundar. A destruição vem, mas a refundação é apenas a continuidade da destruição para a manutenção do poder. Tudo parecia perdido. Mas, no meio desse turbilhão, aos poucos essa forma de influência ficou tão evidente que se tornou perceptível, e, ao se tornar visível, passou a ser objeto de estudo, de entendimento e, depois, de contestação. O avanço se conteve, os Estados Unidos se

---

13 Usamos aqui o conceito de Hannah Arendt: fato é a modificação que ocorre no mundo físico.

recompuseram e tentam garantir que não caiam novamente, a Inglaterra, todavia, tem uma situação mais complexa, que não se resolve tão somente pela mudança do governo. Em muitos países, a situação se reverteu ou se estabilizou. Mas ainda existem autocratas, países presos a essa influência mental nefasta. O que os detentores desse tipo de arma mais temem é que ela se torne visível e conhecida, pois, a partir do momento em que é identificada como uma propaganda manipulativa disfarçada de informação, perde completamente seu efeito. Há, portanto, remédio para esse mal. O grande problema é que a manipulação é muito fácil, porque não depende de nada, mas a conscientização depende primeiro da vontade do indivíduo e, depois, da disseminação do conhecimento necessário para uma avaliação. Esse é nosso objetivo: lembrar-nos de que o conhecimento é a vacina contra a ilusão, seja ela doce aos nossos sentimentos ou amarga às nossas convicções. A luta está dentro de você.